Kapitalerhaltung und Spaltung

Europäische Hochschulschriften
Publications Universitaires Européennes
European University Studies

Reihe V
Volks- und Betriebswirtschaft

Série V Series V
Sciences économiques, gestion d'entreprise
Economics and Management

Bd./Vol. 3094

PETER LANG
Frankfurt am Main · Berlin · Bern · Bruxelles · New York · Oxford · Wien

Petra Inwinkl

Kapitalerhaltung und Spaltung

Ein Leitfaden für Theorie und Praxis

PETER LANG
Europäischer Verlag der Wissenschaften

Bibliografische Information Der Deutschen Bibliothek
Die Deutsche Bibliothek verzeichnet diese Publikation in der Deutschen Nationalbibliografie; detaillierte bibliografische Daten sind im Internet über <http://dnb.ddb.de> abrufbar.

Zugl.: Wien, Wirtschaftsuniv., Diss., 2004

ISSN 0531-7339
ISBN 3-631-52774-8

www.peterlang.de

Vorwort von
Univ. Prof. Dr. Christian Nowotny
Institut für Bürgerliches Recht, Handels- und Wertpapierrecht,
Wirtschaftsuniversität Wien

Vorwort

Der österreichische Gesetzgeber hat bereits im Jahr 1991 im Rahmen des Umgründungssteuergesetzes die abgabenrechtlichen Voraussetzungen für eine steuerneutrale Spaltung von bestimmten Vermögensteilen geschaffen, der handelsrechtliche Gesetzgeber war aber noch zögerlich. Durch das Gesellschaftsrechtsänderungsgesetz 1993 ist zwar die Spaltung zur Neugründung mit einem das Abgabenrecht übersteigenden Anwendungsbereich geschaffen worden, doch waren die Restriktionen, insbesondere im Hinblick auf das Erfordernis der Zustimmung aller Gesellschafter für den Spaltungsbeschluss, strikt. Insoferne war das EU-GesRÄG 96 ein Quantensprung, als nunmehr im Rahmen der Verhältnis wahrenden Spaltung der Vorgang mit einer qualifizierten Dreiviertelmehrheit beschlossen werden kann und überdies die Spaltung zur Aufnahme als neue Variante geschaffen worden ist. Vor allem mit der Möglichkeit der Abspaltung von Vermögensteilen auf Tochtergesellschaften und umgekehrt sind durch Nutzung der gesellschaftsrechtlichen Gesamtrechtsnachfolge Transaktionsstrukturen ermöglicht worden, die vorher praktisch nicht umsetzbar gewesen sind. Dies hat naturgemäß zu einer Zunahme von Spaltungsvorgängen geführt und damit einhergehend zu einer Vielzahl von Fallgestaltungen, die teilweise mit unterschiedlicher Praxis der Firmenbuchgerichte umgesetzt worden sind. Auch die Rechtswissenschaft hat sich mehr den sich daraus ergebenden Detailfragen zugewendet, als sich um dogmatische Konzepte bemüht. Dies ist das Anliegen der hier der Öffentlichkeit vorgestellten Arbeit, die aus einer Dissertation an der Wirtschaftsuniversität Wien hervorgegangen ist. Ein besonderes Anliegen ist dabei die Erarbeitung eines stimmigen Konzeptes des Gläubigerschutzes und damit verbunden eine harmonisierende Beurteilung der Spaltung zur Neugründung und der Spaltung zur Aufnahme. Diese auf den ersten Blick spröde Materie wird durch die Arbeit von Frau Dr. Inwinkl systematisch und in manchen Ansätzen mit durchaus mutigen Argumenten gegen die herrschende Auffassung dargestellt. Dies gerade auch zur rechten Zeit, da doch nach der Erfahrung von fast acht Jahren mit dem neuen gesellschaftsrechtlichen Instrumentarium einige Verbesserungen und Klarstellungen durch den Gesetzgeber überlegenswert erscheinen. Zu beachten ist auch, dass die in Österreich ihren Sitz habende Europäische Aktiengesellschaft mangels einer besonderen Regelung für Spaltungen auf das Spaltungsgesetz zurückzugreifen hat.

Bei jeder Dissertation besteht die Gefahr, dass unter der Fülle der aufgearbeiteten Meinungen die eigenen Gedankengänge verdeckt werden und nicht die gebührende Beachtung finden. Ich bin sicher, dass dem hier nicht so sein wird, sondern sowohl Praxis als auch Wissenschaft viele Hinweise finden und aufgreifen werden, die bestätigen, dass hier ein interessantes, lesenswertes Buch vorliegt, das keineswegs in Bibliotheksregalen verstauben wird.

Wien, im Juni 2004

Christian Nowotny

Inhaltsübersicht

Inhaltsverzeichnis

Abkürzungsverzeichnis

A

a.A	=	anderer Ansicht
Abs	=	Absatz
AG	=	Aktiengesellschaft
AktG	=	Aktiengesetz
Anh	=	Anhang
AreG	=	Aktienrückerwerbsgesetz
Art	=	Artikel
AVRAG	=	Arbeitsvertragsrechts-Anpassungsgesetz

B

BAO	=	Bundesabgabenordnung
Bd.	=	Band
BGBl	=	Bundesgesetzblatt
BlgNR	=	Beilage zu den stenographischen Protokollen des Nationalrates
BMF	=	Bundesministerium für Finanzen
bzw.	=	beziehungsweise

D

DB	=	Der Betrieb
dGmbHG	=	deutsches GmbHG
DrdA	=	Das Recht der Arbeit
dUmwG	=	deutsches Umwandlungsgesetz

E

EG	=	Europäische Gemeinschaft
EStG	=	Einkommensteuergesetz
EU-GesRÄG	=	EU Gesellschaftsrechtsänderungsgesetz
EuGH	=	Europäischer Gerichtshof

F

FBG	=	Firmenbuchgesetz
FN	=	Fußnote
FS	=	Festschrift

G

GeS	=	Zeitschrift für Gesellschafts- und Steuerrecht
GesRÄG	=	Gesellschaftsrechtsänderungsgesetz
GesRZ	=	Der Gesellschafter
GmbH	=	Gesellschaft mit beschränkter Haftung
GmbHG	=	Gesetz über Gesellschaften mit beschränkter Haftung
GmbHR	=	GmbH-Rundschau
GmbH-StB	=	GmbH Steuerberater

GuV	=	Gewinn- und Verlustrechnung

H

HFA	=	Stellungnahmen des Hauptfachausschusses
HGB	=	Handelsgesetzbuch
Hrsg.	=	Herausgeber

I

idR	=	in der Regel
idS	=	in diesem Sinn
IDW	=	Institut der Wirtschaftsprüfer
IRÄG	=	Insolvenzrechtsänderungsgesetz 1997
IStR	=	Internationales Steuerrecht
iVm	=	in Verbindung mit

J

JAB	=	Justizausschussbericht

K

KG	=	Kommanditgesellschaft
KStG	=	Körperschaftssteuergesetz

M

mE	=	meines Erachtens
mwN	=	mit weiteren Nachweisen

O

OGH	=	Oberster Gerichtshof
OLG	=	Oberlandesgericht
ÖStZ	=	Österreichische Steuerzeitung
o.V.	=	ohne namentlich genannten Verfasser

R

RdW	=	Recht der Wirtschaft
RIW	=	Recht der internationalen Wirtschaft
RLG	=	Rechnungslegungsgesetz
RV	=	Regierungsvorlage
RWZ	=	Zeitschrift für Rechnungswesen
Rz	=	Randziffer

S

SpaltG	=	Spaltungsgesetz
SWI	=	Steuer & Wirtschaft International
SWK	=	Steuer- und Wirtschaftskartei

U

u.a.	=	unter anderem
UmgrStG	=	Umgründungssteuergesetz
UmwBerG	=	Gesetz zur Bereinigung des Umwandlungsrechts
UmwG	=	Umwandlungsgesetz

V

vgl.	=	vergleiche

W

WBl	=	Wirtschaftrechtliche Blätter

Z

Z	=	Ziffer
ZGR	=	Zeitschrift für Unternehmens- und Gesellschaftsrecht
ZIP	=	Zeitschrift für Wirtschaftsrecht

Einleitung

1 SpaltG – Historischer Abriss und begriffliche Festlegungen

1.1 Das SpaltG 1993 und die Spaltung zur Neugründung

1.1.1 Das SpaltG 1993

Mit dem Inkrafttreten des Gesellschaftsrechtsänderungsgesetzes 1993[1] am 1.7.1993 wurde die Spaltung von Kapitalgesellschaften mit dem gleichlautenden Gesetz über die Spaltung von Kapitalgesellschaften (SpaltG) erstmals im österreichischen Gesellschaftsrecht gesetzlich geregelt.[2] Der Gesetzgeber hatte vor diesem Stichtag zunächst nur die steuerrechtliche Spaltung von Körperschaften durch das am 1.1.1992 in Kraft getretene Umgründungssteuergesetz (UmgrStG 1991)[3], welches das Strukturverbesserungsgesetz (StruktVG 1969)[4] ablöste[5], gesetzlich erfasst.

Das Steuerrecht regelte in den §§ 32 ff UmgrStG 1991 die steuerrechtlichen Folgen einer auf Grundlage eines Spaltungsplans durchgeführten Spaltung.[6] Die gesellschaftsrechtliche Durchführung einer nach diesen Vorschriften steuerrechtlichen Spaltung war, folgt man dem damaligen Schrifttum, mangels handelsrechtlicher eigenständiger Regelungen oft nur mit juristischem Gestaltungsgeschick[7] erreichbar und mit einer Reihe von gesellschafts- und

---

[1] BGBl. Nr. 458/1993

[2] Zur historischen Entwicklung siehe Doralt, Peter: Zur Gestaltung handelsrechtlicher Vorschriften über die Spaltung in: Doralt, Peter/ Nowotny, Christian (Hrsg): Kontinuität und Wandel, Beiträge zum Unternehmensrecht, Festschrift für Walther Kastner zum 90. Geburtstag, Wien 1992, 128f.

[3] BGBl. Nr. 699/1991

[4] BGBl. Nr. 69/1969

[5] Graff, Michael: Legislative, ecolex 1992, 4.

[6] Das UmgrStG stand im Zeitpunkt seines Inkrafttretens vor dem Problem, einen handelsrechtlich (noch) nicht geregelten Vorgang steuerrechtlich zu erfassen und den Regelungstatbestand definieren zu müssen. Vgl. hiezu Doralt, Peter: Zur Gestaltung handelsrechtlicher Vorschriften über die Spaltung in: Doralt, Peter/ Nowotny, Christian (Hrsg): Kontinuität und Wandel, Beiträge zum Unternehmensrecht, Festschrift für Walther Kastner zum 90. Geburtstag, Wien 1992, 126. Zur Begründung, weshalb das handelsrechtliche Gesellschaftsrechtsänderungsgesetz nicht gleichzeitig mit dem UmgrStG 1991 beschlossen wurde und dem Inhalt des damals geplanten Gesellschaftsrechtsänderungsgesetzes siehe Graff, Michael: Legislative, ecolex 1992, 4.

[7] Vgl. Stern, Elisabeth: Die sechste gesellschaftsrechtliche Richtlinie (Spaltungsrichtlinie) in: Doralt, Peter/ Nowotny Christian (Hrsg): Der EG-rechtliche Anpassungsbedarf im österreichischen Gesellschaftsrecht, Wien 1993,139; Hügel, Hanns F.: Das neue Spaltungsgesetz und die Reform des Umgründungsrechts, ecolex 1996, 529f für die Umwegkonstruktion Spaltung zur Neugründung mit nachfolgender Verschmelzung.

steuerrechtlichen Zweifelsfragen verbunden.[8] Vor diesem Hintergrund ergab sich für den Gesetzgeber Handlungsbedarf auf dem Gebiet des Gesellschaftsrechts.[9] Ein erster Entwurf wurde 1992 vorgelegt,[10] der 1993,[11] eineinhalb Jahre nach dem Inkrafttreten des UmgrStG 1991, im Rahmen des Gesellschaftsrechtsänderungsgesetz 1993 als „Gesetz über die Spaltung von Kapitalgesellschaften" umgesetzt wurde.[12]

1.1.2 Die Spaltung zur Neugründung

1.1.2.1 Begriff

Mit der einführenden Bezeichnung „Begriff der Spaltung" beginnt das SpaltG aus dem Jahr 1993 eine Regelungskette von 13 Bestimmungen, die die gesellschaftsrechtlichen Rahmenbedingungen für die Spaltung einer Kapitalgesellschaft beinhalten. Nach § 1 SpaltG kann eine Kapitalgesellschaft ihr Vermögen in zwei Fällen spalten; im ersten Fall durch Beendigung der übertragenden Gesellschaft ohne Abwicklung durch gleichzeitige Übertragung aller ihrer Vermögensteile im Wege der Gesamtrechtsnachfolge auf andere dadurch gegründete neue Kapitalgesellschaften (§ 1 Abs 2 Z 1 SpaltG); im zweiten Fall durch Fortbestand der übertragenden Gesellschaft durch Übertragung eines oder mehrerer Vermögensteile dieser Gesellschaft im Wege der Gesamtrechtsnachfolge auf eine oder mehrere dadurch gegründete neue Kapitalgesellschaften (§ 1 Abs 2 Z 2 SpaltG). Erstgenannte Variante bezeichnet das

---

[8] Stern, Elisabeth: Die sechste gesellschaftsrechtliche Richtlinie (Spaltungsrichtlinie) in: Doralt, Peter/ Nowotny, Christian (Hrsg): Der EG-rechtliche Anpassungsbedarf im österreichischen Gesellschaftsrecht, Wien 1993,140. Gedanken zur damaligen Rechtsunsicherheit weiters zu finden bei Lang, Michael: Die Spaltung von Körperschaften, in: Umgründungssteuergesetz - Kommentare und Texte, Wien 1992, 90 ; Doralt, Peter: Zur Gestaltung handelsrechtlicher Vorschriften über die Spaltung in: Doralt, Peter/ Nowotny, Christian (Hrsg): Kontinuität und Wandel, Beiträge zum Unternehmensrecht, Festschrift für Walther Kastner zum 90. Geburtstag, Wien 1992, 123-151; Reich-Rohrwig, Johannes: Spaltung von Kapitalgesellschaften, ecolex 1992, 700-702.

[9] Stern, Elisabeth: Die sechste gesellschaftsrechtliche Richtlinie (Spaltungsrichtlinie) in: Doralt, Peter/ Nowotny, Christian (Hrsg): Der EG-rechtliche Anpassungsbedarf im österreichischen Gesellschaftsrecht, Wien 1993, 140.

[10] Ausführlich Stern, Elisabeth: Die sechste gesellschaftsrechtliche Richtlinie (Spaltungsrichtlinie) in: Doralt, Peter/ Nowotny, Christian (Hrsg): Der EG-rechtliche Anpassungsbedarf im österreichischen Gesellschaftsrecht, Wien 1993, 141ff. Die „Urform" der Spaltung war die Ausgliederung des bankgeschäftlichen Teilbetriebes einer Kreditunternehmung in eine dazu geschaffene Kapitalgesellschaft, so Enzinger, Michael: Fusion von Personengesellschaften, GesRZ 1996, 97.

[11] Zum politischen Hintergrund, der die parlamentarische Beschlussfassung verzögert hat, vgl. Graff, Michael: Legislative, ecolex 1992, 4f.

[12] Kostner, Alfred/ Michael Umfahrer: Die Gesellschaft mit beschränkter Haftung, Wien, 1998, Rz 999, FN 1775.

Spaltungsgesetz als „Aufspaltung zur Neugründung", zweitgenannte Variante als „Abspaltung zur Neugründung".[13]

1.1.2.2 Rechtstechnische Durchführung

Rechtstechnisch wird die Spaltung zur Neugründung dadurch bewirkt, dass der Gesetzgeber der übertragenden Kapitalgesellschaft die vereinfachte Sachgründung gestattet,[14] bei der das auf- oder abgespaltene Gesellschaftsvermögen uno actu auf eine oder mehrere dadurch neu gegründete Kapitalgesellschaften „gegen Gewährung von Anteilen (Aktien oder Geschäftsanteilen) an die Anteilsinhaber der übertragenden Gesellschaft" übergeht (§ 1 Abs 2 SpaltG). Mit diesen Anordnungen wurde seitens des Gesetzgebers eine erhebliche Erleichterung für die praktische Durchführung einer Spaltung geschaffen. Die Neugründung einer Kapitalgesellschaft und die Übertragung des gesellschaftsrechtlichen Vermögens vollzieht sich ebenso automatisch, wie im Falle einer Aufspaltung die Auflösung der übertragenden Gesellschaft ohne deren anschließende Liquidation.

1.2 Das SpaltG 1996 und die Spaltung zur Aufnahme

1.2.1 Das SpaltG 1996

Das mit 1.7.1996 in Kraft getretene EU-Gesellschaftsrechtsänderungsgesetz (EU-GesRÄG)[15] enthielt anlässlich der richtlinienkonformen Ausgestaltung des Spaltungsrechts[16] an das EU-Recht in Artikel XIII ein neues Bundesgesetz über

[13] Zu den Begriffen ‚Aufspaltung' und ‚Abspaltung' siehe des weiteren beispielsweise Terlitza, Bernd: Teilfusionen und Anteilseignerinteressen, Grundlagen, Beschlussfassung, Austrittsrechte und Squeeze-out, Wien 2002, 31f; Kostner, Alfred/ Michael Umfahrer: Die Gesellschaft mit beschränkter Haftung, Wien, 1998; Rz 1004; Kalss, Susanne: Handkommentar zur Verschmelzung, Spaltung und Umwandlung, Wien 1997, § 1 SpaltG, Rz 3; Hügel, Hanns F.: Umgründungsbilanzen Handelsrecht und Steuerrecht, Wien 1997, Rz 6.3f; Hirschler, Klaus: Die Spaltung von Kapitalgesellschaften im Handels- und Steuerrecht, Wien 1996, 59.

[14] Vgl. ebenso die Charakteristik von Enzinger, Michael: Umwandlungsrecht Quo Vadis?, WBl 1997/1, für die übertragende Umwandlung, 4.

[15] BGBl.Nr. 304/1996, novelliert im Rahmen der gesellschaftsrechtlichen Euro-Anpassung durch Art VII 1. Euro-Justizbegleitgesetz bei § 2 Abs 1 Z 3 und Z 4 SpaltG, eine dem Wesen der Stückaktien entsprechende sprachliche Anpassung.

[16] Zu den damit verfolgten Zielen des Gesetzgebers siehe Hügel, Hanns F.: Aktuelle Probleme des Spaltungsrechts, Zuordnung und Teilung von Vertragsverhältnissen, Squeeze-out-Spaltung, Konzernspaltung, Summengrundsatz, wbl 2001, 387f. Vgl. ebenso die Erläuterungen der Regierungsvorlage und des Justizausschusses abgedruckt bei Reich-Rohrwig, Johannes: EU-Gesellschaftsrechtsänderungsgesetz, Wien, 1996, 88f. Auf den Umstand einer notwendigen Anpassung hat bereits Doralt, Peter: Zur Gestaltung handelsrechtlicher Vorschriften über die Spaltung in: Doralt, Peter/ Nowotny, Christian (Hrsg): Kontinuität und Wandel, Beiträge zum

die Spaltung von Kapitalgesellschaften (SpaltG).[17] Das SpaltG regelt nunmehr viergliedrig,[18] in 18 Paragraphen unterteilt, die gesetzlichen Bedingungen nach denen eine Kapitalgesellschaft ihr Vermögen durch Spaltung zur Neugründung (§§ 2 bis 16 SpaltG) oder Spaltung zur Aufnahme (§ 17 SpaltG)[19] spalten kann.

Der strukturelle Aufbau des Gesetzes beginnt im ersten Teil mit § 1 SpaltG dem „Begriff der Spaltung". Gleichsam der Rechtslage vor dem Inkrafttreten des EU-Gesellschaftsrechtsänderungsgesetzes unterscheidet der Gesetzgeber bei der inhaltlichen Ausgestaltung der Spaltung seitens der übertragenden Gesellschaft zwischen der Aufspaltung und der Abspaltung. Die gesetzlichen Formulierungen des § 1 Abs 2 SpaltG 1993, die die Spaltung zur Neugründung erklären, sowie die Ziffernfolge dieser Vorschrift, wurden zweckmäßigerweise in die gesetzliche Neufassung übernommen. Die begrifflichen Erweiterungen des § 1 SpaltG um die „Aufspaltung zur Aufnahme" und „Abspaltung zur Aufnahme" wurden als Bestandteile dieser Bestimmung jeweils nach der Aufspaltung beziehungsweise Abspaltung zur Neugründung integriert.[20]

1.2.2 Die Spaltung zur Aufnahme

1.2.2.1 Begriff

§ 1 SpaltG wurde 1996 mit der Neufassung des Spaltungsgesetzes begrifflich um den Fall der „Aufspaltung zur Aufnahme" (§ 1 Abs 2 Z 1 SpaltG) und um den Fall der „Abspaltung zur Aufnahme" (§ 1 Abs 2 Z 2) erweitert.[21] Der in Absatz 2

Unternehmensrecht, Festschrift für Walther Kastner zum 90. Geburtstag, Wien 1992, 132, hingewiesen.

[17] Aufgrund umfangreicher Änderungen des SpaltG erfolgte keine Novellierung des SpaltG, sondern eine gänzliche Neuregelung; Reich-Rohrwig, Johannes: EU-Gesellschaftsrechtsänderungsgesetz, Wien, 1996, 27 (59ff). Speziell wurde der Anwendungsbereich des SpaltG durch die gesetzliche Verankerung der Spaltung zur Aufnahme erweitert.

[18] Die Gliederung des SpaltG in vier Teile verdeutlicht den Aufbau des Gesetzes; Reich-Rohrwig, Johannes: EU-Gesellschaftsrechtsänderungsgesetz, Wien, 1996, 353.

[19] Bei der Spaltung zur Aufnahme, die ausschließlich aus der Vorschrift des § 17 SpaltG besteht, nach welcher die Regelungen der §§ 2 bis 16 SpaltG sinngemäß anzuwenden sind, bestehen Auslegungsprobleme. So ergibt sich nicht völlig klar aus dem Verweis des § 17 Z 5 SpaltG, ob hinsichtlich der Bestellungsmöglichkeit des Spaltungsprüfers der aufnehmenden Gesellschaft die Bestimmungen des SpaltG oder die Verschmelzungsregelungen gelten. Siehe hierzu Nowotny, Christian: Prüfungen im EU-GesRÄG Verschmelzung-Spaltung-Umwandlung, in: Festschrift Egger, 1997, 545.

[20] Reich-Rohrwig, Johannes: EU-Gesellschaftsrechtsänderungsgesetz, Wien, 1996, 352, bei der Anmerkung zur RV.

[21] Der österreichische Gesetzgeber wählte den Begriff „Spaltung zur Aufnahme" in Anlehnung an den deutschen Diskussionsentwurf. Zur Begründung, weshalb die Vorgänge als Aufspaltung oder

Ziffer 1 nach der Aufspaltung zur Neugründung in Klammer gesetzte Begriff „Aufspaltung zur Aufnahme" definiert die Spaltung als „Beendigung der übertragenden Gesellschaft ohne Abwicklung durch gleichzeitige Übertragung aller ihrer Vermögensteile im Wege der Gesamtrechtsnachfolge" „auf übernehmende Kapitalgesellschaften". Die Ziffer 2 des zweiten Absatzes, die nach der „Abspaltung zur Neugründung" die „Abspaltung zur Aufnahme" regelt, meint mit dem letztgenannten Begriff die Spaltung einer Kapitalgesellschaft durch „Fortbestand der übertragenden Gesellschaft durch Übertragung eines oder mehrerer Vermögensteile dieser Gesellschaft im Wege der Gesamtrechtsnachfolge „auf übernehmende Kapitalgesellschaften".

Klarstellenderweise ist zu der vom Gesetzgeber in § 1 SpaltG gemachten Formulierung „übernehmende Kapitalgesellschaften" anzumerken, dass diese Aussage zwingend nur für den Fall der Aufspaltung gilt. Die Durchführung einer Aufspaltung bedarf stets der Teilnahme von mindestens drei an der Spaltung beteiligten Kapitalgesellschaften, konkret einer übertragenden Kapitalgesellschaft und zwei übernehmenden Kapitalgesellschaften. Im Gegensatz dazu reduziert sich jedoch für den Fall der Abspaltung die Mindestanzahl von den an der Spaltung beteiligten Kapitalgesellschaften auf zwei. Eine übertragende und eine übernehmende Kapitalgesellschaft reichen für die Teilnahme an einem Abspaltungsverfahren aus, weil die Übertragung eines Vermögensteils auch nur auf eine einzige Kapitalgesellschaft zulässig ist, weshalb die vom Gesetzgeber verwendete Aussage nicht für jeden Abspaltungsfall zutreffend sein muss.

Neben diesen gesetzlichen Dogmen hat die Wissenschaft in ihrer Entwicklung Begriffe des Verschmelzungsrechts mit jenen des Spaltungsrechts kombiniert. Bei der Spaltung zur Aufnahme ist auch von der Konzernspaltung oder Konzentrationsspaltung die Rede. Erstgenannter Begriff unterscheidet sich vom letztgenannten durch die Verflechtung der an einer Spaltung beteiligten Gesellschaften untereinander. Eine Spaltung in eine jeweils fremde übernehmende Gesellschaft ist nach dieser Unterscheidung als „Konzentrationsspaltung",[22] und

---

Abspaltung zur Aufnahme bezeichnet werden Doralt, Peter: Zur Gestaltung handelsrechtlicher Vorschriften über die Spaltung in: Doralt, Peter/ Nowotny, Christian (Hrsg): Kontinuität und Wandel, Beiträge zum Unternehmensrecht, Festschrift für Walther Kastner zum 90. Geburtstag, Wien 1992, 131.

Nachweise zum Diskussionsentwurf finden sich bei Pieroth, Johannes: Schutz von Minderheitsgesellschaftern bei nicht-verhältniswahrenden Spaltungen von Kapitalgesellschaften, Berlin 1994, 2; ebenso Engelmeyer, Cäcilie: Die Spaltung von Aktiengesellschaften nach dem neuen Umwandlungsrecht, Köln 1995, FN 2, mwN.

[22] Schwarzinger, Walter/Wiesner, Werner: Umgründungssteuer-Leitfaden, Bd IV, Wien 2003, § 36 UmgrStG, Rz 1739 und Rz 1752.

in eine jeweils übernehmende, an der spaltenden Gesellschaft mittelbar oder unmittelbar beteiligten Gesellschaft als „Konzernspaltung“[23] zu bezeichnen.

Für den Höchstfall einer 100%igen Verflechtung von vor der Spaltung beteiligten Gesellschaften untereinander und der damit eröffneten Möglichkeit einer grundsätzlich freien Wahl der Spaltungsrichtung gehen Wissenschaft und Praxis mit den Begriffen down-, up- oder side-stream-Spaltung einen Schritt der begrifflichen Präzisierung einer Spaltung zur Aufnahme im Konzernverbund weiter. Gemeinsam ist diesen Varianten die Spaltung von 100%ig mittelbar oder unmittelbar verbundenen Gesellschaften untereinander, wobei bei den beiden zuerst genannten Varianten die Spaltungsrichtung jeweils entgegengesetzt ist. Diesen Einteilungen folgend und wie auch die Wortcharakteristik verrät ist abzuleiten, dass die Spaltung einer übertragenden Mutter- oder Obergesellschaft auf eine unmittelbar oder mittelbar 100%ige verbundene Untergesellschaft einer down-stream-Spaltung entspricht.[24] Folgt die Spaltung hingegen der umgekehrten Richtung ist von einer up-stream-Spaltung[25] oder einer Auf- oder Abspaltung auf den bestehenden Alleingesellschafter[26] die Rede. Side-stream-Spaltungen liegen hingegen bei Spaltungen auf Schwestergesellschaften oder auf andere über eine letztlich alle Anteile in einer Hand haltenden Obergesellschaft mittelbar verbundenen Kapitalgesellschaften vor.[27]

1.2.2.2 Rechtstechnische Durchführung

Rechtstechnisch werden Spaltungsvorgänge, bei denen es sich um Spaltungen zur Aufnahme handelt, dadurch bewirkt, dass der Gesetzgeber durch den Übergang des auf- oder abgespaltenen Gesellschaftsvermögens uno actu auf die übernehmende Kapitalgesellschaft die vereinfachte Sachkapitalerhöhung „gegen Gewährung von Anteilen (Aktien oder Geschäftsanteilen) an die Anteilsinhaber der übertragenden Gesellschaft“ gestattet (§ 1 Abs 2 Z 2 SpaltG). Wie bei der Spaltung zur Neugründung werden mit diesen Anordnungen generell erhebliche

---

[23] Kalss, Susanne: Handkommentar zur Verschmelzung, Spaltung und Umwandlung, Wien 1997, § 1 SpaltG, Rz 6; Hügel, Hanns F.: Umgründungsbilanzen Handelsrecht und Steuerrecht, Wien 1997, Rz 6.57.

[24] Schwarzinger, Walter/Wiesner, Werner: Umgründungssteuer-Leitfaden, Bd IV, Wien 2003, Rz 1741ff und Rz 1753ff zur down-stream-Aufspaltung; Rz 1744 und Rz 1754 zur down-stream-Abspaltung.

[25] Schwarzinger, Walter/Wiesner, Werner: Umgründungssteuer-Leitfaden, Bd IV, Wien 2003, Rz 1749 und Rz 1755 zur up-stream-Aufspaltung; Rz 1750 und Rz 1756ff zur down-stream-Abspaltung.

[26] Nowotny, Christian: Umgründungen (Fusion-Spaltung) auf den Alleingesellschafter, RdW 1998, 445.

[27] Schwarzinger, Walter/Wiesner, Werner: Umgründungssteuer-Leitfaden, Bd IV, Wien 2003, Rz 1759.

Erleichterungen für die praktische Durchführung einer Spaltung gemacht: Der Vollzug der Sachkapitalerhöhung findet auf Basis der Übertragung des Gesellschaftsvermögens in Vermögensteilen in Form der Gesamtsrechtsnachfolge anstelle der Einzelrechtsnachfolge statt, mit der Folge, dass im Falle der Aufspaltung zur Aufnahme die Liquidation der übertragenden Gesellschaft vermieden wird.

Der Grundsatz der Sachkapitalerhöhung gegen Gewährung von Anteilen (Aktien oder Geschäftsanteilen) an die Anteilsinhaber der übertragenden Gesellschaft ist bei der Spaltung zur Aufnahme, im Unterschied zur Spaltung zur Neugründung, allerdings nur bedingt zwingendes Recht. § 17 SpaltG, der die Spaltung zur Aufnahme regelt, verweist in Z 5 für den Regelungsbereich der übernehmenden Gesellschaft auf die sinngemäße Anwendung der Vorschriften über die Verschmelzung durch Aufnahme. Aus den verschmelzungsrechtlichen Bestimmungen leitet sich ab, dass die Anteilsgewährung der übernehmenden Gesellschaft obligatorisch nur in den Fällen zu erfolgen hat, wenn kein Tatbestand des § 224 AktG zur Anwendung gelangt.[28]

2 Untersuchungsgegenstand

2.1 Kapitalerhaltung nach dem AktG bzw. GmbHG und SpaltG

2.1.1 Kapitalerhaltung nach dem AktG bzw. GmbHG

Wenn bei der Beurteilung aktien- und GmbH-rechtlicher Sachverhalte von „Kapitalerhaltung“ die Rede ist, geht es dem österreichischen Gesetzgeber und dem Kautelarjuristen stets um die Frage der Einhaltung zweier zentraler Bestimmungen: § 52 AktG und der sinngleiche § 82 Abs 1 GmbHG stellen als Kernbestimmungen[29] den aktien- und GmbH-rechtlichen Gläubigerschutz durch Kapitalerhaltung dar.[30] Danach können Gesellschafter ihre Einlagen nicht

[28] Zu daraus resultierenden Zweifelsfragen siehe Kapitel Übernehmende Gesellschaft iVm § 224 AktG, 148ff.

[29] Aman, Günther: Nochmals: Down Stream Fusion - verbotene Einlagenrückgewähr und Gläubigerschutz, RdW 1996, 465.

[30] Ausdrücklich OGH 11.11.1999, 6 Ob 4/99b für den Fall einer down-stream-Verschmelzung. Zum Kapitalerhaltungsgrundsatz im Aktienrecht Doralt, Maria: Management Buyout, Wien 2001,100f; Kastner, Walther/Doralt, Peter/Nowotny, Christian: Grundriß des österreichischen Gesellschaftsrechts, 5. Auflage, Wien 1990, 292f; Jabornegg in Schiemer, Karl/Jabornegg, Peter/Strasser, Rudolf: Kommentar zum Aktiengesetz, Wien 1993, § 52; für das GmbH-Recht Koppensteiner, Hans-Georg: GmbH-Gesetz - Kommentar, Wien 1999, Rz 5. Zur Entwicklung im Aktienrecht Kalss, Susanne/ Christina, Burger/ Georg, Eckert: Die Entwicklung des österreichischen Aktienrechts, Geschichte und Materialien, Wien 2003, 91ff; im GmbH-Recht Koppensteiner, Hans-Georg: GmbH-Gesetz - Kommentar, Wien 1999, § 82, Rz 1.

zurückfordern, sondern sie haben nur Anspruch auf den Bilanzgewinn.[31] Dieses Gebot bezieht sich nicht nur auf das Nennkapital sondern auf das gesamte Gesellschaftsvermögen.

Der Grund für die strenge Bindungspflicht des Gesellschaftsvermögens liegt darin, dass Gläubiger von Kapitalgesellschaften nur auf dieses zugreifen können, während sich die Haftung der Gesellschafter auf die Erfüllung ihrer gegenüber der Gesellschaft übernommenen Verpflichtungen, insbesondere der Einlagenverbindlichkeiten, beschränkt ist. Diese Haftungsbeschränkung der Gesellschaft suchen das geltende Aktien- und GmbH-Recht durch ein System strikter Kapitalaufbringung und in der Folge Kapitalerhaltung zu legitimieren. Wer auf das Gesellschaftsvermögen als (insofern begrenzten) Haftungsfonds verwiesen ist, darf darauf vertrauen, dass das Gesellschaftsvermögen nach Maßgabe der Kapitalbindungsregeln gegen einen Rückfluss an die Gesellschafter geschützt wird und dass es unter diesen nur und erst dann wieder zur Verteilung gelangen kann, wenn nach Befriedigung aller Gesellschaftsgläubiger die Gesellschaft mit Abschluss der Liquidation beendet oder im Wege der Kapitalherabsetzung eine Reduktion des Nennkapitals erfolgt.[32] Das gilt es auch bei Auslegung und Anwendung des Spaltungsgesetzes zu beachten.

2.1.2 Kapitalerhaltung nach dem SpaltG

Historisch betrachtet geht das aktien- und GmbH-rechtliche Prinzip der strikten Kapitalerhaltung[33] auf Art 216 Abs 2 AHGB 1862/63, einer Vorläuferregelung des heutigen AktG, zurück, die 1897 vom deutschen HGB und später in geänderter Fassung in § 52 AktG übernommen wurde.[34] Wörtlich fand der Begriff ‚Kapitalerhaltung', soweit ersichtlich, allerdings zu keiner Zeit der aktien- und

[31] Kastner, Walther/Doralt, Peter/Nowotny, Christian: Grundriß des österreichischen Gesellschaftsrechts, 5. Auflage, Wien 1990, 293; Koppensteiner, Hans-Georg: GmbH-Gesetz - Kommentar, Wien 1999, § 82, Rz 2.

[32] Ihrig, Hans-Christoph: Gläubigerschutz durch Kapitalaufbringung bei Verschmelzung und Spaltung nach neuem Umwandlungsrecht, GmbHR 1995/5, 622.

[33] Zur Entwicklung im Aktienrecht eingehend Kalss, Susanne/ Christina, Burger/ Georg, Eckert: Die Entwicklung des österreichischen Aktienrechts, Geschichte und Materialien, Wien 2003, 91ff.

[34] Kalss, Susanne/ Christina, Burger/ Georg, Eckert: Die Entwicklung des österreichischen Aktienrechts, Geschichte und Materialien, Wien 2003, 584. Das GmbH-Gesetz trat 1906 in Kraft. Die Verfasser des Gesetzes haben sich zwar stark am deutschen GmbH-Gesetz (dGmbHG) von 1892 orientiert, dennoch ist der Regelungstatbestand des § 82 Abs 1 GmbHG signifikant von der deutschen Regelung des § 30 dGmbHG zu unterscheiden. Nach der österreichischen Regelung ist im Prinzip jede Zuwendung der Gesellschaft an die Gesellschafter verboten, die sich nicht als Gewinnverwendung darstellt. § 30 dGmbHG begnügt sich demgegenüber mit dem Schutz eines stammkapitalentsprechenden Vermögens. Siehe Koppensteiner, Hans-Georg: GmbH-Gesetz - Kommentar, Wien 1999, Rz 1.

GmbH-rechtlichen Etappenentwicklung explizit in einer gesetzlichen Formulierung einen Niederschlag.[35] Die gesellschaftsrechtlichen Kodifikationen verzichteten auf eine Definition dieses Begriffs. Erst mit dem SpaltG 1993 wurde dieser Begriff namentlich und ausdrücklich das erste Mal gesetzlich statuiert, verankert in der Überschrift des § 3 SpaltG, die auch in der derzeit gültigen Fassung des Spaltungsgesetzes aus dem Jahr 1996 unverändert erhalten blieb.

§ 3 SpaltG, von dem hier die Rede ist, der in der Folge maßgeblich die Untersuchungen dieser Arbeit prägt, regelt in den ersten vier Absätzen mit drei Tatbeständen den spaltungsrechtlichen Gläubigerschutz der Kapitalerhaltung für alle an der Spaltung beteiligten Kapitalgesellschaften für den Fall der Spaltung zur Neugründung. Jede übertragende Gesellschaft hat danach für die unveränderte betragsmäßige Erhaltung des vor der Spaltung vorhandenen Nennkapitals und deren gebundenen Rücklagen zu sorgen (§ 3 Abs 1 SpaltG). Darüber hinaus haben die jeweils neu gegründeten Gesellschaften den Gründungsvorschriften für deren Rechtsform zu entsprechen (§ 3 Abs 3 SpaltG), deren Hergang nach aktienrechtlichen Bestimmungen zu prüfen ist (§ 3 Abs 4 SpaltG). Sofern eine übertragende Gesellschaft im Zuge der Spaltung nicht untergeht gilt es zusätzlich Folgendes zu beachten: Eine Abweichung von der erstgenannten Regelung lässt der Gesetzgeber zu, wenn bei dieser die Vorschriften über die ordentliche Kapitalherabsetzung zur Anwendung gelangen (§ 3 Abs 2 SpaltG). Ferner hat bei dieser stets der tatsächliche Wert des verbliebenen Nettoaktivvermögens wenigstens der Höhe ihres Nennkapitals zuzüglich gebundener Rücklagen[36] nach Durchführung der Spaltung zu entsprechen (§ 3 Abs 4 Satz 1 SpaltG).

Die Dogmen dieses Paragraphen bilden ein in sich im Spaltungskreis abgeschlossenes Gläubigerschutzkonzept. Übertragende und neu gegründete Gesellschaft unterliegen spezifischen spaltungsgesetzlichen sowie ausgewählten Vorschriften des Aktien- und GmbH-Rechts, die aber die zusätzliche Berücksichtigung darüber hinausgehender Bestimmungen des Aktien- und GmbH-Rechts ausschließen.

Vorbehaltlose Gültigkeit besitzt das Gesagte für den Fall der Spaltung zur Neugründung. Der Gesetzgeber hat § 3 SpaltG in diesen Regelungsbereich handfest integriert. Entgegengesetzt verhält es sich für den Fall einer Spaltung zur Aufnahme, folgt man der Historie[37] und der herrschenden Lehre[38] zu der Frage

---

[35] Stammfassung und Entwicklung des § 52 AktG abgedruckt bei Kalss, Susanne/ Christina, Burger/ Georg, Eckert: Die Entwicklung des österreichischen Aktienrechts, Geschichte und Materialien, Wien 2003, 584f.

[36] Zum Inhalt gebundener Rücklagen Nowotny, Christian: Gebundene Rücklagen, GesRZ 1996, 68f.

[37] Reich-Rohrwig, Johannes: EU-Gesellschaftsrechtsänderungsgesetz, Wien, 1996, 65, 374 (JAB).

des Anwendungsbereichs dieser Norm. Die in § 17 SpaltG geregelte Spaltung zur Aufnahme verweist auf die sinngemäße Anwendung der Vorschriften der §§ 2 bis 16 SpaltG für die Spaltung zur Neugründung. Durchgreifend würden damit auch die Kapitalerhaltungsregelungen des § 3 SpaltG für die Spaltung zur Aufnahme gelten. Damit würde die gesetzliche Definition der Kapitalerhaltung stets das Kapital der übertragenden Gesellschaft als auch je nach Art der Spaltung das Kapital der jeweils neu gegründeten und/oder der übernehmenden Gesellschaft umfassen. Die herrschende Auffassung[39] geht allerdings von der Annahme aus, dass für den Fall einer Spaltung zur Aufnahme die Bindungspflicht von Nennkapital und gebundenen Rücklagen als Basis des materiellen Gläubigerschutzes nicht zur Anwendung gelangt. An deren Stelle treten als Äquivalent die Vorschriften über die ordentliche Kapitalherabsetzung (§ 17 Z 3 SpaltG).

Diese Auslegung führt zu dem Problem, dass die Frage des Gläubigerschutzes damit nicht einheitlich, wie bei der Spaltung zur Neugründung abschließend durch ein abgeschlossenes Kapitalerhaltungssystem geregelt ist, sondern dass an dessen Stelle für die übertragende als auch übernehmende Gesellschaft die ergänzenden Regelungen des Aktien- und GmbH-Rechts anzuwenden sind. Vertritt man die Ansicht, dass die Systematik des Spaltungskonzeptes ein einheitliches Gläubigerschutzsystem verlangt, welches für die Spaltung zur Neugründung als auch für die Spaltung zur Aufnahme gilt, dann wirft Letztere die Frage nach der sinngemäßen Anwendung der spaltungsrechtlichen Bestimmung des § 3 Abs 1 SpaltG auf. Das beginnt damit, ob dem Willen des Gesetzgebers eine Ungleichbehandlung zwischen beiden Spaltungsarten unterstellt werden kann. Folgt man dem Zweck des § 17 Z 3 SpaltG, ist prima facie nicht davon auszugehen. Daher ist zu fragen, ob nicht darin die Begründung liegt, weshalb der Summengrundsatz nicht auch im Fall einer Spaltung zur Aufnahme zur Anwendung gelangt.[40] Dies zu untersuchen ist ein wesentlicher Teil dieser Arbeit.

---

[38] Nowotny, Christian: Die Spaltung zur Aufnahme - ein neues handelsrechtliches Allzweckinstrument, RdW 1996, 299; Koppensteiner, Hans-Georg: GmbH-Gesetz - Kommentar, Wien 1999, Anh § 101, Rz 49; Kalss, Susanne: Handkommentar zur Verschmelzung, Spaltung und Umwandlung, Wien 1997, § 17 SpaltG, Rz 17; Aman in Aman, Günther/ Frotz, Stephan/ Mühlehner, Johann/ Wagner, Martin/ Zöchling, Hans: Das EU-Gesellschaftsrechtsänderungsgesetz, Wien 1996, 117.

[39] Vgl. Hügel, Hanns F.: Umgründungsbilanzen Handelsrecht und Steuerrecht, Wien 1997, Rz. 6.56; Aman in Aman, Günther/ Frotz, Stephan/ Mühlehner, Johann/ Wagner, Martin/ Zöchling, Hans: Das EU-Gesellschaftsrechtsänderungsgesetz, Wien 1996, 102; Kalss, Susanne: Handkommentar zur Verschmelzung, Spaltung und Umwandlung, Wien 1997, § 3 SpaltG, Rz 5; § 17 SpaltG, Rz 10.

[40] Die Andeutung einer allgemeinen Anwendung des Summengrundsatzes ohne namentlich eine Unterscheidung zu treffen zwischen einer Spaltung zur Neugründung und der einer Aufnahme findet sich, soweit ersichtlich, als erstes bei Stern, Elisabeth: Die sechste gesellschaftsrechtliche

2.2 Kapitalerhaltung der an der Spaltung beteiligten Gesellschaften

2.2.1 Übertragende Gesellschaft

Die sachbezogene Rechtfertigung der freien inhaltlichen Gestaltung des Spaltungsplanes bzw. Spaltungs- und Übernahmsvertrages für die Übertragung von Vermögensteilen im Wege der Gesamtrechtsnachfolge liegt im Kernbereich nur dann vor, wenn eine Gesamtsache wie ein Unternehmen oder ein Betrieb übertragen wird.[41] Bei einzelnen Vermögensgegenständen, Forderungen, Verbindlichkeiten, ist die Durchbrechung des sachenrechtlichen Spezialitätsprinzips, der Verzicht auf den Modus und auf die Zustimmung des Gläubigers nicht in gleichem Maß zu rechtfertigen.[42] Das spezifische Problem der Spaltung liegt darin, dass die Vermögensmasse, auf welche sich ein Gläubiger bei Beurteilung der Bonität des Unternehmens, mit dem er kontrahiert hat, verlassen hat, durch die Spaltung verringert wird, wenn ihm eine neu gegründete Gesellschaft als Nachfolgegesellschaft gegenübertritt. Werden nicht nur Vermögenswerte, sondern auch Verbindlichkeiten über den Weg der Gesamtrechtsnachfolge auf eine Gesellschaft übertragen und ist die Gesellschaft, der das Vermögen zugewiesen wird, nur mit dem gesetzlich zulässigen Mindestkapital ausgestattet, stünden die Gläubiger bei Übertragung von mehr Passiv- als Aktivvermögen möglicherweise einer kapitalmäßig wesentlich schlechter ausgestatteten Gesellschaft gegenüber, die keine als Unternehmen, als Betrieb bzw. als Teilbetrieb organisierte Erwerbsgelegenheit besitzt, sondern nur ein mehr oder weniger zusammengewürfeltes Konglomerat von Aktiva und Passiva ist. Der vollständige Schutz der Gläubiger der übertragenden Gesellschaft bestünde daher darin, die Spaltung von ihrer privatautonomen Zustimmung abhängig zu machen. Damit würde die Spaltung auch eines bloß mittelgroßen Unternehmens praktisch unmöglich. Überdies stünde eine derartige Entscheidung im Wertungswiderspruch zur Zulässigkeit der Kapitalherabsetzung, bei welcher ebenfalls die Gläubigerposition geschwächt wird, wenn Vermögen an den Gesellschafter ausgeschüttet wird.[43]

Richtlinie (Spaltungsrichtlinie) in: Doralt, Peter/ Nowotny, Christian (Hrsg): Der EG-rechtliche Anpassungsbedarf im österreichischen Gesellschaftsrecht, Wien 1993, 190.

[41] Doralt, Peter: Zur Gestaltung handelsrechtlicher Vorschriften über die Spaltung in: Doralt, Peter/ Nowotny, Christian (Hrsg): Kontinuität und Wandel, Beiträge zum Unternehmensrecht, Festschrift für Walther Kastner zum 90. Geburtstag, Wien 1992, 133.

[42] Doralt, Peter: Zur Gestaltung handelsrechtlicher Vorschriften über die Spaltung in: Doralt, Peter/ Nowotny, Christian (Hrsg): Kontinuität und Wandel, Beiträge zum Unternehmensrecht, Festschrift für Walther Kastner zum 90. Geburtstag, Wien 1992, 133.

[43] Doralt, Peter: Zur Gestaltung handelsrechtlicher Vorschriften über die Spaltung in: Doralt, Peter/ Nowotny, Christian (Hrsg): Kontinuität und Wandel, Beiträge zum Unternehmensrecht, Festschrift für Walther Kastner zum 90. Geburtstag, Wien 1992, 145.

Aus diesen Überlegungen wählte die Gesetzgebung als Lösung das Grundmodell der Kapitalerhaltung mit der Ausnahmeregelung über die Vorschriften der ordentlichen Kapitalherabsetzung. Speziell geregelt ist dies für den Fall der Spaltung zur Neugründung. Der Gesetzgeber schreibt bei der Übertragung des Vermögens auf neu gegründete Gesellschaften vor, dass die Summe des Nennkapitals und der gebundenen Rücklagen der beteiligten Gesellschaften mindestens so groß sein muss, wie diese Beträge vorher bei der übertragenden Gesellschaft waren. Unter dieser Voraussetzung kann bei der übertragenden Gesellschaft auf die Einhaltung der Vorschriften über die ordentliche Kapitalherabsetzung verzichtet werden, so dass damit für die Abspaltung eine neue Form der vereinfachten Kapitalherabsetzung bei der übertragenden Gesellschaft entsteht.[44] Für den Fall, dass die Gesellschafter von diesen Grundsätzen abweichen wollen, muss das etwas schwächere Gläubigerschutzmodell der Kapitalherabsetzung (§ 178 AktG, § 55 Abs 2 letzter Satz GmbHG) zur Anwendung gelangen. Hierbei wird an die Kapitalherabsetzung mit Ausschüttung angeknüpft.[45] Nach dem aktienrechtlichen Modell muss die beabsichtige Spaltung zunächst bekannt gemacht werden und dann allen Gläubigern, welche sich binnen sechs Monaten nach der Bekanntmachung melden, Sicherheit geleistet werden, soweit sie nicht Befriedigung verlangen können (§ 178 AktG). Die Spaltung darf erst dann durchgeführt werden, wenn die Gläubiger tatsächlich befriedigt worden sind oder Sicherstellung erhalten haben. Das Modell des § 55 GmbHG zwingt die übertragende Gesellschaft nicht nur zur Bekanntmachung, sondern auch zur unmittelbaren Verständigung bekannter Gläubiger.[46]

Ein weiterer Punkt ist die Höhe des Kapitalbestandes bei der übertragenden Gesellschaft nach Spaltung im Fall ihres Fortbestandes. Die Spaltung kann zu ungleichmäßiger Verteilung von Aktiva und Passiva und damit gewissermaßen zur Aushöhlung der übertragenden Gesellschaft führen.[47] Im Interesse der Gläubiger und des Fortbestandes der übertragenden Gesellschaft hat diese die Mindestvoraussetzungen einer neu gegründeten AG bzw. GmbH weiterhin zu

---

[44] Doralt, Peter: Zur Gestaltung handelsrechtlicher Vorschriften über die Spaltung in: Doralt, Peter/ Nowotny, Christian (Hrsg): Kontinuität und Wandel, Beiträge zum Unternehmensrecht, Festschrift für Walther Kastner zum 90. Geburtstag, Wien 1992, 150.

[45] Doralt, Peter: Zur Gestaltung handelsrechtlicher Vorschriften über die Spaltung in: Doralt, Peter/ Nowotny, Christian (Hrsg): Kontinuität und Wandel, Beiträge zum Unternehmensrecht, Festschrift für Walther Kastner zum 90. Geburtstag, Wien 1992, 145.

[46] Kritisch zum Unterschied zwischen dem aktienrechtlichen und dem GmbH-rechtlichen Gläubigerschutzmodell Doralt, Peter: Zur Gestaltung handelsrechtlicher Vorschriften über die Spaltung in: Doralt, Peter/ Nowotny, Christian (Hrsg): Kontinuität und Wandel, Beiträge zum Unternehmensrecht, Festschrift für Walther Kastner zum 90. Geburtstag, Wien 1992, 146.

[47] Doralt, Peter: Zur Gestaltung handelsrechtlicher Vorschriften über die Spaltung in: Doralt, Peter/ Nowotny, Christian (Hrsg): Kontinuität und Wandel, Beiträge zum Unternehmensrecht, Festschrift für Walther Kastner zum 90. Geburtstag, Wien 1992, 149.

erfüllen. Damit soll erreicht werden, dass die Kapitalausstattung der übertragenden Gesellschaft nicht unter den gesetzlich vorgesehenen Mindestrahmen absinkt. Rechtstechnisch bedeutet dies, dass nach den Vorschriften der aktienrechtlichen Gründungsbestimmungen, und zwar unabhängig von der Rechtsform der übertragenden Gesellschaft, eine Prüfung stattzufinden hat, ob das Nennkapital und etwaige Rücklagen wertmäßig gedeckt sind. Lediglich der Gründungsbericht gemäß § 24 AktG entfällt.

2.2.2 Neu gegründete Gesellschaft

Parallel zur Gründungsprüfung einer übertragenden Gesellschaft im Fall einer Abspaltung, bei der der tatsächliche Wert des verbliebenen Nettoaktivvermögens mindestens dem Wert des Nennkapitals und der gebundenen Rücklagen entsprechen muss, findet eine Gründungsprüfung jeder neu gegründeten Kapitalgesellschaft statt. Diese hat sicherzustellen, dass das gesetzliche Mindestnennkapital (Grund- oder Stammkapital) oder ein darüber hinaus gehend vereinbartes Kapital durch das übergehende Nettoaktivvermögen gedeckt ist.

2.2.3 Übernehmende Gesellschaft

Eine Prüfung nach den Vorschriften der aktienrechtlichen Gründungsbestimmungen hat ferner bei einer Spaltung auf eine bereits bestehende übernehmende Gesellschaft zu erfolgen. Voraussetzung ist allerdings, dass diese im Rahmen des Spaltungsverfahrens ihr Nennkapital erhöht. Im Interesse der Gläubiger der übernehmenden Gesellschaft ist dann sicherzugehen, dass der hierfür gewährte Ausgabebetrag wertmäßig gedeckt ist.

Vor Durchführung einer beabsichtigten Nennkapitalerhöhung hat die übernehmende Gesellschaft allerdings zu prüfen, ob ein Ausnahmetatbestand des § 224 AktG vorliegt. Nach § 224 Abs 1 Z 1 AktG darf die übernehmende Gesellschaft keine Anteile gewähren, wenn sie Anteile der übertragenden besitzt, weil diese sich als Rechtsnachfolgerin der übertragenden Gesellschaft nicht selbst Aktien gewähren darf. In diesem Fall hat nach herrschender Auffassung bei der übernehmenden Gesellschaft eine Nennkapitalerhöhung zu unterbleiben.[48] Eine solche hat nach herrschender Ansicht auch zu unterbleiben, wenn die übertragende Gesellschaft Aktien an der übernehmenden Gesellschaft besitzt.[49]

[48] Stern, Elisabeth: Die sechste gesellschaftsrechtliche Richtlinie (Spaltungsrichtlinie) in: Doralt, Peter/ Nowotny Christian (Hrsg): Der EG-rechtliche Anpassungsbedarf im österreichischen Gesellschaftsrecht, Wien 1993, 190.

[49] Stern, Elisabeth: Die sechste gesellschaftsrechtliche Richtlinie (Spaltungsrichtlinie) in: Doralt, Peter/ Nowotny Christian (Hrsg): Der EG-rechtliche Anpassungsbedarf im österreichischen

Diese sind nach § 224 Abs 3 AktG, soweit erforderlich, zur Abfindung der Gesellschafter der übertragenden Gesellschaft zu verwenden. Gemeinsam ist diesen Varianten der Entfall der Gründungsprüfung mangels Erhöhung des Nennkapitals. Ein Ergebnis, welches ebenfalls erzielt wird, wenn von einer beabsichtigten Erhöhung der Anteile Abstand genommen wird, weil die Gesellschafter an der übertragenden und der übernehmenden Gesellschaft mittelbar oder unmittelbar im gleichen Verhältnis beteiligt sind (§ 224 Abs 2 Z 1 AktG), oder Gesellschafter der übertragenden Gesellschaft auf die Gewährung von Aktien ausdrücklich verzichten (§ 224 Abs 2 Z 2 AktG).

Ein gewisses Problem können Spaltungsvorgänge darstellen, die unter Ausnutzung des § 224 AktG im Ergebnis einen Verstoß gegen § 52 AktG beziehungsweise dem ähnlich lautenden § 82 Abs 1 GmbHG bewirken.[50] Dies kann dann etwa der Fall sein, wenn durch den Vermögensabgang bei der übertragenden Gesellschaft auch Zwischengesellschaften benachteiligt werden.[51] Ein Beispiel dafür wäre die Spaltung zwischen Schwestergesellschaften. Die Tochter 1 und die Tochter 2 sind Schwestergesellschaften. Die Tochter 1 hält

---

Gesellschaftsrecht, Wien 1993 190; vgl. aber Nowotny, Georg: Verschmelzungen nach der Down-Stream-Merger-E (II), ecolex 2000, 801f, für die Kapitalerhöhung ohne Anteilsgewähr für den Fall des down-stram-Merger.

[50] Vgl. dazu bereits Doralt, Peter: Zur Gestaltung handelsrechtlicher Vorschriften über die Spaltung in: Doralt, Peter/ Nowotny, Christian (Hrsg): Kontinuität und Wandel, Beiträge zum Unternehmensrecht, Festschrift für Walther Kastner zum 90. Geburtstag, Wien 1992, 125, für die Fälle der Verschmelzung und Einbringung.

[51] Solche Spaltungsvorgänge sind jedenfalls nach dem Maßstab der Regelungen über die Kapitalerhaltung zu beurteilen. Dies gilt aber für Umgründungen (mit Einzel- oder Gesamtrechtsnachfolgewirkung) nach der Entscheidungslinie des OGH ganz generell.

Nach OGH 13.2.1997, 6 Ob 2110/96d, ist die Einbringung des Klientenstocks von der Tochter- in die Muttergesellschaft ohne Gewährung von Anteilen, ohne Kapitalherabsetzung oder Sachdividende nichtig. Nach OGH 26.2.1998, 6 Ob 335/97a muss bei der errichtenden Umwandlung der GmbH in eine GmbH & Co KG die Beteiligung des früheren GmbH-Gesellschafters in der KG „im gleichen Ausmaß" erfolgen, d.h. in Bezug auf die Höhe der Einlage. Die verschmelzende Umwandlung darf für die Gläubiger nicht nachteilig sein (eine Reduzierung des Haftungsfonds wäre nachteilig). Kommentierung: o.V: Kapitalerhaltung bei Umwandlung einer Kapitalgesellschaft in eine Personengesellschaft – zu einer Grundsatzentscheidung des OGH, RdW 1998, 384-385; Ortner, Bernt: Sachliche Rechtfertigung und Gläubigerschutz bei Umwandlung, ecolex 1998, 557-561.

Nach OGH 11.3.1999, 6 Ob 5/99z, setzt die Übertragung von Betrieben oder Anteilen aus der spaltenden Gesellschaft mit Anteilsdurchschleusung („Steuerspaltung") an die Gesellschafter eine Kapitalherabsetzung (oder beispielsweise eine Sachdividende) voraus. Die dem Gläubigerschutz dienenden Regelungen sind einzuhalten.

Nach OGH 10.6.1999, 6 Ob 6/99, setzt die Abspaltung zur Aufnahme in eine Tochtergesellschaft mit Anteilsauskehrung entweder eine ordentliche Kapitalherabsetzung oder eine Gewinnausschüttung voraus.

ihrerseits wiederum eine 100%ige Beteiligung an Enkel 1. Auch die Tochter 2 hält eine 100%ige Beteiligung an Enkel 2. Spaltet nun Enkel 1 einen Vermögensteil an Enkel 2 ab und werden dafür von Enkel 2 keine (wertäquivalenten)[52] Anteile an Tochter 1 gewährt, so liegt darin eine Benachteiligung der Tochter 1, die gegen § 52 AktG beziehungsweise den gleichlautenden § 82 Abs 1 GmbHG verstößt. Ein weiteres Beispiel wäre die Spaltung einer Enkelgesellschaft auf deren Großmuttergesellschaft.[53] Durch den Vorgang insgesamt entsteht der Großmuttergesellschaft zwar kein Nachteil, allerdings wird das Vermögen der (zwischenliegenden) Muttergesellschaft unwiderruflich geschmälert, wodurch es mittelbar zu einer Gläubigerbenachteiligung der Muttergesellschaft kommt.[54] Es bestehen gegen derartige Spaltungen dann keine Bedenken, wenn der Muttergesellschaft der übertragenden Gesellschaft durch die Steigerung des Werts ihrer bisherigen Anteilsrechte an der übernehmenden mittelbar der übertragene Wert erhalten bleibt und dadurch der Verlust des Vermögens voll wettgemacht wird.[55]

Wenn auch der Vermögensverlust bei der Muttergesellschaft der übertragenden Gesellschaft ausgeglichen wird, kann die Nichterhöhung des Nennkapitals seitens der übernehmenden Gesellschaft im Einzelfall zu einer Ausschüttung stiller Reserven und/oder vor der Spaltung gebundenen Kapitals kommen. Dies gilt ganz generell bei einer Nichterhöhung des Nennkapitals bei der übernehmenden Gesellschaft wegen § 224 AktG. Diese Gefahr hat der Gesetzgeber mit der Technik des § 3 Abs 1 SpaltG für den Fall einer Spaltung zur Neugründung unterbunden. Für die Ansicht der unterschiedlichen Behandlung zwischen einer Spaltung zur Neugründung und einer Spaltung zur Aufnahme mag es historische Entschuldigungsgründe geben; praktisch rechtfertigen lässt sie sich indessen nicht. Vielmehr bestehen – entgegen der herrschenden Ansicht – teleologisch-

---

[52] In der Entscheidung des OGH vom 20.1.2000, 6 Ob 288/99t, hält der OGH für den Fall einer Einbringung fest, dass auch bei einer Einbringung mit Kapitalerhöhung nicht irgend eine Gegenleistung, sondern vielmehr eine dem Wert des eingebrachten Vermögens (Betriebes oder Teilbetriebes) entsprechende Gegenleistung zu gewähren ist. Für den Fall, dass ein objektives Missverhältnis zwischen dem Wert des eingebrachten Teilbetriebes und den dafür gewährten Anteilsrechten zu Lasten der einbringenden Gesellschaft festgestellt wird, spricht nach Auffassung des OGH, dass ein Verstoß gegen die Kapitalerhaltungsvorschriften vorliegt.

[53] Vgl. idS bereits Nowotny, Christian: Umgründungen (Fusion-Spaltung) auf den Alleingesellschafter, RdW 1998, 445f.

[54] Ähnlich Nowotny, Christian: Umgründungen (Fusion-Spaltung) auf den Alleingesellschafter, RdW 1998, 445.

[55] Doralt, Peter: Zur Gestaltung handelsrechtlicher Vorschriften über die Spaltung in: Doralt, Peter/ Nowotny, Christian (Hrsg): Kontinuität und Wandel, Beiträge zum Unternehmensrecht, Festschrift für Walther Kastner zum 90. Geburtstag, Wien 1992, 126. Vgl. aber im Ergebnis Nowotny, Christian: Umgründungen (Fusion-Spaltung) auf den Alleingesellschafter, RdW 1998, 446, für den Fall einer up-stream Abspaltung.

systematische Zusammenhänge zwischen § 3 Abs 1 SpaltG und § 17 Z 3 SpaltG, die im Verlaufe dieser Untersuchung immer wieder zu Tage treten werden.

2.3 Kapitalerhaltung und Rechnungslegung

Die im Rahmen der Untersuchung behandelte Kapitalerhaltungsfrage für die an der Spaltung beteiligten Gesellschaften würde ohne Berücksichtigung des Rechts der Rechnungslegung[56] nicht vollständig erfasst. Dieses ist für Kapitalgesellschaften das Rechnungslegungsgesetz (RLG),[57] welches in Österreich seit 1990 das Handelsgesetzbuch (HGB) ergänzt. Die Anwendung der in diesem Gesetz genannten Vorschriften ist Beleg für die spaltungsgesetzlich geforderte Erhaltung der Eigenkapitalpositionen von Nennkapital und gebundenen Rücklagen der übertragenden Gesellschaft vor und nach dem Zeitpunkt der Spaltung. Diese ist im Kern der Sache eine bilanzrechtliche Darstellung. Jeder Spaltungsvorgang ist auf Basis der an der Spaltung beteiligten Gesellschaftsbilanzen nachweisbar.[58] Dies deswegen, weil jeder Spaltungsvorgang die Kapitalstruktur der übertragenden und übernehmenden Gesellschaft ändert. Im Fall einer Neugründung findet darüber hinaus durch den Gründungsvorgang eine Neustrukturierung des Kapitals statt. Ein solcher Vorgang ist insgesamt betrachtet zwar nicht notwendigerweise erfolgswirksam, aber stets bestandswirksam.[59] Unterschiede bestehen hinsichtlich der Wahl der jeweiligen Bilanzstichtage. Dort wo bilanzrechtliche Fragen Einfluss auf die Frage der Kapitalerhaltung haben, werden diese behandelt. Vornehmlich betroffen hiervon ist der Fall einer übernehmenden Gesellschaft bei Unterlassen einer Anteilgewähr nach § 224 AktG.[60] Aber auch im Fall einer Spaltung zur Neugründung ist die herrschende Meinung zu hinterfragen, ob die Verknüpfung zwischen Kapitalerhaltung und Rechnungslegung einzig auf den spaltungsgesetzlichen Bilanzen[61] beruhen kann.

---

[56] Zum Begriff als erstes, soweit ersichtlich, Nowotny, Christian: Funktion der Rechnungslegung im Handels- und Gesellschaftsrecht, Bd 6, Wien 1987, 1.

[57] BGBl.Nr. 475/1990

[58] Ähnlich Aman, Günther: Einige Gedanken zum Gesellschaftsrechtsänderungsgesetz 1993 unter besonderer Berücksichtigung des Spaltungsgesetzes, RdW 1993/5, 141; Aman, Günther/ Frotz, Stephan/ Mühlehner, Johann/ Wagner, Martin/ Zöchling, Hans: Das EU-Gesellschaftsrechtsänderungsgesetz, Wien 1996, 99.

[59] Vgl. ebenso Budde/Klingberg in: Budde, Wolfgang: Sonderbilanzen - Von der Gründungsbilanz bis zur Liquidationsbilanz, 3. Auflage, München 2002, G 70.

[60] Dazu eingehend siehe Kapitel Übernehmende Gesellschaft iVm § 224 AktG, 148ff.

[61] Zu den „gesetzlich geregelten Bilanzen" vgl. Hügel, Hanns F.: Umgründungsbilanzen Handelsrecht und Steuerrecht, Wien 1997, Rz 1.13.

3 Gang der Untersuchung

3.1 Ausgangspunkt und Abgrenzung

Ausgangspunkt der vorliegenden Arbeit ist das österreichische Spaltungsgesetz. Die Untersuchung befasst sich mit den Kapitalerhaltungsvorschriften dieses Codex und deren Auswirkungen gesellschaftsrechtlicher als auch handelsrechtlicher Natur auf die an der „Spaltung beteiligten Kapitalgesellschaften". Diese in Anführungszeichen gesetzte Wortfolge erfasst die Spaltung einer übertragenden auf eine oder mehrere neu gegründete und/oder übernehmende Kapitalgesellschaften in ihrer Gesamtheit. Entsprechend dieser Diktion wird gleichzeitig die Begründung dafür geliefert, weshalb der Gang der Untersuchung einer dreigliedrigen Betrachtungsebene folgt.

Eine solcherart bestimmte Zentrierung lässt eine eindeutige Abgrenzung gegenüber anderen Rechtsbereichen und Bestimmungen des Spaltungsgesetzes zu. Letztere werden in dieser Arbeit nur insofern bedacht, als sie zur Lösung eines zu klärenden Sachverhaltes herangezogen werden. Selbiges gilt für Bestimmungen anderer Rechtsordnungen. Angesprochen sind nicht nur Normen des österreichischen, sondern auch des deutschen Rechts. Die Rechtfertigung dieser Vorgangsweise, der grundsätzlichen Ausklammerung des deutschen Rechts, liegt primär in der Tatsache, dass in weiten Teilen die Spaltung und auch die Kapitalerhaltungsfrage in beiden Staaten unterschiedlichen Regelungen unterliegen. Die eigentliche Gemeinsamkeit beider Rechtsordnungen in diesem Punkt beschränkt sich auf das Faktum, dass diese bereits 1978 von der EU verabschiedete und in demselben Jahr in Kraft getretene sechste gesellschaftsrechtliche Richtlinie[62] betreffend die Spaltung von Aktiengesellschaften[63] in ihr jeweiliges nationales Recht transformiert haben.

In Österreich erfolgte die Umsetzung teilweise durch Verabschiedung des Spaltungsgesetzes im Jahr 1993,[64] welches 1996 aufgrund notwendiger Anpassungen an die sechste gesellschaftsrechtliche Richtlinie durch ein neues Spaltungsgesetz[65] ersetzt wurde. Der österreichische Gesetzgeber beschloss aber bereits mit dem SpaltG 1993 den Gläubigerschutz durch die Pflicht, Nennkapital

[62] Zum Aufbau der Spaltungsrichtlinie vgl. beispielsweise Doralt, Peter: Zur Gestaltung handelsrechtlicher Vorschriften über die Spaltung in: Doralt, Peter/ Nowotny, Christian (Hrsg): Kontinuität und Wandel, Beiträge zum Unternehmensrecht, Festschrift für Walther Kastner zum 90. Geburtstag, Wien 1992, 128; Stern, Elisabeth: Die sechste gesellschaftsrechtliche Richtlinie (Spaltungsrichtlinie) in: Doralt, Peter/ Nowotny, Christian (Hrsg): Der EG-rechtliche Anpassungsbedarf im österreichischen Gesellschaftsrecht, Wien 1993, 149.

[63] 82/891/EWG

[64] BGBl. Nr. 458/1993

[65] BGBl. Nr. 304/1996

und gebundene Rücklagen der übertragenden Gesellschaft über den Zeitpunkt der Spaltung hinweg zu erhalten, falls nicht die Vorschriften über die ordentliche Kapitalherabsetzung zur Anwendung gelangen, und der Prüfung, ob der Wert des verbliebenen Vermögens der übertragenden Gesellschaft wenigstens der Höhe ihres Nennkapitals nach Durchführung der Spaltung entspricht, über die Richtlinie hinaus zu erweitern.[66]

Für eine andere Lösung entschied sich die deutsche Gesetzgebung bei der Umsetzung der sechsten Richtlinie. Diese wurde in Deutschland mit der Verabschiedung des Umwandlungsgesetzes (dUmwG) am 28.10.1994 mit Wirkung 1.1.1995, in den §§ 123-173 dUmwG implementiert und orientiert sich im Punkt der Kapitalerhaltung im Wesentlichen an den Mindestvorgaben der sechsten gesellschaftsrechtlichen Richtlinie. Zunächst bedeutet dies, im Vergleich zum österreichischen Lösungsmodell, die Aussparung der Kapitalerhaltungsfrage bei der übertragenden Gesellschaft für den Fall einer Aufspaltung, da es nach Eintragung der Spaltung keine übertragende Gesellschaft mehr gibt, die ein bestimmtes Mindestnennkapital aufweisen muss. Die Folge davon ist, dass die Kapitalerhaltungsfrage auf den Fall der Abspaltung beziehungsweise Ausgliederung reduziert wird. Diese gilt nach deutschen Vorschriften als erfüllt, wenn die Vertretungsorgane der übertragenden Gesellschaft eine Erklärung abgeben, in dem diese bestätigen, dass die durch Gesetz und Gesellschaftsvertrag/ Satzung vorgesehenen Voraussetzungen für die Gründung dieser Gesellschaft unter Berücksichtigung der Abspaltung im Zeitpunkt der Anmeldung vorliegen (§§ 140, 146 und 313 Abs 2 dUmwG). Obwohl der Verweis auf das Gründungsrecht eine Regelung zur Kapitalaufbringung vermuten lässt, handelt es sich der Sache nach um einen Aspekt der Kapitalerhaltung.[67] Die nach den §§ 149,146 dUmwG abzugebende Erklärung muss nicht alle Gründungsvoraussetzungen, sondern nur diejenigen umfassen, welche die Kapitalausstattung betreffen. Zu erklären ist, dass unter Berücksichtigung der spaltungsbedingten Vermögensübertragung das (unveränderte oder gemäß §§ 139, 145 dUmwG herabgesetzte) Nennkapital der übertragenden Gesellschaft durch das verbleibende Nettovermögen gedeckt ist. Im Falle einer Kapitalherabsetzung bei der übertragenden Gesellschaft erweitert sich der Kreis der potentiell berührten Gründungsvorschriften. Die Erklärung muss sich in diesem Fall auch darauf erstrecken, dass das gesetzliche Mindestnennkapital nicht unterschritten wird und der Nennbetrag der einzelnen Anteile den gesetzlichen Mindestnennbetrag

---

[66] Zu den Vorschlägen vor Einführung des ersten Spaltungsgesetzes vgl. hierzu Stern, Elisabeth: Die sechste gesellschaftsrechtliche Richtlinie (Spaltungsrichtlinie) in: Doralt, Peter/ Nowotny, Christian (Hrsg): Der EG-rechtliche Anpassungsbedarf im österreichischen Gesellschaftsrecht, Wien 1993, 190.

[67] Sagasser/ Sickinger in Sagasser, Bernd/ Bula, Thomas/ Brünger, Thomas: Umwandlungen: Verschmelzung – Spaltung – Formwechsel – Vermögensübertragung; Zivil-, Handels- und Steuerrecht, 2. Auflage, München 2000, N, Rz 81.

erreicht.[68] Der österreichische Gesetzgeber hat hingegen nicht die Lösung einer Kapitaldeckungserklärung gewählt, sondern eine reelle Prüfungspflicht des bei der übertragenden Gesellschaft verbleibenden Vermögens durch einen externen Gründungsprüfer angeordnet (§ 3 Abs 4 SpaltG).

Eine auf den ersten Blick prinzipielle Übereinstimmung zwischen beiden Rechtsordnungen besteht allerdings für die Frage der Kapitalerhaltung einer neu gegründeten und/oder einer übernehmenden Gesellschaft. Es schiene daher für diesen Untersuchungsteil der Arbeit die Berücksichtigung deutscher Literatur im Interesse umfassender wissenschaftlicher Erörterung geboten. Der zweite Blick, der sich auf den Ausgangspunkt der Untersuchung wendet, zeigt allerdings, dass die Eigenart der Spaltung eine Gesamtbetrachtung aller an der Spaltung beteiligten Kapitalgesellschaften verlangt, die auch für den Punkt der Kapitalerhaltung greift, die aber das deutsche Umwandlungsgesetz nicht in der Form berücksichtigt hat. Deswegen bleibt auch in diesem Fall die deutsche Rechtslage weitestgehend unberücksichtigt.

Die dieser Art argumentierte Beschränkung auf das österreichische Spaltungsgesetz bringt das Thema in seiner Gesamtheit nochmals summarisch auf den Punkt: Dieses ist die Kapitalerhaltung der an der Spaltung beteiligten Gesellschaften.

3.2 Gang der Untersuchung

Die Arbeit gliedert sich entsprechend dem Vorstehenden in drei große Kapitel, nämlich Kapitalerhaltung der übertragenden Gesellschaft, Kapitalerhaltung der neu gegründeten Gesellschaft und Kapitalerhaltung der übernehmenden Gesellschaft.

Untersucht werden entsprechend dieser Einteilung, die im Kern auf der gesetzlichen Systematik des § 3 SpaltG fußt, Normen und deren fallbezogene Anwendung. Dabei wird nicht nur von einer statischen Betrachtung, sondern darüber hinaus von einer zeitlich dynamischen ausgegangen. Gemeint ist damit, dass die gesetzliche Systematik des § 3 SpaltG mit wesentlichen Zeitabschnitten, die ein jedes Spaltungsverfahren nach dem Gesetz zu durchleben hat, kombiniert wird. Fragen und Fallvariationen werden damit nicht nur isoliert betrachtet, sondern unterliegen in ihrer Thematisierung dem jeweils dazugehörigen Zeitfenster einer Gesamtbetrachtung.

---

[68] Sagasser/ Sickinger in Sagasser, Bernd/ Bula, Thomas/ Brünger, Thomas: Umwandlungen: Verschmelzung – Spaltung – Formwechsel – Vermögensübertragung; Zivil-, Handels- und Steuerrecht, 2. Auflage, München 2000, N, Rz 82.

Für die Verbindung dieser Betrachtungshorizonte wurde der Versuch unternommen eine Ordnung nach Sachfragen zu schaffen,[69] die einer einheitlichen durchgängigen Systematik folgt. Im Ergebnis lässt sich der Gang der Untersuchung eines jeden Sachbereichs durch folgenden Gliederungsmechanismus charakterisieren: Den Beginn eines jeden Kapitels macht eine Ausgangsnorm des § 3 SpaltG beziehungsweise im Fall der übernehmenden Gesellschaft des § 17 Z 3 SpaltG. Diese wird dann hinsichtlich ihres Inhalts, Zwecks sowie Anwendungsbereichs untersucht. Dem folgend wendet sich die Analyse Fragen über die Prüfung der Einhaltung der jeweiligen Norm zu. Daran anschließend wird die Frage gestellt, welche Konsequenzen bei Verletzung der jeweils untersuchten Ausgangsnorm zu erwarten sind.

3.3 Untersuchte Fragen im Überblick

Der erste Teil der Untersuchung beginnt mit der Grundstruktur der Aufrechterhaltung des Bindungsniveaus von Nennkapital und gebundenen Rücklagen. Einleitend wird der Fall einer Aufspaltung, daran anschließend der Fall einer Abspaltung zur Neugründung behandelt. Die Gründung einer Gesellschaft als spaltungsbedingte Gemeinsamkeit beider Varianten, führt zu der Frage, unter welchen Voraussetzungen von dem Grundsatz der Aufrechterhaltung des Bindungsniveaus von Nennkapital und gebundenen Rücklagen während eines laufenden Spaltungsverfahrens als auch nach dessen Beendigung abgesehen werden kann. Dies führt zu der Frage, ob gebundene Rücklagen bei einem Wechsel beziehungsweise Übergang von einer großen in eine kleine GmbH weiterhin einer Auflösungssperre unterliegen.

Ebenso zu klären ist die in der Literatur unterschiedlich behandelte Frage, ob für den Fall der Aufspaltung die Regelungen über die Abspaltung analog gelten, oder ob alternativ die liquidationsrechtlichen Bestimmungen zur Anwendung gelangen. Schließlich erhebt sich die Frage, inwieweit die Grundlagen des kapitalgesellschaftsrechtlichen Gläubigerschutzes nach § 3 Abs 1 SpaltG auf den Fall einer Spaltung zur Aufnahme zu übertragen sind. Ein weiterer wesentlicher Aspekt der Untersuchung ist die Prüfung der kapitalerhaltungsrechtlichen Verpflichtung und damit die Frage, ob als Nachweis der Kapitalerhaltung eine auf einen Stichtag zwischen Spaltungsstichtag und dem Zeitpunkt der Anmeldung der Spaltung erstellte Zwischenbilanz sein kann. Im Rahmen der Restvermögensprüfung ist die Feststellung zu treffen, ob der tatsächliche Wert des verbliebenen Nettoaktivvermögens, in Abhängigkeit von der Art des Restvermögens, einen Ertragswert oder Substanzwert als Prüfungsergebnis repräsentiert. Die dabei gewonnenen Erkenntnisse schließen mit Fragen, welche Konsequenzen bei

---

[69] Zu den Aufbaumöglichkeiten einer wissenschaftlichen Arbeit Kerschner, Ferdinand: Wissenschaftliche Arbeitstechnik und –methodik für Juristen, Wien 1997, 154.

Normverletzungen zu erwarten sind und welche Gestaltungsvarianten im Einzelfall zur Verfügung stehen, den ersten Teil der Untersuchung ab.

Der zweite Teil befasst sich mit der Gründung einer aus einer Spaltung neu entstehenden Gesellschaft. Im Kern auf die in § 3 Abs 3 SpaltG verwiesenen Gründungsvorschriften und der daran gekoppelten Gründungsprüfung nach § 3 Abs 4 SpaltG konzentriert, werden die im Rahmen der Restvermögensprüfung gewonnenen Erkenntnisse parallel zur Gründungsprüfung dargelegt. Die Auseinandersetzung mit der Regelung des § 224 AktG zeigt, dass eine solche unter Anwendung dieser Bestimmung unterbleiben kann.

Dieses Ergebnis und die im ersten Teil der Arbeit gewonnenen Feststellungen führen zu einer neuen Beurteilung der Kapitalerhaltungsfrage für die an der Spaltung beteiligten übernehmenden Gesellschaften. Probleme der Kapitalerhaltung, die im Rahmen von Verschmelzungsvorgängen unter Anwendung des § 224 AktG bestehen, geben Anlass, die Kapitalerhöhung als Maßnahme der Kapitalerhaltung zu betrachten. Das Unterlassen der Anteilsgewähr an die Gesellschafter der übertragenden Gesellschaft wird mit dem Erfordernis der Kapitalerhöhung verknüpft. Die Lösung wird, weil für kleine oder mittelgroße GmbH die Einstellung des übernommenen Vermögens als gebundene Kapitalrücklage nach derzeitiger Rechtslage nicht gangbar ist, um den Summengrundsatz erweitert. Auf Grundlage des so gewonnenen Resultats werden Falllösungen zu § 224 AktG unter Einhaltung des Summengrundsatzes dargestellt. Von diesem ausgehend werden erneut die Zusammenhänge zwischen einer Spaltung zur Neugründung und einer Spaltung zur Aufnahme über Fragen, welche Konsequenzen bei Normverletzungen zu erwarten sind und welche Gestaltungsvarianten im Einzelfall zur Verfügung stehen, erfasst.

I. Teil: Kapitalerhaltung der übertragenden Gesellschaft

1 Der Summengrundsatz nach § 3 Abs 1 SpaltG

1.1 Inhalt der Norm

§ 3 Abs 1 SpaltG definiert die Verpflichtung der Kapitalerhaltung der übertragenden Gesellschaft. Das in dieser Vorschrift enthaltene Gebot umfasst die Aufrechterhaltung des Nennkapitals der übertragenden Gesellschaft und deren gebundene Rücklagen. Danach hat die Summe der Nennkapitalien der an der Spaltung beteiligten Gesellschaften mindestens die Höhe des Nennkapitals der übertragenden Gesellschaft vor der Spaltung zu erreichen. Die Regelung gilt ebenfalls für gebundene Rücklagen, wenn die übertragende Gesellschaft im Zeitpunkt der Spaltung welche besitzt.[70] Der Forderung des Gesetzgebers ist entsprochen, wenn die Feststellung der Kapitalerhaltung von den an der Spaltung beteiligten Gesellschaften anhand der Schlussbilanz der übertragenden Gesellschaft erfolgt,[71] und die Vermögensdeckung der dort ausgewiesenen Positionen von Nennkapital und gebundenen Rücklagen auch im Zeitpunkt der Eintragung[72] der Spaltung gegeben ist.

Die an die Algebra der Mathematik erinnernde Sentenz des § 3 Abs 1 SpaltG wird nicht zuletzt wegen dieser Gleichung im Schrifttum vielfach als „Summengrundsatz" bezeichnet.[73] Eine Korrelation dieser Art hatte der Gesetzgeber vor

---

[70] Vgl. Kalss, Susanne: Handkommentar zur Verschmelzung, Spaltung und Umwandlung, Wien 1997, § 3 SpaltG, Rz 4.

[71] Vgl. Kalss, Susanne: Handkommentar zur Verschmelzung, Spaltung und Umwandlung, Wien 1997, § 3 SpaltG, Rz 3, 371.

[72] Vgl. idS Kalss, Susanne: Handkommentar zur Verschmelzung, Spaltung und Umwandlung, Wien 1997, § 3 SpaltG, Rz 3, 371, die darauf hinweist, dass das Firmenbuchgericht „bei Eintragung der Gesellschaften, neben den formellen die materiellen Gründungsvoraussetzungen, unter anderem die Kapitaldeckung, zu prüfen" hat.

[73] Zum Begriff erstmals, soweit ersichtlich, Doralt, Peter: Zur Gestaltung handelsrechtlicher Vorschriften über die Spaltung in: Doralt, Peter/ Nowotny, Christian (Hrsg): Kontinuität und Wandel, Beiträge zum Unternehmensrecht, Festschrift für Walther Kastner zum 90. Geburtstag, Wien 1992, 190, 150. Weiters zu finden im Bericht des Justizausschusses zu § 3 SpaltG: 1016 BlgNr 18.GP5; bei Aman, Günther/ Frotz, Stephan/ Mühlehner, Johann/ Wagner, Martin/ Zöchling, Hans: Das EU-Gesellschaftsrechtsänderungsgesetz, Wien 1996, 100; Nowotny, Christian: Die Spaltung zur Aufnahme – Ein neues handelsrechtliches Allzweckinstrument, RdW 1996, 299; Stockenhuber, Das österreichische Spaltungsgesetz, RIW 1994, 281; Hügel, Umgründungsbilanzen, 1997, Rz 6.50; Hügel, Hanns F.: Aktuelle Probleme des Spaltungsrechts, Zuordnung und Teilung von Vertragsverhältnissen, Squeeze-out-Spaltung, Konzernspaltung, Summengrundsatz, wbl 2001, 395; Strimitzer, Eugen: Abspaltung zur Aufnahme und Kapitalherabsetzung, RdW 2001, 514; Hirschler, Klaus: Die Spaltung von Kapitalgesellschaften

Augen, als dieser das Prinzip der aktien- und GmbH-rechtlichen Kapitalerhaltung (§§ 82 Abs 1 GmbHG, 52 AktG) gegen das Prinzip des Summengrundsatzes für die Spaltung tauschte. Das dem AktG und GmbHG innewohnende Kapitalerhaltungsprinzip der Aufrechterhaltung und dem daraus resultierenden Ausschüttungsverbot von Nennkapital und gebundenen Rücklagen wurde der übertragenden Gesellschaft als spaltungsrechtliche Verpflichtung auferlegt.[74] Die aktien- und GmbH-rechtlichen Konsequenzen, wonach Gesellschafter ihre Einlagen nicht zurückfordern können, sondern ausschließlich die Erfüllung ihres Anspruchs auf Gewinnausschüttung verlangen können, sofern nicht die Vorschriften der ordentlichen Kapitalherabsetzung zur Anwendung gelangen, wird mit der spaltungsgesetzlichen Bestimmung des § 3 Abs 1 SpaltG fortgeführt.

Dasselbe gilt für gebundene Rücklagen. Diese bestehen aus der gebundenen Kapitalrücklage und der gesetzlichen Rücklage (§ 130 Abs 1 AktG). Besitzt die übertragende Gesellschaft im Zeitpunkt der Spaltung gebundene Rücklagen, sind diese insgesamt weiterhin über den Zeitpunkt der Spaltung hinaus zu erhalten. Eine Auflösung kommt ohne gläubigerschutzsichernde Maßnahmen „nur zum Ausgleich eines sonst auszuweisenden Bilanzverlustes" in Betracht (§ 130 Abs 4 AktG) und setzt die Beachtung des gesetzlichen Prinzips der Rangfolgenverwendungspflicht voraus. Die gebundene Kapitalrücklage darf nur dann zur Abdeckung eines Bilanzverlustes verwendet werden, wenn keine anderen „freien" Rücklagen mehr vorhanden sind.[75] Dies wird aus der Gegenüberstellung der beiden Sätze des § 130 Abs 4 AktG geschlossen. Die gesetzliche Rücklage hingegen, die sich aufgrund der Regelung des § 130 Abs 3 AktG von der gebundenen Kapitalrücklage abhebt, darf zur Abdeckung eines Verlustvortrages bei unveränderter Fortführung anderer Rücklagen aufgelöst werden. Dies gilt auch dann, wenn die Gesellschaft einen Jahresüberschuss erwirtschaftet. Der dann erforderliche Teil einer gesetzlichen Rücklage kann in Höhe des Differenzbetrages für die Abdeckung eines Verlustvortrages aufgelöst werden.[76] Geht man davon aus, dass es sich bei § 130 Abs 4 Satz 2 AktG nicht um ein redaktionelles Versehen handelt, weil mit der „gesetzlichen Rücklage" eigentlich die „gebundene Rücklage" gemeint ist, bedeutet dies, dass die gebundene Kapitalrücklage einer stärkeren Bindung unterliegt, als die gesetzliche Gewinnrücklage.[77]

---

im Handels- und Steuerrecht, Wien 1996, 80, bei FN 174; Koppensteiner, Hans-Georg: GmbH-Gesetz - Kommentar, Wien 1999, Anh § 101 Rz 28.

[74] Vgl. idS Kalss, Susanne: Handkommentar zur Verschmelzung, Spaltung und Umwandlung, Wien 1997, § 3 SpaltG, Rz 4, 371.

[75] Nowotny, Christian: Gebundene Rücklagen, GesRZ 1996, 78; Wünsch, Horst: Zur Rechnungslegung „großer Gesellschaften mbH", GesRZ 1991, 179.

[76] Nowotny, Christian: Gebundene Rücklagen, GesRZ 1996, 78.

[77] Chalupsky, Ernst in: Bertl, Romuald/Mandl, Dieter (Hrsg): Handbuch zum Rechnungslegungsgesetz, Rechnungslegung, Prüfung und Offenlegung, Wien 2003, B.III., 3.2.e), 47.

Dies lässt sich damit argumentieren, dass der Grund der Bildung auf das Verhältnis zwischen Gesellschafter und Gesellschaft zurückzuführen ist. Der Mehrbetrag der Gesellschaftereinlage des gewählten satzungsmäßigen Nennkapitals einer neu gegründeten Gesellschaft oder einer Nennkapitalerhöhung ist als Kapitalrücklage auszuweisen, die im Fall einer AG oder großen GmbH gebunden ist (§ 23 GmbHG, 130 AktG). Sie ist insofern als gebundene Kapitalrücklage qualifiziertes Nennkapital. Es handelt sich bei dieser Rücklage um die Nichtausschöpfung des äußerst möglichen Nennkapitalbetrages, während hingegen die gesetzliche Rücklage ausschließlich aus Gewinnen des letzten Geschäftsjahres und/oder der vorangegangen Geschäftsjahre des Betriebes entstammt. Dies macht einerseits die begriffliche Differenzierung und andererseits die Reihenfolge der Auflösung dieser Rücklagen, im ersten Schritt zunächst die gesetzliche Gewinnrücklage und im zweiten Schritt die gebundenen Kapitalrücklage anzutasten, sachgerecht.

Daher wäre ohne die gesetzliche Regelung eines Summengrundsatzes die Eigenkapitalerhaltung (im eigentlichen Sinn Nominalkapital zuzüglich gebundener Rücklagen) im Fall einer Spaltung nur unter Beteiligung einer oder mehrerer neu zu gründenden AG sichergestellt. Über den Verweis des § 130 Abs 2 AktG auf die handelsrechtliche Bestimmung des § 229 Abs 2 Z 1 bis 4 HGB wäre ein über das Nominale hinausgehender Betrag als Agio in eine gebundene Kapitalrücklage einzustellen.[78]

Wenn das Ziel einer Spaltung die Gründung einer GmbH wäre, bestünde allerdings ohne spaltungsgesetzliche Sonderregelung die Einstellungspflicht nach § 130 Abs 2 AktG für diese nicht. § 23 GmbHG, der auf die sinngemäße Anwendung des § 130 AktG verweist, gilt verpflichtend[79] nur für den Fall einer großen Gesellschaft. Die Einstufung einer Kapitalgesellschaft als groß obliegt § 221 HGB. Nach dieser Bestimmung ist jede neu gegründete Gesellschaft als klein einzustufen.[80] Die Erhaltung von vor dem Spaltungsvorgang gebundenem

---

[78] Vgl. dazu bereits Stern, Elisabeth: Die sechste gesellschaftsrechtliche Richtlinie (Spaltungsrichtlinie) in: Doralt, Peter/ Nowotny, Christian (Hrsg): Der EG-rechtliche Anpassungsbedarf im österreichischen Gesellschaftsrecht, Wien 1993, 190; ebenso die Anmerkung von Hirschler, Klaus: Die Spaltung von Kapitalgesellschaften im Handels- und Steuerrecht, Wien 1996, 81: "Sofern nur große Kapitalgesellschaften an der Spaltung beteiligt sind, wäre die Gefahr des Verlustes gebundenen Kapitals nicht sehr bedeutend, es käme lediglich zu einer Neuverteilung von gebundenen Rücklagen und Nennkapital."

[79] Zur Bildung einer gebundenen Kapitalrücklage bei einer GmbH aus eigenem Antrieb vgl. Bachner, Thomas: Verluste, Rücklagen und Ausweisvorschriften im Zusammenhang mit der vereinfachten Kapitalherabsetzung nach dem IRÄG 1997, RWZ 5/2000, 139.

[80] Nowotny, Christian/ Maximilian, Tichy in Straube, Manfred: Kommentar zum Handelsgesetzbuch, Bd 2, Rechnungslegung, 2. Auflage, Wien 2000, § 221, Rz 30 bzw. 31; Reich-Rohrwig, Johannes: EU-Gesellschaftsrechtsänderungsgesetz, Wien, 1996, 21; Wagenhofer in Kofler, Herbert; Nadvornik, Wolfgang; Pernsteiner, Helmut, Vordrazka (Hrsg): Handbuch Bilanz

Kapital würde sich ohne die gesetzliche Sondervorschrift des § 3 Abs 1 SpaltG daher nur bei einer neu gegründeten AG automatisch vollziehen. Bei Gründung einer GmbH wäre der Kapitalschutz hingegen keinesfalls gewährleistet, sofern die Gesellschaft nicht aus eigenem Antrieb den Vermögensüberhang in eine gebundene Kapitalrücklage[81] einstellen würde. Diese könnte in den Folgejahren Ausschüttungen des früher gebundenen Kapitals durchführen, wodurch die Haftung der Nachfolgeunternehmen teilweise leer liefe.[82] Bei einer Spaltung unter Beteiligung einer neu zu gründenden GmbH, auf die gebundene Rücklagen der übertragenden Gesellschaft übertragen werden, gilt für diese daher auch § 130 Abs 4 AktG.[83] Damit kommt die Bildung gebundener Rücklagen in der Eröffnungsbilanz[84] einer neu gegründeten GmbH in Betracht, soweit dies zur Einhaltung des Summengrundsatzes erforderlich ist.[85]

Kritisch ist, dass auf diese Weise eine infolge einer Spaltung neu gegründete GmbH als große Gesellschaft gilt, wohingegen dieselbe Gesellschaft nach der handelsrechtlichen Vorschrift des § 221 Abs 4 HGB als kleine Kapitalgesellschaft einzustufen wäre, mit der Folge, dass bei dieser die Rechtsfolgen der Größenklasse erst ab dem auf den ersten Abschlussstichtag nach der Neugründung folgenden Geschäftsjahr anzuwenden wären. Beide Rechtsbereiche lassen sich nicht einen; die handelsrechtlichen Rechtsfolgen führen zu der Situation, dass eine aus einer Spaltung neu hervorgehende GmbH in ihrer Eröffnungsbilanz gebundene Rücklagen ausweist, obwohl nach GmbH-rechtlichem Verständnis diese nicht zur Bildung und damit nach handelsrechtlichen Vorschriften nicht zum Ausweis einer gebundenen Rücklage verpflichtet ist. Dies führt zu einem Widerspruch zwischen Spaltungsgesetz und GmbH-Gesetz sowie Spaltungsgesetz und Handelsgesetzbuch.

Die Antinomie zwischen Spaltungsgesetz und GmbH-Gesetz löst der Gesetzgeber durch materielle Derogation.[86] Die (jüngere) Norm des § 3 Abs 1 letzter Satz SpaltG geht der (älteren) Bestimmung des § 23 GmbHG vor. Werden gebundene

---

und Abschlussprüfung, Wien 2001, § 221, Rz 60; Huemer, Daniela: Größenabhängige Erleichterungen bei der Rechnungslegung, Einzel- und Konzernabschluss nach HGB, Wien 2002, 95ff.

[81] Für die prinzipielle Möglichkeit der Bildung einer gebundenen Kapitalrücklage bei einer kleinen oder mittelgroßen GmbH auf freiwilliger Basis Bachner, Thomas: Verluste, Rücklagen und Ausweisvorschriften im Zusammenhang mit der vereinfachten Kapitalherabsetzung nach dem IRÄG 1997, RWZ 5/2000, 139.

[82] Aman in Aman u.a., Das EU-Gesellschaftsrechtsänderungsgesetz, 1996, 100; Aman, Günther: Einige Gedanken zum Gesellschaftsrechtsänderungsgesetz 1993 unter besonderer Berücksichtigung des Spaltungsgesetzes, RdW 1993/5, 141.

[83] Reich-Rohrwig, Johannes: EU-Gesellschaftsrechtsänderungsgesetz, Wien, 1996, 64.

[84] Im Sinne des § 2 Abs 2 Z 12 SpaltG.

[85] Hügel, Umgründungsbilanzen, 1997, Rz 6.55.

[86] Vgl. Reich-Rohrwig, Johannes: EU-Gesellschaftsrechtsänderungsgesetz, Wien, 1996, 64.

Rücklagen übertragen, was bei einer Aufspaltung infolge des Untergehens der übertragenden Gesellschaft, wenn diese zum Spaltungsstichtag solche besitzt, stets der Fall ist, bei einer Abspaltung hingegen vom Willen der Gesellschafter der übertragenden Gesellschaft abhängt, gilt für jede an der Spaltung beteiligten Gesellschaft, ungeachtet deren Größe, die Verwendungsrestriktion des § 130 Abs 4 AktG.

Schwieriger zu lösen ist hingegen der Widerspruch zwischen Spaltungsgesetz und Handelsgesetzbuch. § 3 Abs 1 letzter Satz SpaltG derogiert § 23 GmbHG. § 221 Abs 4 Z 2 HGB regelt über den im Einleitungssatz der Vorschrift § 221 Abs 4 HGB verwiesenen Abs 1 bis Abs 3 erster Satz den Sachverhalt, ab wann eine Gesellschaft als klein, mittel und groß infolge einer Umgründung oder Neugründung einzustufen ist. Danach treten die handelsrechtlichen Rechtsfolgen der Größenmerkmale für eine neu gegründete Gesellschaft ab dem folgenden Geschäftsjahr ein. Voraussetzung ist, dass die Größenmerkmale am ersten Abschlussstichtag nach der Neugründung vorliegen. Offen ist damit die Frage, welcher Größenklasse die neu gegründete Gesellschaft im ersten Geschäftsjahr zuzuordnen ist.[87] Der Gesetzestext selbst gibt keine klare Auskunft. Denkbar wäre bei der Größenklassifizierung der neu gegründeten Gesellschaft auf die der übertragenden Gesellschaft abzustellen.[88] Falls eine übertragende GmbH der Gruppe der großen Gesellschaften angehört, so führt die Berücksichtigung des Unternehmenswachstums der übertragenden Gesellschaft bis zum Spaltungsstichtag für die Größenklassifizierung einer neu gegründeten GmbH nach Spaltung dazu, dass die Pflicht zur Dotierung und Auflösung gebundener Rücklagen gemäß § 130 AktG unverändert für die neu gegründete Gesellschaft bestehen bleibt. Diese Auffassung würde zu der verlangten Übereinstimmung zwischen § 3 Abs 1 letzter Satz SpaltG und § 221 Abs 4 Z 2 HGB führen. Handelsrechtlich wäre eine Folgekonsequenz dieser Auffassung, dass, wenn die übertragende Gesellschaft uneingeschränkt prüfungspflichtig wäre, diese Prüfungspflicht eins zu eins auf die neu gegründete Gesellschaft übergehen würde. Wenn diese Anschauung für den Fall des Summengrundsatzes der Spaltung zur Neugründung auch systemkonform wäre, lehnt die geltende Rechtsauffassung diese Auffassung wegen der Formulierung des § 221 Abs 4 Z 2 HGB ab.[89] Die Begründung ist allgemein darin zu sehen, dass, wenn auch zur

[87] Nowotny, Christian/ Maximilian, Tichy in: Straube, Manfred: Kommentar zum Handelsgesetzbuch, Bd 2, Rechnungslegung, 2. Auflage, Wien 2000, § 221 Rz 28 (letzter Satz); Wagenhofer in Kofler, Herbert; Nadvornik, Wolfgang; Pernsteiner, Helmut, Vordrazka (Hrsg): Handbuch Bilanz und Abschlussprüfung, Wien 2001, § 221, Rz 57ff.

[88] Dieser Meinung folgend Gunter Nitsche, Gerhard Schummer in Bertl, Romuald/Mandl, Dieter (Hrsg): Handbuch zum Rechnungslegungsgesetz, Rechnungslegung, Prüfung und Offenlegung, Wien 2003, A. VI., Rz 4.2., 16.

[89] Nowotny, Christian/ Maximilian, Tichy in: Straube, Manfred: Kommentar zum Handelsgesetzbuch, Bd 2, Rechnungslegung, 2. Auflage, Wien 2000, § 221 Rz 32; Wagenhofer in

Frage, wie im ersten Jahr, also im Geschäftsjahr der Neugründung zu verfahren ist, „beredtes Schweigen" des Gesetzgebers vorliegt, es dem Gesetz kaum unterstellt werden kann, dass jede „Kleinst-GmbH" im Gründungsjahr prüfungspflichtig ist und einen vollständigen Anhang erstellen muss und sich somit die Erleichterung der §§ 242 und 268 Abs 1 HGB erst „verdienen" muss.[90] Dass die mangelnde Prüfungspflicht einer kleinen GmbH selbst ein Grundsatz ist, wird überdies auch durch die Erläuterungen der Regierungsvorlage zum EU-GesRÄG[91] des § 268 Abs 1 HGB gestützt.[92] Auch die Offenlegungspflichten (§§ 277 ff HGB) stellen, mit Ausnahme von § 277 Abs 1 HGB, direkt auf die Tatbestandsmerkmale groß, mittelgroß und klein ab, obwohl nach dem Wortlaut des § 221 Abs 4 HGB die Größenklassifizierung im Jahr der Gründung noch nicht erfolgen konnte.[93] Diesen Argumenten folgt die herrschende Meinung, sodass im Jahr der Gründung tatsächlich die Vorschriften für kleine Gesellschaften anzuwenden sind.[94] Dies gilt auch im Fall einer Spaltung zur Neugründung für die jeweils neu gegründete Gesellschaft.

Zu berücksichtigen ist ferner die Frage der Größenklassifizierung einer übertragenden Gesellschaft nach dem Zeitpunkt der Spaltung. Diese stellt sich für den Fall einer Abspaltung. Zweckmäßigerweise dient als Ausgangspunkt für die Beantwortung der Frage erneut § 221 Abs 4 HGB. Die Regelung umfasst in Z 2 neben Neugründungen ferner Umgründungen. Gewendet auf den Fall einer Umgründung treten die Rechtsfolgen der Größenklasse ab dem auf den ersten Abschlussstichtag nach der Umgründung folgenden Geschäftsjahr ein. Als Umgründung bezeichnet das Gesetz mittels Klammerausdruck die Verschmelzung, die Umwandlung, den Zusammenschluss, die Realteilung und den Vorgang der Spaltung. Da die Bestimmung weder zwischen Einzel- und Gesamtrechtsnachfolge differenziert,[95] noch namentlich den Vorgang der Umgründung an konkrete Gesellschaftsformen knüpft, ist davon auszugehen, dass jede an der Umgründung beteiligte Gesellschaft unter die Bestimmung des § 221 Abs 4 Z 2

Kofler, Herbert; Nadvornik, Wolfgang; Pernsteiner, Helmut, Vordrazka (Hrsg): Handbuch Bilanz und Abschlussprüfung, Wien 2001, § 221, Rz 57ff. A. A. Gunter Nitsche, Gerhard Schummer in Bertl, Romuald/Mandl, Dieter (Hrsg): Handbuch zum Rechnungslegungsgesetz, Rechnungslegung, Prüfung und Offenlegung, Wien 2003, A.VI, Rz 4.2, 16.

[90] Nowotny, Christian/ Tichy Maximilian, in: Straube, Manfred: Kommentar zum Handelsgesetzbuch, Bd 2, Rechnungslegung, 2. Auflage, Wien 2000, § 221 Rz 32.

[91] Zur Regierungsvorlage abgedruckt bei Reich-Rohrwig, Johannes: EU-Gesellschaftsrechtsänderungsgesetz, Wien, 1996, 164f.

[92] Nowotny, Christian/ Tichy Maximilian, in: Straube, Manfred: Kommentar zum Handelsgesetzbuch, Bd 2, Rechnungslegung, 2. Auflage, Wien 2000, § 221 Rz 32.

[93] Nowotny, Christian/ Tichy Maximilian, in: Straube, Manfred: Kommentar zum Handelsgesetzbuch, Bd 2, Rechnungslegung, 2. Auflage, Wien 2000, § 221 Rz 32, 396.

[94] Reich-Rohrwig, Johannes: EU-Gesellschaftsrechtsänderungsgesetz, Wien, 1996, 21.

[95] Nowotny, Christian/ Tichy Maximilian, in Straube, Manfred: Kommentar zum Handelsgesetzbuch, Bd 2, Rechnungslegung, 2. Auflage, Wien 2000, § 221, Rz 29.

HGB fällt. Damit unterliegt eine übertragende Gesellschaft genauso dieser Regelung, wie eine neu gegründete oder übernehmende Gesellschaft.[96]

Formaltechnisch ist im Sinne der Rechnungslegungsvorschrift § 221 Abs 4 Z 2 HGB allerdings nur bei der verbleibenden übertragenden Gesellschaft und im Fall einer Spaltung zur Aufnahme bei der übernehmenden Gesellschaft von einer Umgründung zu sprechen. Diese Festlegung folgt aus § 221 Abs 4 Z 2 HGB. Die Bestimmung enthält neben der Anordnung, wie bei Neugründungen vorzugehen ist, ebensolche für Umgründungen. Die Unterscheidung zwischen Neugründung und Umgründung trifft der Gesetzgeber rein durch Nennung und nicht durch Differenzierung zwischen Gesamt- und Einzelrechtsnachfolge oder Neugründungs- und Aufnahmevorgängen der einzelnen Umgründungsarten des Umgründungssteuergesetzes und des Kapitalgesellschaftsrechts. Unternimmt man den Versuch der begrifflichen Definition von „Umgründung" im Sinne der vorliegenden handelsrechtlichen Vorschrift § 221 Abs 4 Z 2 HGB, so wären hierunter, unter Ausklammerung umgründungsbedingter Neugründungen, alle jene Vorgänge zu subsumieren, bei denen Vermögen eines Rechtsträgers in Form von Gesamt- oder Einzelrechtsnachfolge auf einen bestehenden oder mehrere bestehende Rechtsträger übergeht und/oder bei dem die übertragende Gesellschaft selbst bestehen bleibt. Da aber die Spaltung explizit als Klammerausdruck an den Begriff „Umgründungen" schließt und gesetzlich keinerlei Unterscheidung getroffen wird, ob es sich um eine Spaltung zur Aufnahme oder Spaltung zur Neugründung handelt, ist argumentierbar, die Spaltung einheitlich unter dem Begriff „Umgründung" zu subsumieren.[97]

Für den Praktiker ist diese Unterscheidung wohl eher nur theoretischer Natur, denn § 221 HGB behandelt sowohl Neugründungen als auch Umgründungen ident. Das sofortige Eintreten der Rechtsfolgen ist in beiden Fällen auszuschließen. Da das Gesetz den Eintritt der Rechtsfolgen der Größenklassen ausdrücklich erst für das Folgejahr anordnet, ist im Jahr der Umgründung gemäß § 221 Abs 4 Z 1 HGB auf die aufnehmende[98] beziehungsweise übertragende Gesellschaft abzustellen. Geht demnach Vermögen einer großen Gesellschaft im Wege der Spaltung auf eine bestehende kleine Gesellschaft über, so sind auf den auf die Spaltung folgenden Jahresabschluss die Vorschriften für kleine Gesellschaften anzuwenden.[99] Bleibt darüber hinaus die übertragende Gesellschaft

[96] Ähnlich Huemer, Daniela: Größenabhängige Erleichterungen bei der Rechnungslegung, Einzel- und Konzernabschluss nach HGB, Wien 2002, 94f.

[97] Dieser Auffassung folgend siehe Huemer, Daniela: Größenabhängige Erleichterungen bei der Rechnungslegung, Einzel- und Konzernabschluss nach HGB, Wien 2002, 95.

[98] Nowotny, Christian/Maximilian, Tichy in Straube, Manfred: Kommentar zum Handelsgesetzbuch, Bd 2, Rechnungslegung, 2. Auflage, Wien 2000, § 221, Rz 30.

[99] Kritisch Nowotny, Christian/Maximilian, Tichy in Straube, Manfred: Kommentar zum Handelsgesetzbuch, Bd 2, Rechnungslegung, 2. Auflage, Wien 2000, § 221, Rz 30.

bestehen, ist umgekehrt im Jahr der Umgründung weiter auf die übertragende Gesellschaft abzustellen.

Im Falle der neu gegründeten Gesellschaft kann nicht auf die Größenklasse der übertragenden Gesellschaft abgestellt werden. Die durch (Umgründung bedingte) Neugründung entstandene neue Gesellschaft hat nach herrschender Auffassung als kleine Kapitalgesellschaft zu gelten.

Die nach handelsrechtlichen Vorschriften erfolgte Einstufung einer neu gegründeten GmbH als kleine Kapitalgesellschaft[100] löst nicht den eingangs genannten Widerspruch.[101] Die Unvereinbarkeit besteht darin, dass eine neu gegründete GmbH gebundene Rücklagen in ihrer Eröffnungsbilanz ausweist, die Rechtsfolgen des § 130 AktG aufgrund der Bestimmung des § 3 Abs 1 letzter Satz SpaltG gelten, obwohl der gesetzlich normierte Ausgangssachverhalt für § 130 AktG, nämlich Vorliegen einer großen GmbH, nicht gegeben ist. Die Frage ist daher, ob die neu gegründete Gesellschaft und die zusätzlich im Fall einer Abspaltung zu berücksichtigende übertragende Gesellschaft in dem dem Spaltungsstichtag folgendem Jahresabschluss die gebundenen Rücklagen weiter fortführen muss. Dasselbe Problem stellt sich bei Abspaltungsvorgängen, wenn aus einer großen GmbH oder ganz allgemein gesprochen einer großen Gesellschaft eine mittlere oder kleine GmbH wird.[102] Die Frage geht dahin, ob die zu Zeiten der großen Gesellschaft begründeten gebundenen Rücklagen weiterhin als solche behandelt werden müssen und damit der Sperre des § 130 AktG unterliegen oder nicht. Aufgrund des von § 23 GmbHG verfügten Anwendungsbereichs könnte argumentiert werden, dass auf derartige Rücklagen § 130 AktG nicht mehr anwendbar ist und demnach automatisch die gesetzlich aufgetragene Bindung wegfällt. Dagegen kann vorgebracht werden, dass die Bindung von Rücklagen, das heißt die Sperre von unmittelbaren Gewinnausschüttungen, dem Gläubigerschutz dient und die Gläubiger, ähnlich wie beim Nennkapital, auf die in der Bilanz offen ausgewiesenen gebundenen Rücklagen als ausschüttungsgesperrtes Vermögen vertrauen können. Dies ist ebenso bei der Spaltung der Fall, wo dieses Argument noch dazu in concreto durch § 3 Abs 1 SpaltG seine gesetzliche Verankerung findet. Dem ungeachtet sind aber bei der Spaltung die Gläubiger der übertragenden Gesellschaft (noch zusätzlich) gesondert geschützt, indem an diese Sicherheit zu leisten ist, soweit sie nicht Befriedigung verlangen können (§ 15 Abs 2 SpaltG).

[100] Mit Ausnahme bei Erfüllung des Tatbestandes nach § 221 Abs 3 Satz 2 HGB

[101] Zum Widerspruch Umgründungen und Größenmerkmale iSd § 221 HGB Hügel, Hanns F.: Umgründungsbilanzen Handelsrecht und Steuerrecht, Wien 1997, Rz 1.46.

[102] Vgl. bereits Nowotny, Christian: Gebundene Rücklagen, GesRZ 1996, 70, zu der Frage der verschmelzenden Umwandlung auf eine GmbH und des Wechsels der Größenklasse.

Versucht man dem Schrifttum einen Hinweis zu dieser Frage zu entnehmen, wird man nicht fündig. Die Stellungnahmen beschränken sich darauf, dass unabhängig von der Rechtsform der neu gegründeten Gesellschaft die gebundenen Rücklagen von dieser fortzuführen sind, sofern im Zuge der Spaltung zur Einhaltung des Summengrundsatzes auf diese welche übertragen werden.[103] Allerdings wird, soweit ersichtlich, die an diesen Punkt anschließende und hier behandelte Fragestellung, ob nach Übertragung des Vermögens, also nach Vollzug der Spaltung, die gebundenen Rücklagen bei Absinken weiterhin der Sperre des § 130 AktG unterliegen, konkret für den Fall der Spaltung nicht weiter verfolgt. Schriftliche Überlegungen finden sich allerdings für den Fall der formwechselnden Umwandlung[104] und der übertragenden Umwandlung auf den Hauptgesellschafter.[105] Im erstgenannten Fall, der formwechselnden Umwandlung einer AG in eine GmbH, sind die Gläubiger durch die besondere Vorschrift des § 243 AktG, der einen Gläubigeraufruf mit Sicherstellungsanspruch vorsieht, geschützt. Nach herrschender Ansicht werden deshalb bei der formwechselnden Umwandlung die Rücklagen nach § 130 AktG frei.[106] Einen ähnlichen Gläubigerschutz enthält das Gesetz über die Umwandlung von Handelsgesellschaften (UmwG)[107] bei dem auf die Fusionsregeln (§ 2 Abs 3 UmwG) verwiesen wird. Beide Fälle der Umstrukturierung begründen wegen der spezifischen Gläubigerschutzbestimmungen die Auffassung, dass im Falle der formwechselnden Umwandlung einer AG in eine kleine oder mittlere GmbH, sowie bei der verschmelzenden Umwandlung auf eine GmbH oder AG als Hauptgesellschafterin, die gebunden Rücklagen frei werden.[108] Diese Auffassung wird allerdings wegen der für diese Vorgänge vorgesehenen Gläubigerschutzmaßnahmen nicht einfach auf den Wechsel der großen GmbH in niedrigere Größenklassen übertragen, da es hier eben an derartigen Mechanismen fehlt.[109] Hier ist wegen des fehlenden Gläubigerschutzes grundsätzlich geboten, die Rücklagen nach § 130 AktG fortzuführen.[110]

Wenn das Fehlen entsprechender Gläubigerschutzmaßnahmen als Argument gegen das frei werden von gebundenen Rücklagen herangezogen wird, dann gilt ebenso umgekehrt, dass beim Wechsel einer großen Gesellschaft in eine niedrigere Größenklasse die gebundenen Rücklagen frei werden, sofern spezifische Gläubigerschutzbestimmungen zur Anwendung gelangen. Die

---

[103] Siehe Kalss, Susanne: Handkommentar zur Verschmelzung, Spaltung und Umwandlung, Wien 1997, § 3 SpaltG, Rz 4, 371, m.w.N.
[104] Nowotny, Christian: Gebundene Rücklagen, GesRZ 1996, 70f.
[105] Nowotny, Christian: Gebundene Rücklagen, GesRZ 1996, 70f.
[106] Nowotny, Christian: Gebundene Rücklagen, GesRZ 1996, 70, FN 7.
[107] BGBl 1996/304
[108] Nowotny, Christian: Gebundene Rücklagen, GesRZ 1996, 72.
[109] Nowotny, Christian: Gebundene Rücklagen, GesRZ 1996, 72.
[110] Nowotny, Christian: Gebundene Rücklagen, GesRZ 1996, 72.

generelle Gläubigerschutzvorschrift des Spaltungsgesetzes ist § 15 SpaltG.[111] Diese Bestimmung sieht neben der unbeschränkten Haftung jener Gesellschaft, der die Verbindlichkeit nach dem Spaltungsplan bzw. Spaltungs- und Übernahmsvertrag zugeordnet ist, in Abs 1 eine Solidarhaftung aller übrigen Gesellschaften bis zur Höhe des ihnen jeweils zugeordneten Nettoaktivvermögens vor. Darüber hinaus ist in § 15 Abs 2 SpaltG ein Sicherstellungsanspruch der Gläubiger angeordnet. § 15 SpaltG sieht ähnlich wie § 243 AktG einen Gläubigeraufruf mit Sicherstellungsanspruch vor. Wenn bei einer formwechselnden Umwandlung, nach herrschender Ansicht, die gebundenen Rücklagen frei werden und dies auch für den Fall der verschmelzenden Umwandlung vertreten wird, dann muss dies auch für den Fall einer Spaltung zur Neugründung gelten. Fraglich ist allerdings, ob diese Argumentation nicht eine petitio principii ist. Denn § 15 SpaltG fußt auf der Bestimmung des § 3 Abs 1 SpaltG. Ein Bejahen der Auflösung von gebundenen Rücklagen auf Basis des § 15 Abs 2 SpaltG würde die Ausschüttung von vorher gebundenem Vermögen legitimieren. Problematisch ist aber, dass damit die Haftungsregelung des § 15 Abs 1 SpaltG ad absurdum geführt werden könnte.[112] § 15 SpaltG als Argument einer möglichen Auflösung gebundener Rücklagen scheidet aus diesem Grunde aus.

Fraglich ist allerdings, ob gegen eine Umwandlung gebundener Rücklagen in freie Rücklagen dann noch Bedenken bestehen, wenn durch andere entsprechende Maßnahmen die Gläubigerinteressen adäquat gewahrt werden. Nach herrschender Auffassung scheint es jedenfalls ausreichend, die Vorschriften über die ordentliche Kapitalherabsetzung anzuwenden.[113] Es genügt dabei, die unmittelbar auf den Gläubigerschutz bezogenen Regeln zu beachten, wobei eine Befassung des Firmenbuchgerichtes nicht erforderlich ist.[114]

---

[111] Zur Vorschrift des § 15 SpaltG und deren inhaltlicher Auslegung vgl. Kalss, Susanne: Handkommentar zur Verschmelzung, Spaltung und Umwandlung, Wien 1997, § 15 SpaltG, Rz 1ff. Vgl. auch Koppensteiner, GmbH-Gesetz, 1999, Anh nach § 96 Rz 28; Hirschler, Die Spaltung von Kapitalgesellschaften, 1996, 72ff (noch in der Fassung BGBl. Nr.458/1993). Bei der Spaltung zur Aufnahme haben nach § 17 Z 4 SpaltG die Gläubiger der übertragenden Gesellschaft, deren Forderungen einer übernehmenden Gesellschaft zugewiesen sind, zusätzlich einen Anspruch auf Sicherheitsleistung in sinngemäßer Anwendung von § 226 AktG. Allerdings wirft diese Vorschrift erhebliche Interpretationsprobleme im Zusammenhang mit § 224 AktG auf, wie auch die Entscheidung des OGH vom 11.11.1999, 6 Ob 4/99 zeigt. Vgl. hierzu die Einschätzung von Nowotny, Georg: Umgründungsrecht wohin? oder Der Hilferuf eines Firmenbuchrichters, ecolex 2000, 118; ebenso Kalss, Susanne: Handkommentar zur Verschmelzung, Spaltung und Umwandlung, Wien 1997, § 224 AktG, Rz 9; Koppensteiner, Verschmelzung und Vermögensbindung, wbl 1999, 333 (335).

[112] In diesem Sinn wohl zu verstehen Aman, Günther: Einige Gedanken zu verstehen Gesellschaftsrechtsänderungsgesetz 1993 unter besonderer Berücksichtigung des Spaltungsgesetzes, RdW 1993/5, 141.

[113] Nowotny, Christian: Gebundene Rücklagen, GesRZ 1996, 72.

[114] Nowotny, Christian: Gebundene Rücklagen, GesRZ 1996, 72.

In dem konkreten Fall einer Spaltung auf (eine) neu zu gründende GmbH, wäre es, wegen der Größenklassifizierung dieser (als kleine Gesellschaft) möglich, die dieser übertragenen gebundenen Rücklagen über den Weg der Einhaltung der Vorschriften des § 55 GmbHG zu reduzieren. Anders als bei der Kapitalherabsetzung ist damit aber keine unmittelbare Auszahlungsmöglichkeit an die Gesellschafter verbunden, sondern lediglich die Auflösung im Rahmen einer offenen Gewinnausschüttung. Wird dies nicht beachtet, haften die Geschäftsführer und Gesellschafter gemäß § 83 GmbHG.[115]

Diese Beurteilungsregel gilt für den Fall einer durch Spaltung neu gegründeten GmbH. Damit ist allerdings noch offen, wie der Sachverhalt unter Beteiligung einer neu gegründeten AG anstelle einer GmbH zu beurteilen ist. Kraft gesetzlicher Ordnung ist auch in diesem Fall die Gesellschaft im ersten Geschäftsjahr nach ihrer Neugründung als klein einzustufen. Allerdings ist im Unterschied zu dem erstgenannten Fall unter Beteiligung einer GmbH die Größenklassifizierung nach § 221 HGB für die Anwendung des § 130 AktG nicht entscheidend. Damit stellt sich die Frage, ob in diesem Fall gebundene Rücklagen einem generellen Umwandlungsverbot unterliegen, oder ob eine Umwandlungsmöglichkeit auch in diesem Fall besteht und bejahendenfalls in welcher Höhe diese genutzt werden kann. Für die Beantwortung dieser Frage, scheint es sinnvoll, zunächst bei der Historie des § 130 AktG zu beginnen.

Die gesetzliche Entwicklung von gebundenen Rücklagen nahm ihren Beginn bei der Novellierung des Aktiengesetzes im Jahr 1884. Infolge dieser Novellierung hatten Gesellschaften einen Reservefonds[116] zu bilden, in den 5% des jährlichen Gewinns sowie Aufgeldbeträge einzustellen waren. Bis vor Inkrafttreten dieser Novelle war es gängige Praxis, ein vereinbartes Aufgeld nach der Gründung der Gesellschaft wieder auszuschütten.[117] Dies war eine Taktik, die die wahre Ertragsfähigkeit des Unternehmens verschleierte und zudem Instrument für Gründungsschwindel war.[118] In der geschichtlichen Entwicklung wurde die Ursprungsfassung schrittweise erweitert;[119] der Zweck der Norm änderte sich jedoch nicht. Dieser lag in der Ausschüttungssperre eines „Mindestreservefonds“. Die heutige Regelung des § 130 AktG folgt diesem Grundsatz.

---

[115] Nowotny, Christian: Gebundene Rücklagen, GesRZ 1996, 72.

[116] Kalss, Susanne/ Christina, Burger/ Georg, Eckert: Die Entwicklung des österreichischen Aktienrechts, Geschichte und Materialien, Wien 2003, 150; 745.

[117] Kalss, Susanne/ Christina, Burger/ Georg, Eckert: Die Entwicklung des österreichischen Aktienrechts, Geschichte und Materialien, Wien 2003, FN 836; 134f.

[118] Kalss, Susanne/ Christina, Burger/ Georg, Eckert: Die Entwicklung des österreichischen Aktienrechts, Geschichte und Materialien, Wien 2003, 150.

[119] Vgl. hierzu die geschichtliche Entwicklung im Überblick bei Kalss, Susanne/ Christina, Burger/ Georg, Eckert: Die Entwicklung des österreichischen Aktienrechts, Geschichte und Materialien, Wien 2003, 745.

Erfasst man Nennkapital und gebundene Rücklagen als Einheit, unterliegt dieses Vermögen dem Beurteilungsmaßstab des § 54 AktG bzw. § 84 GmbHG. Von diesem Prinzip hat der Gesetzgeber eine explizite Ausnahme für das Nennkapital gemacht. Dieses unterliegt der Bindungspflicht nicht mehr, wenn die Vorschriften über die ordentliche Kapitalherabsetzung zur Anwendung gelangen. Eine solche gesetzliche Ausnahme findet sich für die gebundenen Rücklagen nicht ausdrücklich. Obwohl gebundene Kapitalrücklagen über den Weg der ordentlichen Kapitalerhöhung geschaffen werden können, ist eine Reduzierung über den umgekehrten Weg gesetzlich nicht vorgesehen. Stattdessen können gebundene Kapitalrücklagen nur zum Zwecke eines Bilanzverlustes verwendet werden, deren Verwendung die Vorwegauflösung sämtlicher freier Rücklagen voraussetzt (§ 130 AktG).

Mittelbar ergibt sich allerdings eine Auflösungsmöglichkeit gebundener Rücklagen über den Weg des Kapitalberichtigungsgesetzes (KapBG).[120] Nach § 1 Abs 3 letzter Satz KapBG können gebundene Rücklagen umgewandelt werden, soweit sie den zehnten oder den in der Satzung bestimmten höheren Teil des Nennkapitals nach der Umwandlung übersteigen. Die Umwandlung erfolgt zugunsten des Nennkapitals der Gesellschaft und steht einer Kapitalerhöhung gleich. Findet im Anschluss eine Kapitalherabsetzung in der Höhe des Erhöhungsbetrages statt, können über diesen Mechanismus gebundene Rücklagen letztlich frei werden, allerdings nur insofern, als ein 10%iger Reservefonds nicht unterschritten wird. Nur wenn die gebundenen Rücklagen in Summe höher sind als der gesetzlich vorgesehene „Mindestreservefonds", können diese in Höhe des Differenzbetrages umgewandelt werden.[121] Dies bestimmt § 1 Abs 3 letzter Satz KapBG und entspricht der sinngleichen Verpflichtung des § 130 Abs 3 AktG. Nach letztgenannter Regelung haben die gebundenen Rücklagen mindestens insgesamt den zehnten oder den in der Satzung bestimmten höheren Teil des Nennkapitals zu erreichen.

Für den Fall einer (durch Spaltung) neu gegründeten Gesellschaft ist § 3 Abs 1 SpaltG demzufolge dahingehend zu relativieren, als zwar im Zeitpunkt der Spaltung vorhandene gebundene Rücklagen der übertragenden Gesellschaft über diesen hinaus fortbestehen müssen, allerdings nur solange, als nicht die Anwendung der Bestimmungen des KapBG, Aktienrechts bzw. GmbH-Rechts zu einer „Entlassung" dieser als gebundenes Vermögen führen. D.h. werden gebundene Rücklagen auf eine im Rahmen der Spaltung neu gegründeten GmbH übertragen, können diese im ersten Geschäftsjahr der umgründungsbedingten Neugründung durch ordentliche Kapitalherabsetzung in freie Rücklagen

[120] BGBl 1967/171

[121] Vgl. Tichy, Maximilian in Doralt/Nowotny/Kalss (Hrsg.): Kommentar zum Aktiengesetz, Band II, §§ 125-273, Wien 2003, § 2 KapBG, Rz 17.

umgewandelt oder bei Erfüllung der Voraussetzung des § 130 Abs 4 AktG aufgelöst werden. Verbleiben die gebundenen Rücklagen bei der übertragenden Gesellschaft, bleibt die übertragende Gesellschaft im Geschäftsjahr ihrer Umgründung in ihrer Größenklassifizierung unverändert. Allerdings kann auch in diesem Fall die Rücklagenauflösung nach § 130 Abs 4 AktG oder über den Weg einer ordentlichen Kapitalherabsetzung erfolgen. Konsequenterweise könnten gebundene Rücklagen auf diese Art auch im Fall einer AG beziehungsweise einer großen GmbH frei werden. Allerdings wäre eine Umwandlung nur nach Maßgabe der Einhaltung der 10%-Grenze des § 130 Abs 3 AktG zulässig. Die gebundenen Rücklagen können nur umgebildet werden, soweit sie den „zehnten oder den in der Satzung bestimmten Teil des Nennkapitals nach Umwandlung" übersteigen.

Falls gebundene Rücklagen auf eine neu gegründete Gesellschaft übertragen werden, ist allerdings im ersten Schritt stets geboten, diese nach § 130 AktG fortzuführen. Eine Folge dieser Vorschrift ist, dass bei Übertragung dieser, diese getrennt nach gebundenen Kapitalrücklagen und der gesetzlichen Rücklage zu beurteilen sind,[122] weil die Bindung dieser Rücklagen infolge divergierender Auflösungsvoraussetzungen (§ 130 Abs 4 AktG) von unterschiedlicher Intensität ist.[123] Es kann insofern nicht zu einer Verschiebung der Relation zwischen gesetzlicher Rücklage und gebundener Kapitalrücklage kommen.[124]

Eine weitere Folge im Übertragungsfall ist, dass die gebundenen Rücklagen in derselben Form in den jeweiligen Eröffnungsbilanzen auszuweisen sind. Betrachtet man den praktischen Fall einer spaltenden AG unter Beteiligung einer neu zu gründenden GmbH, hat die neu gegründete GmbH nach dem Bilanzgliederungsprinzip des § 224 HGB in der spaltungsrechtlichen Eröffnungsbilanz unter dem Posten „Kapitalrücklagen" die gebundenen Rücklagen und unter dem Posten „Gewinnrücklagen" die gesetzliche Rücklage auszuweisen. GmbH-rechtlich passender wäre die Qualifizierung dieser als satzungsmäßige Rücklagen, weil § 23 GmbHG bei einer kleinen Kapitalgesellschaft nicht zur Anwendung gelangt. Die Bildung gebundener Rücklagen über den Weg einer satzungsmäßigen Sicherung kann hingegen von § 23 GmbHG losgelöst erfolgen. Es wäre deswegen denkbar, den für die neu gegründete Gesellschaft relevanten Teil der gebundenen Rücklagen als

---

[122] Nowotny, Christian: Gebundene Rücklagen, GesRZ 1996, 76.

[123] Zur Technik der Auflösung Nowotny, Christian: Gebundene Rücklagen, GesRZ 1996, 76ff. Siehe auch Stellungnahme des Fachsenats für Handelsrecht und Revision: Zum Ausweis der Veränderungen der Rücklagen in der GuV, zur Begrenzung der Zuweisungen an Gewinnrücklagen und zur Auflösung von gebundenen Rücklagen, RWZ 1995, 209; Chalupsky, Ernst in Bertl, Romuald/Mandl, Dieter (Hrsg): Handbuch zum Rechnungslegungsgesetz, Rechnungslegung, Prüfung und Offenlegung, Wien 2003, B.III./3.2.e), Rz 4.3, 46f.

[124] Nowotny, Christian: Gebundene Rücklagen, GesRZ 1996, 76; Hügel, Umgründungsbilanzen, 1997, Rz 6.51.

satzungsmäßige Rücklage vorzusehen. In der Folge hätte die jeweils neu gegründete Gesellschaft die ihr zugewiesenen gebundenen Rücklagen als satzungsmäßige Rücklage in ihrer Eröffnungsbilanz auszuweisen (bei gleichzeitigem Ausweis derselben Rücklagen als gebundene Rücklagen in der Schlussbilanz der übertragenden Gesellschaft). Diese Vorgehensweise scheint aus Gläubigerschutzgesichtspunkten allerdings kaum tragbar, auch dann nicht, wenn die Satzung den Hinweis enthält, dass die im Zuge der Spaltung übertragenen gebundenen Rücklagen hinsichtlich ihrer Auflösung den Voraussetzungen des § 130 AktG unterstellt sind. Eine derartige Satzungsbestimmung könnte im Wege einer Satzungsänderung einfach beseitigt werden.[125] Damit wäre die Umqualifizierung gebundener Rücklagen im Rahmen des Spaltungsaktes als satzungsmäßige Rücklagen, auch wenn diese dem Regime des § 130 AktG unterstellt wären, nicht zulässig.

Denkbar ist aber, dass die übertragende Gesellschaft selbst satzungsmäßige Rücklagen zum Spaltungsstichtag besitzt und es daher zum bilanzmäßigen Ausweis solcher Rücklagen in der Schlussbilanz der übertragenden Gesellschaft kommt. Die Frage, die sich in einem solchem Fall stellt, ist allerdings, ob solche Rücklagen ebenfalls dem Kapitalerhaltungsgrundsatz des § 3 Abs 1 SpaltG unterliegen. Die Antwort ist davon abhängig, ob § 130 Abs 4 AktG Teil der Satzungsbestimmung der übertragenden Gesellschaft vor dem Zeitpunkt der Spaltung ist. Bejahendenfalls gilt die Bindungspflicht des Summengrundsatzes auch in diesem Fall, allerdings zwingend nur im Zeitpunkt der Spaltung. Im Unterschied zu den gesetzlichen Rücklagen, bei denen auch nach Wegfall der Größenklassifizierung die Verwendungsrestriktion des § 130 Abs 4 AktG Beachtung finden muss, können satzungsmäßige Rücklagen jederzeit durch Abänderung des Gesellschaftsvertrages geändert werden. Wenn demnach satzungsmäßige Rücklagen im Rahmen einer Spaltung zur Neugründung übertragen werden, sind diese in der jeweiligen Eröffnungsbilanz, der diese oder ein Teil der Rücklage zugewiesen wurde, auszuweisen, können aber durch Beschlussfassung jederzeit von ihrer Bindungspflicht entbunden werden. Ist hingegen die Auflösungsregel nach § 130 Abs 4 AktG nicht Bestandteil der Satzungsbestimmung der übertragenden Gesellschaft vor dem Zeitpunkt der Spaltung, ist die Rücklage von der gesetzlichen Summierungspflicht nicht erfasst. Diese kann weiterhin beliebig verwendet werden. Dies gilt für Gewinnrücklagen, mit Ausnahme der gesetzlichen Rücklage (§ 130 AktG), sowie ein allfälliger Bilanzgewinn der übertragenden Gesellschaft insgesamt. Es handelt sich zwar auch bei diesen Positionen um Posten handelsrechtlichen Eigenkapitals nach dem Bilanzgliederungsprinzip des § 224 Abs 3 HGB, sie werden jedoch im Sinne des SpaltG nicht als Bestandteil des zu schützenden Kapitals für die Gläubiger

---

[125] Nowotny, Christian: Gebundene Rücklagen, GesRZ 1996, 80.

angesehen und können daher sowohl vor als auch nach der Spaltung mit der Einschränkung gemäß § 235 Z 3 HGB beliebig verwendet werden.[126]

1.2 Zweck der Norm

§ 3 Abs 1 SpaltG hat den Zweck, das ausschüttungsgesperrte Nennkapital der übertragenden Gesellschaft und deren gebundene Rücklagen, die den Gläubigern bis zum Zeitpunkt der Spaltung zur Verfügung stehen, der Höhe und der Zusammensetzung nach, nach Eintragung der Spaltung weiter zu erhalten. Der Gesetzgeber schreibt bei der Übertragung des Vermögens auf neu gegründete Gesellschaften vor, dass die Summe des Nennkapitals und der gebundenen Rücklagen der beteiligten Gesellschaften mindestens so groß sein muss, wie diese Beträge vorher bei der übertragenden Gesellschaft waren. Unter dieser Voraussetzung kann bei der übertragenden Gesellschaft bei Verwendung gebundener Rücklagen auf die Einhaltung der Vorschriften über die ordentliche Kapitalherabsetzung verzichtet werden. Selbiges gilt für den Fall, wenn die übertragende Gesellschaft ihr Nennkapital herabsetzt, sodass für den Fall der Abspaltung eine neue Form der vereinfachten Kapitalherabsetzung bei der übertragenden Gesellschaft entsteht.[127]

Für einen jeden Gläubiger der übertragenden Gesellschaft stellt sich aber die Frage nach dessen Forderungsschutz, wenn trotz Einhaltung des § 3 Abs 1 SpaltG der Fall eintritt, dass es zu einer Kapitalauszehrung bei der übertragenden Gesellschaft kommt, mit der Folge, dass diese nach Eintragung der Abspaltung in das Firmenbuch nicht mehr in der Lage ist, die ihr verbliebenen Verbindlichkeiten zu befriedigen, als Folge der im Spaltungsplan vorgenommenen Vermögenszuteilung auf die neue Gesellschaft oder die neuen Gesellschaften.[128] Selbiges gilt für den Fall, wenn aufgrund der Vermögenszuteilung im Spaltungsplan die jeweils neu gegründete Gesellschaft, nicht (mehr) im Stande ist, die ihr zugewiesenen Verbindlichkeiten zu decken.[129] Um in der Folge ein „Leerlaufen" der Gläubiger in einer solchen Situation zu unterbinden, ordnet das Gesetz zu diesem Zweck in einer Sonderregelung an, dass neben der Gesellschaft, der die Verbindlichkeit nach dem Spaltungsplan zugeordnet wird, die übrigen an der Spaltung beteiligten Gesellschaften bis zur Höhe des ihnen jeweils zugeordneten

---

[126] Hügel, Hanns F.: Umgründungsbilanzen Handelsrecht und Steuerrecht, Wien 1997, Rz 6.52.

[127] Doralt, Peter: Zur Gestaltung handelsrechtlicher Vorschriften über die Spaltung in: Doralt, Peter/ Nowotny, Christian (Hrsg): Kontinuität und Wandel, Beiträge zum Unternehmensrecht, Festschrift für Walther Kastner zum 90. Geburtstag, Wien 1992, 150.

[128] Vgl. Kalss, Susanne: Handkommentar zur Verschmelzung, Spaltung und Umwandlung, Wien 1997, § 3 SpaltG, Rz 2.

[129] Vgl. die ähnlichen Überlegungen bereits bei Doralt in Nowotny, Christian/ Doralt, Peter (Hrsg): Kontinuität und Wandel, Beiträge zum Unternehmensrecht, Festschrift für Walther Kastner zum 90. Geburtstag, Wien 1992, 133.

Nettoaktivvermögens als Gesamtschuldner haften (§ 15 Abs 1 Satz 1 SpaltG). Das Gesetz etabliert damit eine solidarische Haftung, mit der gewährleistet werden soll, dass Forderungen eines Gläubigers und damit Verbindlichkeiten einer Gesellschaft nach der Spaltung voll befriedigt bzw. getilgt werden sollen. Praktisch ist diese Bestimmung für Gläubiger der übertragenden Gesellschaft nur für den Fall relevant, wenn die Vermögensmasse nach der Spaltung bei der verbleibenden übertragenden Gesellschaft oder einer jeweils neu errichteten Gesellschaft zur Deckung nicht ausgereicht. Die Solidarhaftung, die bis zur Höhe des jeweils zugeordneten Nettoaktivvermögens beschränkt ist, dient dem Zweck, eine Besserstellung der Gläubiger im Vergleich zum Unterbleiben der Spaltung zu verhindern. Voraussetzung für die Inanspruchnahme einer Solidarhaftung ist aber, dass im Zeitpunkt der Spaltung der gesamte Haftungsfonds, damit das gesamte gebundene Vermögen, wie § 3 Abs 1 SpaltG es regelt, erhalten ist.[130]

Die Eigenkapitalbestandteile Nennkapital und gebundene Rücklagen, welche Gesellschafter aufgrund ihrer Gesellschafterstellung als Einlageleistung erbracht haben und/oder welches die Gesellschaft aufgrund gesetzlicher Verpflichtung als gebundene Rücklage zu bilden hatte, werden dem Zugriff der Gläubiger durch Ausschüttung nicht entzogen. Die Verantwortlichkeit hierfür trifft die übertragende Gesellschaft sowohl für den Fall der Aufspaltung als auch der Abspaltung. Kann die Bindungspflicht seitens der übertragenden Gesellschaft hingegen nicht erhalten werden, gelangen im letztgenannten Fall die ordentlichen Kapitalherabsetzungsregelungen zur Anwendung (§ 3 Abs 2 Satz 2 SpaltG). Dies gilt sowohl für den Fall, dass die übertragende Gesellschaft ihr Nennkapital herabsetzt als auch für die Auflösung von gebundenen Rücklagen. Die Möglichkeit der unmittelbaren Auflösung gebundener Rücklagen über die Vorschriften der ordentlichen Kapitalherabsetzung lässt der Gesetzgeber ausdrücklich nach dem SpaltG zu. Aus dem sinngemäßen Verweis des § 3 Abs 2 Satz 2 SpaltG auf die Regel des Summengrundsatzes folgt, dass bei der übertragenden Gesellschaft gebundene Rücklagen über den Weg der ordentlichen Kapitalherabsetzung „frei" werden können.[131] Daraus folgt, dass erstens gebundene Rücklagen aus Anlass einer Abspaltung aufgelöst werden dürfen.
§ 130 Abs 4 AktG wird verdrängt, weshalb es eine bestimmte Rangfolge der Auflösung nicht gibt. Zudem folgt zweitens, dass im Einzelfall, je nach Höhe des buchmäßigen Abgangs des Vermögens, der gesetzlich vorgesehene

---

[130] Kalss, Susanne: Handkommentar zur Verschmelzung, Spaltung und Umwandlung, Wien 1997, § 3 SpaltG, Rz 4; Stern in Doralt, Peter/ Nowotny, Christian (Hrsg): Der EG-rechtliche Anpassungsbedarf im österreichischen Gesellschaftsrecht, Wien 1993, 190.
[131] Hügel, Hanns F.: Umgründungsbilanzen Handelsrecht und Steuerrecht, Wien 1997, Rz 6.56; a.A. allerdings Hügel, Hanns F.: Aktuelle Probleme des Spaltungsrechts, Zuordnung und Teilung von Vertragsverhältnissen, Squeeze-out-Spaltung, Konzernspaltung, Summengrundsatz, wbl 2001, FN 45.

„Mindestreservefonds“ zur Durchführung der Spaltung damit insgesamt verwendet werden kann.

Strittig ist hingegen, was im Fall der Aufspaltung zu geschehen hat, wenn der Summengrundsatz als nicht eingehalten gilt. Kann die Bindungspflicht seitens der übertragenden Gesellschaft nicht eingehalten werden, ist fraglich, ob anstelle des § 3 Abs 1 SpaltG die liquidationsrechtlichen Gläubigerschutzbestimmungen zur Anwendung gelangen, wie vielfach im Schrifttum betont wird.[132] Die Konsequenz einer solchen Sichtweise ist, dass bei Anwendung liquidationsrechtlicher Bestimmungen ein Gesamtrechtsnachfolgetatbestand verwirklicht wird, der mit der spaltungsgesetzlichen Definition der Aufspaltung (§ 1 Abs 2 Z 1 SpaltG) nicht im Einklang steht.

Ebenso bedeutend wie die Frage, ob die liquidationsrechtlichen Bestimmungen im Falle des sonstigen Scheiterns einer Aufspaltung zur Anwendung gelangen, ist die Frage, ob § 3 Abs 1 SpaltG nur für den Fall der Spaltung zur Neugründung und nicht auch für den Fall der Spaltung zur Aufnahme gilt. Denn entgegen der herrschenden Anschauung lässt sich aus dem § 17 SpaltG nicht eindeutig die Verdrängung des § 3 Abs 1 SpaltG schließen. Die Antworten dieser Fragen, die ihren Ausgangspunkt bei der erstgenannten Fragestellung nehmen, ob die Einhaltung des Summengrundsatzes für den Fall der Aufspaltung als zwingend zu erachten ist, zeigen die folgenden Ausführungen über den Weg der Abgrenzung des Anwendungsbereichs des Summengrundsatzes.

1.3 Abgrenzung des Anwendungsbereichs der Norm

1.3.1 Spaltung zur Neugründung

1.3.1.1 Einhaltung im Fall der Aufspaltung

§ 3 Abs 1 SpaltG spricht von den an der „Spaltung beteiligten Gesellschaften“. Von dieser Wortfolge ist die Kapitalsituation der übertragenden Gesellschaft vor und nach dem Zeitpunkt der Spaltung erfasst, sowie die Kapitalsituation einer über den Weg der Spaltung jeweils neu gegründeten Gesellschaft. Mit dieser begrifflichen Aneinanderreihung regelt das Spaltungsgesetz aus Sicht der übertragenden Gesellschaft die beiden Fälle der Ab- und Aufspaltung, ohne diese

[132] Bejahend Nowotny, Christian: Die Spaltung zur Aufnahme - ein neues handelsrechtliches Allzweckinstrument, RdW 1996, 299; dieser Meinung folgend Hügel, Hanns F.: Umgründungsbilanzen Handelsrecht und Steuerrecht, Wien 1997, Rz 6.53; Kalss, Susanne: Handkommentar zur Verschmelzung, Spaltung und Umwandlung, Wien 1997, § 3 Rz 9; Aman in Aman, Günther/ Frotz, Stephan/ Mühlehner, Johann/ Wagner, Martin/ Zöchling, Hans: Das EU-Gesellschaftsrechtsänderungsgesetz, Wien 1996, 102; Hirschler, Klaus: Neuerungen im Gesellschafter- und Gläubigerschutz bei Spaltungen nach dem neuen SpaltG, GesRZ 1997, FN 6.

namentlich zu nennen. Dass nach dieser Regelung eine ausdrückliche Differenzierung zwischen den beiden Übertragungsarten der Spaltung fehlt, ändert nichts daran, dass die Frage, wie im Einzelfall vorzugehen ist, wenn der Summengrundsatz als nicht erfüllt gilt, jeweils für den Fall der Auf- und Abspaltung gesondert zu untersuchen ist. Nur durch eine solche Vorgehensweise ist feststellbar, ob die Rechtsfolgen bei der übertragenden Gesellschaft jeweils unterschiedliche sind.

Von Interesse ist zunächst der Fall der Aufspaltung. In der Praxis tritt eine Unterkapitalisierung der übertragenden Gesellschaft ein, wenn sie im Zeitpunkt der Eintragung[133] der Spaltung ihres Eigenkapitals verlustig geworden ist und darüber hinaus zu wenig stille Reserven besitzt, um damit die neu gegründeten Gesellschaften zu bedienen. Im Fall der Aufspaltung bedeutet dies konkret, dass sich bei der übertragenden Gesellschaft der Verkehrswert mit den Buchwerten deckt und mangels vorhandener stiller Reserven die Nennkapitalien der neuen Gesellschaften nicht dem Nennkapital der übertragenden Gesellschaft mindestens entsprechen.

Die Konsequenzen, die hieraus erfließen, sind im Schrifttum uneinheitlich beantwortet. Konkret lassen sich die vorliegenden Auffassungen, wie in einer solchen Situation weiter zu verfahren ist, in zwei kurze Aussagen fassen, die gleichzeitig auch Anlass zur Kritik geben: Die wissenschaftliche Feststellung zu diesem Problem ist einerseits, dass nach der Legaldefinition der Summengrundsatz stets zur Anwendung gelangt.[134] Andererseits wird argumentiert, dass, wenn der Summengrundsatz an die Stelle der liquidationsrechtlichen Gläubigerschutzbestimmungen tritt, letztere damit sehr wohl alternativ zur Anwendung gelangen können.[135] Die gemeinsame Kritik, die sich an diesen Auffassungen festmachen lässt, ist nicht die ihrer Verschiedenheit, sondern die Tatsache, dass die notwendigen Argumentationen für das Verständnis des jeweiligen Ergebnisses einer Auffassung weitgehend fehlen. Jene Stellungnahmen, die den Versuch unternehmen, die Auslegung des § 3 Abs 1 SpaltG für den Fall der Aufspaltung anhand von Argumenten zugänglich zu machen, sind in

---

[133] Für die Auffassung der Kapitaldeckungspflicht im Zeitpunkt der Eintragung siehe Kalss, Susanne: Handkommentar zur Verschmelzung, Spaltung und Umwandlung, Wien 1997, § 3 SpaltG, Rz 11, 377. Vgl. ebenso Koppensteiner, Hans-Georg: GmbH-Gesetz - Kommentar, Wien 1999, § 2, Rz 37, der zur Klärung der Frage, ob und wieviel die Gründer schulden, die Erstellung einer Bilanz auf den Eintragungszeitpunkt in der Regel für erforderlich hält.

[134] Dieser Meinung folgend Hügel, Hanns F.: Umgründungsbilanzen Handelsrecht und Steuerrecht, Wien 1997, 6.53; Hirschler, Klaus: Die Spaltung von Kapitalgesellschaften im Handels- und Steuerrecht, Wien 1996, 82; Strimitzer, Eugen: Abspaltung zur Aufnahme und Kapitalherabsetzung, RdW 2001, 547.

[135] IdS Nowotny, Christian: Die Spaltung zur Aufnahme - ein neues handelsrechtliches Allzweckinstrument, RdW 1996, 299f. Dieser Meinung folgend Kalss, Susanne: Handkommentar zur Verschmelzung, Spaltung und Umwandlung, Wien 1997, § 3 SpaltG, Rz 9.

ihrer systematischen Durchdringung knapp. Diese Situation ist für Praktiker und Firmenbuchrichter unbefriedigend. Mangels Vorliegens einer höchstgerichtlichen Entscheidung für den Fall der Aufspaltung einer buchmäßig überschuldeten Gesellschaft[136] stehen die mit einer Spaltung befassten Organe vor der Aufgabe der Auswahl des richtigen Lösungsansatzes, in der „Hoffnung" der Folgeleistung dieser Auffassung seitens aller mit der Spaltung befassten Parteien, um ein Scheitern dieses gesellschaftsrechtlichen Aktes zu vermeiden. Dies ist eine Situation, die zur Verunsicherung anstatt zur Rechtssicherung beiträgt. Zu diesem Zweck werden die vorliegenden Lösungsansätze gegenübergestellt, kritisch hinterfragt und damit der Versuch unternommen, einen dem Gesetz entsprechenden systematischen Ansatz zu wählen.

§ 3 Abs 1 SpaltG wörtlich interpretiert fordert die zwingende Anwendung des Summengrundsatzes.[137] Auch der Wortlaut des § 3 Abs 2 SpaltG spricht für diese Auffassung. Letztgenannte Bestimmung durchbricht zwar den Summengrundsatz, allerdings namentlich nur für den Fall der Abspaltung. Durch die unmittelbare Bezugnahme des Gesetzes auf die „Abspaltung" in § 3 Abs 2 erster Satz SpaltG wird nach geltender Ansicht geschlossen, dass die Anwendbarkeit dieser Vorschrift auf den Fall der Abspaltung beschränkt ist.[138]

Entgegengesetzt ist die Sichtweise, wenn § 3 Abs 1 SpaltG derart ausgelegt wird, dass anstelle des Summengrundsatzes die Bestimmungen über die Liquidation im Falle der Aufspaltung zur Anwendung gelangen.[139] Diese Argumentation folgt der systematisch-logischen Interpretation.[140] Nach § 3 Abs 2 Satz 2 SpaltG treten bei der übertragenden Gesellschaft, die bestehen bleibt, an Stelle des Summengrundsatzes die Vorschriften über die ordentliche Kapitalherabsetzung. Nach den Regeln der Logik treten daher für den Fall einer auflösenden Gesellschaft, die untergeht, an die Stelle des Summengrundsatzes die liquidationsrechtlichen Vorschriften. Zu dem gleichen Ergebnis gelangt man,

[136] Vgl. aber OGH 10.10.2002, 6 Ob 164/02i für den Fall der Umwandlung einer Kapitalgesellschaft in Liquidation.

[137] Derselben Ansicht Strimitzer, Eugen: Abspaltung zur Aufnahme und Kapitalherabsetzung, RdW 2001, 514; Hügel, Hanns F.: Umgründungsbilanzen Handelsrecht und Steuerrecht, Wien 1997, 6.53. Vgl. aber Hügel, Hanns F.: Das neue Spaltungsgesetz und die Reform des Umgründungsrechts, ecolex 1996, FN 39.

[138] Kalss, Susanne: Handkommentar zur Verschmelzung, Spaltung und Umwandlung, Wien 1997, § 3 SpaltG, Rz 6.

[139] Soweit ersichtlich als erster Nowotny, Christian: Die Spaltung zur Aufnahme - ein neues handelsrechtliches Allzweckinstrument, RdW 1996, 299; dieser Meinung folgend Kalss, Susanne: Handkommentar zur Verschmelzung, Spaltung und Umwandlung, Wien 1997, § 3 SpaltG Rz 9, 374 m.w.N; ebenso Aman in Aman, Günther/ Frotz, Stephan/ Mühlehner, Johann/ Wagner, Martin/ Zöchling, Hans: Das EU-Gesellschaftsrechtsänderungsgesetz, Wien 1996, 102.

[140] Aman, Günther/ Frotz, Stephan/ Mühlehner, Johann/ Wagner, Martin/ Zöchling, Hans: Das EU-Gesellschaftsrechtsänderungsgesetz, Wien 1996, 102.

wenn die Bestimmung des § 3 Abs 2 SpaltG im Hinblick auf die Aufspaltung als ein noch vom Gesetz zu regelnder Sachverhalt betrachtet wird. Diesen gilt es bis zu einer gesetzlichen Regelung zwischenzeitlich als ergänzende Rechtsfortbildung durch die jeweils geltenden Voraussetzungen des GmbHG und AktG zu schließen. Beiden Begründungen folgt, dass im Falle der Auflösung der übertragenden Gesellschaft das Liquidationsverfahrens an die Stelle des Summengrundsatzes tritt, wenn dieser als nicht erfüllt gilt. Im Falle einer übertragenden AG treten an die Stelle des § 3 Abs 1 SpaltG die Vorschriften der §§ 203 bis 215 AktG und im Falle einer übertragenden GmbH die Vorschriften der §§ 84 bis 95 GmbHG.

Die Berücksichtigung der gesellschaftsrechtlichen Gesetzgebung vor Einführung des SpaltG 1993 spricht ebenfalls für die Ansicht, die Liquidation der übertragenden Gesellschaft als Ersatz für den Summengrundsatz zuzulassen. Vor Einführung des SpaltG 1993 konnte die Praxis nur über den Weg der Einzelrechtsnachfolge durch Einbringung einen Spaltungsvorgang bewirken. In aller Regel wurde zu diesem Zweck eine neue Gesellschaft gegründet, auf die dann die Vermögenswerte als Sacheinlage übertragen wurden. Hieran schloss üblicherweise die Liquidation der Altgesellschaft.[141] Für dieses Vorgehen der Einbringung mit anschließender Liquidation prägte das Schrifttum den Begriff der „Liquidationsspaltung".[142] Dies ist eine Definition, die auch heute noch ihre Gültigkeit besitzt, weil der steuerrechtliche Gesetzgeber die Vorgehensweise ausdrücklich in § 38 a Z 1 UmgrStG[143] geregelt hat. Nach dieser Regelung bringt die spaltende Körperschaft Vermögen in mindestens zwei übernehmende Körperschaften ein. Mit dem Auflösungsbeschluss und dem Gläubigeraufruf werden die Sperrfristen in Gang gesetzt, innerhalb derer die Ansprüche der Gläubiger zu befriedigen bzw. sicherzustellen sind. Erst nach Ablauf der Sperrfrist kann handelsrechtlich zulässig die Vermögensverteilung vorgenommen werden, bei sonstiger Haftung von Vorstand, Aufsichtsrat und Gesellschafter.

---

[141] Enzinger, Michael: Umwandlungsrecht Quo Vadis?, WBl 1997, 2.

[142] Vgl. nur die Übersicht – Spaltungen bei Schwarzinger, Walter/Wiesner, Werner: Umgründungssteuer-Leitfaden, Bd II, Wien 1997, 1279, nach denen die Aufspaltung nach dem SpaltG namentlich als „Liquidationsspaltung" dargestellt wird. Ebenso zu finden ist diese Begriffsterminologie bei Terlitza, Bernd: Teilfusionen und Anteilseignerinteressen, Grundlagen, Beschlussfassung, Austrittsrechte und Squeeze-out, Wien 2002, 31, FN 146; Doralt, Peter: Zur Gestaltung handelsrechtlicher Vorschriften über die Spaltung in: Doralt, Peter/ Nowotny, Christian (Hrsg): Kontinuität und Wandel, Beiträge zum Unternehmensrecht, Festschrift für Walther Kastner zum 90. Geburtstag, Wien 1992, 141; 130, FN 28.

[143] Siehe dazu weiterführend etwa Hügel, Hanns/Mühlehner, Johann/Hirschler, Klaus: Umgründungssteuergesetz, Wien 2000, § 38 a, Rz 8ff; Schwarzinger, Walter/Wiesner, Werner: Umgründungssteuer-Leitfaden, Bd IV, Wien 2003; § 38a, Rz 1815f Vgl. ebenso Nowotny, Christian: Praktische Fragen des neuen Spaltungsrechts, RdW 1993, 301.

Vor allem die Bestimmungen des § 38a ff UmgrStG legen es nahe, die Nichteinhaltung des Summengrundsatzes durch analoge Anwendung liquidationsrechtlicher Bestimmungen zu schließen. Der Eigenart der Interessenslage der Spaltung wird durch eine solche Auffassung allerdings nicht Rechnung getragen.[144] Charakter einer Spaltung nach dem Spaltungsgesetz ist die Einheit des Vorganges,[145] die mit der Anwendung liquidationsrechtlicher Bestimmungen gänzlich durchbrochen wird. Es ist sowohl zur Interessenswahrung der Beteiligten, die über den Gesamtvorgang, wie er insgesamt geplant ist, informiert werden müssen, bevor sie ihm zustimmen, als auch zur Durchführung zweckmäßig, den einheitlich geschaffenen gesellschaftsrechtlichen Vorgang[146] nicht durch die im Steuerrecht vorgesehenen Einzelschritte zu ersetzen. Für die Vorbereitung der spaltungsrechtlichen Gesetzgebung im Jahr 1993 war es sicherlich sinnvoll, sich diese vorgegebenen Einzelschritte des Steuergesetzgebers, die nach wie vor gelten, vor Augen zu halten. Damit konnte man die dabei auftretenden Einzelprobleme und Wertungsgesichtspunkte Schritt für Schritt abarbeiten. Man darf sich aber durch eine solche konstruktive Zerlegung des Spaltungsvorganges nicht den Blick auf die tatsächliche Interessenslage, die mit diesen Einzelschritten nicht ident ist, verstellen lassen.[147]

Die Auflösung der Gesellschaft ohne Liquidation ist zwingender Charakter des Gesamtrechtsnachfolgetatbestandes. Es geht nicht bloß um die einzelnen gesellschaftsrechtlichen Schritte, sondern um einen Gesamtzweck. Dieser ist qualitativ etwas anders, als die Sachauskehr von Anteilsrechten im Zuge einer

[144] Vgl. in diesem Sinn bereits Doralt, Peter: Zur Gestaltung handelsrechtlicher Vorschriften über die Spaltung in: Doralt, Peter/ Nowotny, Christian (Hrsg): Kontinuität und Wandel, Beiträge zum Unternehmensrecht, Festschrift für Walther Kastner zum 90. Geburtstag, Wien 1992, 134. Vgl. auch OGH vom 11.03.1999, 6Ob5/99z;6Ob6/99x für den Fall einer beabsichtigten Steuerspaltung im Wege einer Abspaltung zur Aufnahme in eine Tochtergesellschaft mit Anteilsauskehrung. Für die Beantwortung der Frage der Analogiefähigkeit der umgründungssteuerrechtlichen Regelungen ist diese Entscheidung insofern relevant, als der OGH insgesamt darauf verweist, dass auf eine nach den §§ 38a ff UmgrStG beschlossene Steuerspaltung die Verfahrensbestimmungen des Spaltungsgesetzes nicht anzuwenden sind. Im diesem Sinn ist daher auch davon auszugehen, dass dies auch für den umgekehrten Fall gilt, also dass auf eine nach den Bestimmungen des SpaltG beschlossene Spaltung die Verfahrensbestimmungen der §§ 38a ff UmgrStG nicht anzuwenden sind. Hierfür gelten die Bestimmungen der §§ 32 bis 38 UmgrStG.

[145] Doralt, Peter: Zur Gestaltung handelsrechtlicher Vorschriften über die Spaltung in: Doralt, Peter/ Nowotny, Christian (Hrsg): Kontinuität und Wandel, Beiträge zum Unternehmensrecht, Festschrift für Walther Kastner zum 90. Geburtstag, Wien 1992, 134; OGH vom 25.09.1997, 6 Ob 228 / 97s, OGH vom 25.09.1997, 6 Ob 229/97p.

[146] OGH vom 25.09.1997, 6 Ob 228 / 97s, OGH vom 25.09.1997, 6 Ob 229/97p.

[147] Doralt, Peter: Zur Gestaltung handelsrechtlicher Vorschriften über die Spaltung in: Doralt, Peter/ Nowotny, Christian (Hrsg): Kontinuität und Wandel, Beiträge zum Unternehmensrecht, Festschrift für Walther Kastner zum 90. Geburtstag, Wien 1992, 134.

Liquidation.[148] Dies legt die gesetzliche Definition des § 1 Abs 2 Z 1 SpaltG mit der Formulierung „Beendigung ohne Abwicklung" der übertragenden Gesellschaft für den Fall der Aufspaltung fest. Deutlicher kann nicht zum Ausdruck gebracht werden, dass im Anschluss an die Auflösung nicht die liquidationsrechtlichen Bestimmungen, sondern an deren Stelle die Wirkungen der Gesamtrechtsnachfolge treten.

Davon abgesehen stellt die Anwendung liquidationsrechtlicher Bestimmungen mit Auflösung der übertragenden Gesellschaft als Voraussetzung bei wortgetreuer Auslegung aktien- und GmbH-rechtlicher Bestimmungen ein anwendungstechnisches Problem dar. Die Einleitung liquidationsrechtlicher Bestimmungen setzt nach beiden Rechtsbereichen die Auflösung der Gesellschaft voraus.[149] Die Frage ist nur, ob die Vorgaben des Kapitalgesellschaftsrechts in diesem Punkt mit dem Spaltungsgesetz vereinbar sind. Für die Beantwortung dieser Frage soll der Versuch unternommen werden, diese unter Zuhilfenahme zweier Fallkonstruktionen zu lösen. Einerseits stellt sich die Frage einer Spaltung einer (durch Beschlussfassung) bereits aufgelösten Gesellschaft im Zeitpunkt der Beschlussfassung über die Spaltung. Andererseits stellt sich die Frage auch im umgekehrten Fall, wie zu verfahren ist, wenn nach Beschlussfassung über die Aufspaltung ein Liquidationsverfahren anschließt.

Zunächst zum ersten Fall: Die (rückwirkende) Beendigung der übertragenden Gesellschaft erfolgt nicht einzig im Zuge der Beschlussfassung über die Aufspaltung beziehungsweise der Eintragung der Aufspaltung im Firmenbuch (§ 14 Abs 2 Z 2 SpaltG). Im Vorfeld hat in Anwendung der kapitalgesellschaftsrechtlichen Bestimmungen die Auflösung der übertragenden Gesellschaft zu erfolgen. Nach dem vorliegenden Ausgangsfall ist zu diesem Zweck ein Beschluss zu fassen, der dann beim zuständigen Firmenbuchgericht anzumelden ist, sodass hieran die eigentliche Abwicklung der Gesellschaft schließen kann. Die Eintragung der Spaltung hat damit das Problem zum Gegenstand, dass nach der Rechtslogik eine bereits aufgelöste Gesellschaft nicht nochmals aufgelöst werden kann, es sei denn es findet ein Fortsetzungsbeschluss statt. Nach allgemeinem methodischem Verständnis kann eine Rechtsfolge zwar

[148] Doralt, Peter: Zur Gestaltung handelsrechtlicher Vorschriften über die Spaltung in: Doralt, Peter/ Nowotny, Christian (Hrsg): Kontinuität und Wandel, Beiträge zum Unternehmensrecht, Festschrift für Walther Kastner zum 90. Geburtstag, Wien 1992, 134.

[149] Für den Fall einer GmbH siehe Kostner, Alfred/ Michael Umfahrer: Die Gesellschaft mit beschränkter Haftung, Wien, 1998, Rz 742ff; Koppensteiner, Hans-Georg: GmbH-Gesetz - Kommentar, Wien 1999, § 84, Rz 1ff. Für den Fall einer AG siehe Kastner, Walther/Doralt, Peter/Nowotny, Christian: Grundriß des österreichischen Gesellschaftsrechts, 5. Auflage, Wien 1990, 319ff.

auf mehrere Grundlagen gestützt werden, sie kann aber nur einmal eintreten.[150] Das heißt, dass über eine bereits aufgelöste Gesellschaft nicht nochmals ein Beschluss über deren Auflösung gefasst werden kann. Die Beschlussfassung über die Aufspaltung ist aber gleichzeitig als Auflösungsbeschluss zu sehen. Dieser ist notwendige Voraussetzung für die Rechtswirksamkeit einer Spaltung. Für die Durchführung der Spaltung ist deswegen, vor Fassung des Spaltungsbeschlusses, die Fassung eines Fortsetzungsbeschlusses notwendig.[151]

Diese hier genannte Argumentation spricht nicht für die Möglichkeit der Eintragung einer Spaltung im Firmenbuch einer bereits vor Beschlussfassung über die Aufspaltung aufgelösten Gesellschaft. In der Literatur lässt sich allerdings die Meinung finden, dass wenn allein bei der übertragenden Gesellschaft die Möglichkeit der Fassung eines Fortsetzungsbeschlusses besteht,[152] nichts gegen die Eintragung der Spaltung ohne Fassung eines Fortsetzungsbeschlusses spricht. Unkritisch mag diese Auffassung bei Normenanwendungen innerhalb desselben Rechtsbereichs sein.[153] Heikel scheint diese Auffassung für unterschiedliche Rechtsbereiche zu sein,[154] wie dies hier der Fall ist. Aus systematischen Gründen scheint die Fassung eines Fortsetzungsbeschlusses geboten. Die eigentliche Problematik ist aber, dass selbst bei Einhaltung des geforderten Procedere der Summengrundsatz einzuhalten wäre. Im Vorliegenden wurde von dem Fall der Einleitung der Spaltung nach Einleitung der liquidationsrechtlichen Bestimmungen ausgegangen. Die Einleitung liquidationsrechtlicher Bestimmungen läge deshalb vor der des Spaltungsverfahrens. Die Lösung der Liquidation der übertragenden Gesellschaft anstelle der Einhaltung des Summengrundsatzes wäre für diesen Ausgangsfall daher nicht gangbar.

Der eigentliche Ausgangsfall, weshalb im Schrifttum die Meinung vertreten wird, dass die liquidationsrechtlichen Bestimmungen zur Anwendung gelangen, ist der zweit beschriebene. Dahinter steckt die Frage, was zu tun ist, wenn nach Anmeldung der Spaltung feststeht, dass der Summengrundsatz im Fall einer

[150] Kerschner, Ferdinand: Wissenschaftliche Arbeitstechnik und –methodik für Juristen, Wien 1997, 44.

[151] Vgl. aber hierzu die Auffassung von Kalss, Susanne: Handkommentar zur Verschmelzung, Spaltung und Umwandlung, Wien 1997, § 1 SpaltG, Rz 11. Ebenso auch Koppensteiner, Hans-Georg: GmbH-Gesetz - Kommentar, Wien 1999, Anh § 101, Rz 22 m.w.N., zur übertragenden Umwandlung aufgelöster Gesellschaften Sie ist nach Koppensteiner jedenfalls dann zu bejahen, wenn die Gesellschaft noch fortgesetzt werden könnte. Siehe weiter auch Koppensteiner, Hans-Georg: GmbH-Gesetz - Kommentar, Wien 1999, § 92, Rz 16.

[152] In diesem Sinn wohl zu verstehen Kalss, Susanne: Handkommentar zur Verschmelzung, Spaltung und Umwandlung, Wien 1997, § 1 SpaltG, Rz 11.

[153] Für den Fall einer aktienrechtlichen Verschmelzung vgl. Kalss, Susanne: Handkommentar zur Verschmelzung, Spaltung und Umwandlung, Wien 1997, § 220 AktG, Rz 7.

[154] Vgl. etwa OGH 10.10.2002, 6 Ob 164/02 i zur Umwandlung einer Kapitalgesellschaft in Liquidation.

geplanten Aufspaltung als nicht eingehalten gilt. Im Zeitpunkt der Anmeldung der Spaltung gilt die Gesellschaft bereits als aufgelöst, aber noch nicht als eingetragen. Wenn nun die Einleitung des Liquidationsverfahrens gefordert wird, bildet auch in diesem Fall der Beschluss über die Auflösung der Gesellschaft den Ausgangspunkt des Verfahrens. Die Beschlussfassung selbst entfaltet allerdings keine Wirkung, weil eine bereits aufgelöste Gesellschaft nicht nochmals auflösungsfähig ist. Nach Einhaltung der Sperrfrist ist, nach der hier vertretenen Ansicht, ein Fortsetzungsbeschluss zu fassen, um nicht eine in Liquidation befindliche Gesellschaft aufzuspalten. Damit gilt aber gleichzeitig, dass der Fortsetzungsbeschluss den Aufspaltungsbeschluss der übertragenden Gesellschaft derogiert. In der Folge müsste daher das Spaltungsverfahren nach den allgemeinen Regeln wieder neu aufgerollt werden. Dieses Vorgehen kann jedoch zu einer erheblichen Verzögerung der Eintragung der Spaltung führen.

Eine solche Verzögerung ist vor allem dann problematisch, wenn es sich bei der spaltenden Gesellschaft um eine übertragende AG handelt. Zu diesem Zweck wird empfohlen, die spaltende Gesellschaft vorab formwechselnd umzuwandeln.[155] Das Argument eines solchen Vorgehens liegt darin, dass im Bereich des § 213 AktG eine Sperrfrist von einem Jahr nach der dritten Veröffentlichung des Gläubigeraufrufs vorgesehen ist. Bei einer formwechselnden Umwandlung einer AG in eine GmbH kann die Liquidation von einem Jahr auf drei Monate reduziert werden. Die Problematik ist nur, dass dies nur gangbar ist, wenn die Umwandlung vor Einleitung des Spaltungsverfahrens erfolgt. Das heißt, wenn die zu spaltende Gesellschaft vorab formwechselnd in eine GmbH umgewandelt und daraufhin erst die Spaltung eingeleitet wird. Andernfalls bestünde das Problem, dass der Beschluss über die Spaltung, der gleichzeitig als Auflösungsbeschluss der übertragenden Gesellschaft zu werten ist, durch einen Fortsetzungsbeschluss zwecks Durchführung der formwechselnden Umwandlung ersetzt werden müsste.[156] Im Ergebnis würde damit die geplante Spaltung scheitern.

Fasst man die genannten Argumente zur Frage der Anwendung liquidationsrechtlicher Bestimmungen auf einen gemeinsamen Nenner zusammen, ist im Ergebnis deren Anwendung zu verneinen. Wenn auch das Modell des Gläubigerschutzes durch Einhaltung der Liquidationsbestimmungen überzeugend klingt, weil - wie dargestellt - methodische Argumente hierfür gegeben sind, ist dieser Weg für den Fall der Aufspaltung nicht gangbar. Jeder Spaltungsvorgang ist als Einheit zu betrachten. Die Anwendung liquidationsrechtlicher Bestimmungen, die

---

[155] Nowotny, Christian: Die Spaltung zur Aufnahme - ein neues handelsrechtliches Allzweckinstrument, RdW 1996, 300; Aman in Aman, Günther/ Frotz, Stephan/ Mühlehner, Johann/ Wagner, Martin/ Zöchling, Hans: Das EU-Gesellschaftsrechtsänderungsgesetz, Wien 1996, 102.

[156] Vgl. hierzu sinngemäß die Ausführungen des OGH 10. 10. 2002, 6 Ob 164/02 i zur Umwandlung einer Kapitalgesellschaft in Liquidation.

die Zerschlagung des gesellschaftsrechtlichen Vermögens zum Gegenstand haben, führt zu einer Durchbrechung dieses Grundsatzes. Für diese Auffassung spricht letztlich die gesetzliche Definition, die § 1 Abs 2 Z 1 SpaltG für den Fall einer Aufspaltung vornimmt. Die ausdrückliche Bezugnahme des Gesetzes auf „Beendigung" ohne „Abwicklung" weist darauf hin, dass die liquidationsrechtlichen Bestimmungen nicht zur Anwendung gelangen können. Ob aus diesem Ergebnis der Umkehrschluss zu ziehen ist, dass der Summengrundsatz im Fall der Aufspaltung daher stets zur Anwendung gelangt, gilt es noch zu klären.

Das Problem der „Zerschlagung" des einheitlichen gesellschaftsrechtlichen Vorgangs besteht wegen des einsetzenden Abwicklungsverfahrens. Wird argumentiert, dass mit Einhaltung der liquidationsrechtlichen Gläubigerschutzbestimmungen nur der Aufruf der Gläubiger (§ 208 AktG, § 91 Abs 1 GmbHG) und die Einhaltung der jeweiligen gesetzlichen Sperrfrist (§ 213 AktG, § 92 Abs 3 AktG) gemeint ist, muss ein Fortsetzungsbeschluss der übertragenden Gesellschaft nicht gefasst werden, weil umgekehrt auch ein Auflösungsbeschluss fehlt. Damit wird dem Wortlaut des Gesetzes entsprochen als eine „Beendigung ohne Abwicklung" vorliegt. Eine solche wird durch das Gesetz allerdings über die Vorschriften über die ordentliche Kapitalherabsetzung verkörpert. Von der Annahme ausgehend, dass das spaltungsrechtliche mit dem aktien- und GmbH-rechtlichen Konzept der Kapitalerhaltung äquivalent ist, würde ein solcher Lösungsansatz diesem entsprechen. Praktisch hieße dies für den hier untersuchten Fall einer Aufspaltung, bei dem mangels stiller Reserven der übertragenden Gesellschaft die Nennkapitalien der neuen Gesellschaften nicht dem Nennkapital der übertragenden Gesellschaft mindestens entsprechen, dass wenn bei der übertragenden Gesellschaft die Vorschriften über die ordentliche Kapitalherabsetzung eingehalten werden, die Bindungspflicht entfällt.

Dem hier als Beispiel herangezogenen Ausgangssachverhalt einer „Not leidenden" aufspaltenden Gesellschaft lag die Auslegungsfrage zu Grunde, ob bei Einhaltung der Vorschriften über die ordentliche Kapitalherabsetzung die Spaltung durchgeführt werden kann. Dies ist zu bejahen, wobei damit allerdings nicht eindeutig geklärt ist, ob dieser Auslegungsstandard generelle Gültigkeit besitzt. Die Frage geht dahin, ob § 3 Abs 2 Satz 2 SpaltG sowohl für den Fall der Aufspaltung als auch Abspaltung gilt. Bejahendenfalls wäre § 3 Abs 2 SpaltG so zu verstehen, dass stets die kapitalgesellschaftsrechtlichen Gläubigerschutzbestimmungen der ordentlichen Kapitalherabsetzung zur Anwendung gelangen können. Dieser Feststellungsfrage und der Frage der Einhaltung des Summengrundsatzes im Fall der Abspaltung widmen sich die folgenden Ausführungen.

1.3.1.2 Einhaltung im Fall der Abspaltung

Die Einhaltung der Vorschriften über die ordentliche Kapitalherabsetzung als Ausnahme vom Prinzip des Summengrundsatzes ist im Gesetz ausdrücklich für den Fall der Abspaltung geregelt. § 3 SpaltG normiert eine zwingende und zugleich fakultative Einhaltung des Summengrundsatzes. § 3 Abs 1 SpaltG beschreibt den Regelungsbereich mit der zwingenden Einhaltung dieser Vorschrift. § 3 Abs 2 Satz 2 SpaltG schafft einen Ausnahmetatbestand, in dem von der gesetzlichen Verpflichtung des § 3 Abs 1 SpaltG für den Fall der Abspaltung Abstand genommen werden kann.[157] Die Rechtsvorschrift gestattet anstelle der Einhaltung des Summengrundsatzes die Einhaltung der Vorschriften über die ordentliche Kapitalherabsetzung (§ 178 AktG, § 55 Abs 2 letzter Satz GmbHG).

Ausgehend von der Annahme einer einheitlichen Regelungsabsicht für Spaltungsfälle, die die übertragende Gesellschaft betreffen,[158] müsste nach den Regeln der Logik die Möglichkeit zur Kapitalherabsetzung nach § 3 Abs 2 Satz 2 SpaltG auch für den Fall der Aufspaltung gelten. Der Gesetzgeber lässt allerdings bei wortgenauer Interpretation der Bestimmung auf einen anderen Beurteilungsmaßstab schließen. In der Sache drängt sich die Frage auf, weshalb der Gesetzgeber für den Fall der Abspaltung diese Abweichung getroffen hat. Ein geeigneter Ansatzpunkt für die Beantwortung dieser Frage bietet die Diskussion vor der Normensetzung.

Das 1991 in Deutschland verabschiedete Gesetz über die Spaltung der von der Treuhandanstalt verwalteten Unternehmen (SpTrUG) war Vorbild für die zu diesem Zeitpunkt in Österreich geführte Diskussion über die Einführung eines ebensolchen gesellschaftsrechtlichen Rechtsinstituts der Spaltung, wie es schließlich 1993 mit dem Gesellschaftsrechtsänderungsgesetz verabschiedet wurde. In Deutschland wurde 1994 das SpTrUG abgelöst durch die Einführung eines umfassenden Umwandlungsgesetzes[159] (dUmwG). Die deutschen Regelungen sind gründlicher, erfassen grundsätzlich alle Rechtsträger[160] und

---

[157] Vgl. Aman in Aman, Günther/ Frotz, Stephan/ Mühlehner, Johann/ Wagner, Martin/ Zöchling, Hans: Das EU-Gesellschaftsrechtsänderungsgesetz, Wien 1996, 100.

[158] Zur systematischen Einteilung einzelner Spaltungsarten aus Sicht der übertragenden, übernehmenden und neu gegründeten Gesellschaft siehe Hügel, Hanns F.: Umgründungsbilanzen Handelsrecht und Steuerrecht, Wien 1997, Rz. 6.2ff.

[159] Das deutsche UmwG 1994 ist Bestandteil des Gesetzes zur Bereinigung des Umwandlungsrechts (UmwBerG) vom 28.10.1994, BGBl I 1994, welches neben dem UmwG noch die Änderung anderer Gesetze enthält.

[160] Lutter in Lutter, Marcus (Hrsg): Umwandlungsgesetz, 2. Auflage, Köln 2000, Einl., Rn 37. Schaubild 3 (21) zeigt welcher Unternehmensform im Fall einer Spaltung nach dem dUmwG übertragender und übernehmender oder neu gegründeter Rechtsträger sein kann.

kennen auch die Einbringung im Wege der Gesamtrechtsnachfolge. Terminologisch wird diese Variante der Spaltung als Ausgliederung[161] bezeichnet (§§ 123 ff dUmwG).

Im Kern standen die Gesetzgeber beider Nationen vor der Aufgabe, das Rechtsinstitut der Spaltung mit einem sicheren Gläubigerschutzkonzept zu versorgen. Geht man vom Leitgedanken eines vollständigen Gläubigerschutzes aus, besteht dieser im Idealfall für den vollständigen Schutz der Gläubiger der übertragenden Gesellschaft darin, die Spaltung von ihrer privatautonomen Zustimmung abhängig zu machen.[162] Damit würde jedoch die Spaltung auch eines bloß mittelgroßen Unternehmens praktisch unmöglich gemacht werden.[163] Den etwas schwächeren Gläubigerschutz stellt es dar, wenn die Spaltung an das Gläubigerschutzmodell der Kapitalherabsetzung anknüpft. Diese Überlegungen bestanden wohl beim deutschen als auch beim österreichischen Gesetzgeber, allerdings fand die Umsetzung in beiden Staaten unterschiedlich statt. So ist nach deutschem Recht die Frage der Kapitalerhaltung der übertragenden Gesellschaft nur für den Fall der Abspaltung geregelt. Unerheblich ist diese für den Fall der Aufspaltung. Als Argument wird der Untergang der übertragenden Gesellschaft genannt. Der österreichische Gesetzgeber vertritt hingegen den Standpunkt, dass, ungeachtet spezieller Gläubigerschutzvorschriften, der Kapitalschutz bei der übertragenden Gesellschaft stets zu beachten ist, auch wenn die übertragende Gesellschaft über den Weg einer Aufspaltung offiziell untergeht.

Die Gegenüberstellung beider Rechtsbereiche mit der Verknüpfung der österreichischen mit der deutschen Rechtsentwicklung legt die Vermutung nahe, dass der nach dem Wortlaut des Gesetzes eingeschränkte Geltungsbereich des § 3 Abs 2 SpaltG in Österreich auf ein Übersehen des Gesetzgebers zurückzuführen ist. Dieses Argument ist angesichts der Vorbildwirkung der deutschen Rechtslage nicht von der Hand zu weisen. Folgt man dieser Auslegung, ist nach methodologischem Verständnis vom Vorliegen einer Lücke auszugehen. Die aktien- und GmbH-rechtlichen Regelungen der Liquidation scheiden zur Lückenschließung aus. Was verbleibt ist die Lösung der Einhaltung der

---

[161] Die Frage der analogen Anwendung von spaltungsrechtlichen Bestimmungen nach dem SpaltG auf den Fall der Ausgliederung (Einbringung) im Wege der Einzelrechtsnachfolge untersucht Rüffler, Friedrich: Lücken im Umgründungsrecht, Beherrschungs- und Gewinnabführungsverträge, Vermögensübertragungen, Ausgliederungen, Wien 2002, 6 (420ff) in seiner Habilitationsschrift.

[162] Doralt, Peter: Zur Gestaltung handelsrechtlicher Vorschriften über die Spaltung in: Doralt, Peter/ Nowotny, Christian (Hrsg): Kontinuität und Wandel, Beiträge zum Unternehmensrecht, Festschrift für Walther Kastner zum 90. Geburtstag, Wien 1992, 145.

[163] Doralt, Peter: Zur Gestaltung handelsrechtlicher Vorschriften über die Spaltung in: Doralt, Peter/ Nowotny, Christian (Hrsg): Kontinuität und Wandel, Beiträge zum Unternehmensrecht, Festschrift für Walther Kastner zum 90. Geburtstag, Wien 1992, 145.

Vorschriften über die ordentliche Kapitalherabsetzung. Die Frage nach der sinngemäßen Anwendung des § 3 Abs 2 Satz 2 SpaltG auf den Aufspaltungsfall ist damit zu bejahen.

Dieses über den Weg der Gesetzesanalogie bestätigte Ergebnis schafft die notwendige Gleichbehandlung zwischen Abspaltungs- und Aufspaltungsvorgängen. Das führt zu der anknüpfenden Frage, ob deren Anwendung verpflichtend mit einer Nennkapitalherabsetzung verbunden ist. Für die stete Pflicht einer Nennkapitalherbsetzung spricht die Interpretation der Norm im Gesamtkontext. § 3 Abs 2 SpaltG, der in Satz 1 von der Herabsetzung des Nennkapitals spricht, redet in Satz 2 nur von der Anwendung der Vorschriften über die ordentliche Kapitalherabsetzung. Nach dem Gesamtkontext zu urteilen, hieße dies eine Nennkapitalherabsetzung in jedem Fall. Für diese Interpretation spricht, dass der Gesetzgeber bei Normierung von Rechtsvorschriften ein jedes überflüssiges Wort zu vermeiden hat.[164] Dazu gehören auch Wortwiederholungen. Die Rechtssetzungstechnik stellt allerdings das Prinzip der „Eindeutigkeit" einer Norm in den Vordergrund. Dieses hat Vorrang gegenüber der Ästhetik eines formulierten Textes.[165] Nimmt man die eindeutige Formulierung des § 3 Abs 2 Satz 2 SpaltG als Ausgangspunkt der Auslegung ist festzuhalten, dass der Gesetzgeber nicht die Formulierung „Wird das Nennkapital nach den Vorschriften über die ordentliche Kapitalherabsetzung herabgesetzt, so darf insoweit von Abs 1 erster Satz abgewichen werden" sondern „Werden die Vorschriften über die ordentliche Kapitalherabsetzung eingehalten, so darf insoweit von Abs 1 erster Satz abgewichen werden" gewählt hat.

Zieht man daher in Erwägung, dass die Legaldefinition des Gesetzes die Herabsetzung des Nennkapitals nicht ausdrücklich fordert, sondern einzig die Einhaltung der Vorschriften über die ordentliche Kapitalherabsetzung bestimmt, ergibt sich hieraus, dass gebundene Rücklagen der übertragenden Gesellschaft über diesen Weg sehr wohl reduziert werden können.[166] Diese Feststellung ist pauschal betrachtet in den Rechtsbereichen des Gesellschaftsrechts kein Novum. Dass gebundene Rücklagen nicht ausschließlich nach § 130 Abs 4 AktG aufgelöst werden können, sondern auch bei Anwendung der Vorschriften über die ordentliche Kapitalherabsetzung, wurde bereits anhand des Modells der

[164] Bundeskanzleramt (Hrsg): Handbuch der Rechtssetzungstechnik, Teil 1: Legistische Richtlinien 1990, I. Rechtssprache, Rz 1.

[165] Bundeskanzleramt (Hrsg): Handbuch der Rechtssetzungstechnik, Teil 1: Legistische Richtlinien 1990, I. Rechtssprache, Rz 8.

[166] Ähnlich Aman in Aman, Günther/ Frotz, Stephan/ Mühlehner, Johann/ Wagner, Martin/ Zöchling, Hans: Das EU-Gesellschaftsrechtsänderungsgesetz, Wien 1996, 103, für den Fall der Abspaltung zur Aufnahme: „Es kann sohin bei der Spaltung zur Aufnahme insgesamt betrachtet durchaus zu einer Verringerung von gebundenen Rücklagen kommen." Der Gläubigerschutz wird in dem Fall durch andere Maßnahmen (§ 15 SpaltG) gewährleistet.

Kapitalberichtigung mit anschließender Kapitalherabsetzung gezeigt.[167] Der Unterschied besteht jedoch darin, dass das SpaltG über die Bestimmung des § 3 Abs 2 Satz 2 SpaltG die Tür zu dieser Gestaltungsvariante direkt öffnet.[168] Diese Besonderheit kann am anschaulichsten anhand eines Beispiels gezeigt werden.

Beispiel: Den Ausgangspunkt bildet eine geplante Abspaltung bei der der Buchwert des zu übertragenden Vermögens iHv 50.000,00 EUR Deckung in den gebundenen Rücklagen in der Schlussbilanz der übertragenden Gesellschaft findet.[169] Der tatsächliche Wert des übergehenden Vermögens beträgt bei einer Bewertung nach § 202 Abs 1 HGB 85.000,00 EUR. Im Zeitpunkt der Aufstellung des Spaltungsplans hat der Vorstand der übertragenden Gesellschaft die Entscheidung zu treffen, ob die Vorschriften über die ordentliche Kapitalherabsetzung oder das Modell des Summengrundsatzes zur Anwendung gelangen. Genau an diesen Punkt der Entscheidung knüpfen unterschiedliche Rechtsfolgen. Wird der Summengrundsatz berücksichtigt, sind die aufgelösten Beträge gebundener Rücklagen insgesamt zu erhalten. Als Nachweis dient die Eröffnungsbilanz der jeweils neu gegründeten Gesellschaft.

Variante a) Einhaltung des Summengrundsatzes

Schlussbilanz zum 31.12.X1

Aktiva		**Passiva**		
	31.12.X1 EUR		**31.12.X1 EUR**	**EUR**
A. Anlagevermögen	**600.000,00**	**A. Eigenkapital**		
		I. Nennkapital	185.000,00	
B. Umlaufvermögen	**171.750,00**	II. Kapitalrücklagen:		
		1. gebundene	42.500,00	
		III. Gewinnrücklagen		
		1. gesetzliche Rücklage	9.250,00	
		IV. Bilanzgewinn	185.000,00	**421.750,00**
		B. Verbindlichkeiten		**350.000,00**
	771.750,00			**771.750,00**

Wird der Buchwertabgang iHv 50.000,00 EUR mit den in der Schlussbilanz ausgewiesenen gebundenen Rücklagen verrechnet, besteht keine Rangfolgen-

[167] Vgl. hierzu im Einzelnen die Ausführungen auf Seite 34f.

[168] Im Ergebnis so zu finden auch bei Hügel, Hanns F.: Umgründungsbilanzen Handelsrecht und Steuerrecht, Wien 1997, Rz 6.56.

[169] Vgl. hierzu auch Hügel, Hanns F.: Umgründungsbilanzen Handelsrecht und Steuerrecht, Wien 1997, Beispiel 21.1, 127 für den Fall einer Abspaltung zur Aufnahme.

verwendungspflicht, sodass die Spaltungsbilanz aus der Schlussbilanz wie folgt entwickelt werden kann:

Spaltungsbilanz zum 01.01.X2

Aktiva		**Passiva**		
	01.01.X2		**01.01.X2**	
	EUR		**EUR**	**EUR**
		A. Eigenkapital		
A. Anlagevermögen	**550.000,00**	I. Nennkapital	185.000,00	
		II. gesetzliche		
B. Umlaufvermögen	**171.750,00**	Gewinnrücklage	1.750,00	
		III. Bilanzgewinn	185.000,00	**371.750,00**
		B. Verbindlichkeiten		**350.000,00**
	721.750,00			**721.750,00**

Parallel ist die Eröffnungsbilanz iSd § 193 HGB der neu gegründeten Gesellschaft zu erstellen. Eine Bewertung zu Buchwerten iSd § 202 Abs 2 Z 1 HGB scheidet im vorliegenden Fall aus. Der Buchwertabgang iHv 50.000,00 EUR wird zur Gänze mit gebundenen Rücklagen verrechnet. Wenn weder eine Nennkapitalherabsetzung bei der übertragenden Gesellschaft noch eine Ausschüttung des Bilanzgewinns vorgenommen werden soll, dann kann das Stammkapital der neu zu errichtenden GmbH über die Bewertungsregel des § 202 Abs 1 HGB aufgebracht werden.

Im vorliegenden Fall bilden die stillen Reserven des übergehenden Vermögens iHv 35.000,00 EUR das Stammkapital der Gesellschaft, das gleichzeitig auch der Mindestnennbetragsgrenze gemäß § 6 Abs 1 GmbHG entspricht. Die Eröffnungsbilanz der neu zu gründenden Gesellschaft zeigt unter dem Ansatz der Bewertungsregel des § 202 Abs 1 HGB und unter Einhaltung des Summengrundsatzes damit folgendes Bild:

Eröffnungsbilanz zum 01.01.X2

Aktiva	**01.01.X2**	**Passiva**	**01.01.X2**	
	EUR		**EUR**	**EUR**
A. Anlagevermögen	**85.000,00**	**A. Eigenkapital**		
		I. Stammkapital	35.000,00	
		II. Kapitalrücklagen:		
		1. gebundene	42.500,00	
		III. Gewinnrücklagen		
		1. gesetzliche		
		Rücklage	7.500,00	**85.000,00**
	85.000,00			**85.000,00**

Variante b) Einhaltung der Vorschriften über die ordentliche Kapitalherabsetzung

Werden bei der übertragenden Gesellschaft die Vorschriften über die ordentliche Kapitalherabsetzung eingehalten, kann die übertragende Gesellschaft ihr Nennkapital herabsetzen und/oder den in der Höhe des Buchwertabganges entstehenden Spaltungsverlust mit vorhandenen gebundenen Rücklagen ohne Beachtung einer Rangfolgenverwendungspflicht verrechnen. Bei Verlustabdeckung des Buchverlustes durch die Verwendung gebundener Rücklagen genügt es dabei die unmittelbar auf den Gläubigerschutz bezogenen Regeln zu beachten; eine Befassung des Firmenbuchgerichts ist nicht erforderlich.[170] Nach dem Wortlaut des Gesetzes müsste allerdings bei einer nach § 202 Abs 1 HGB durchgeführten Bewertung bei der neu gegründeten Gesellschaft die Ausschüttungssperre des § 235 Z 3 HGB weiterhin Beachtung finden.[171]

Die Gesetzgebung hat über die Regelung des § 3 Abs 2 Satz 2 SpaltG eine Erleichterung vorgesehen, die die Auflösung gebundener Rücklagen bei Einhaltung der Vorschriften über die ordentliche Kapitalherabsetzung sofort gestattet.[172] Der ansonsten kompliziertere Weg, für die Auflösung gebundener Rücklagen, außerhalb der Anwendungsregel des § 130 Abs 4 AktG, der zunächst eine Nennkapitalberichtigung der Gesellschaft voraussetzt, woran erst nach diesem Vorgang, eine Kapitalherabsetzung vorgenommen werden kann, unter Beachtung der 10% Grenze, entfällt. Die damit im Grundsatz bestehende Divergenz zwischen § 3 Abs 1 SpaltG, der ausdrücklich auf § 130 AktG verweist, und § 3 Abs 2 Satz 2 SpaltG wäre praktisch nur über die Streichung der zuletzt genannten Regelung beziehungsweise über eine Klarstellung der Verwendung gebundener Rücklagen lösbar. Wenn auch aus systematischen Überlegungen diese Lösung sachgerecht wäre, muss es als Faktum hingenommen werden, dass der Gesetzgeber mit dem Wahlrecht über die Art der Einhaltung des Gläubigerschutzes eine Ausnahme gestattet hat. Freilich kann argumentiert werden, dass es sich hierbei um keinen systematischen Widerspruch handelt, weil die Verwendung gebundener Rücklagen zur Deckung eines Spaltungsverlustes,

170 Diese Überlegungen finden sich, soweit ersichtlich, erstmals bei Nowotny, Christian: Gebundene Rücklagen, GesRZ 1996, 72.

171 Zu den Zweifelsfragen der Auslegung dieser Vorschrift vgl. etwa Hügel, Hanns F.: Umgründungsbilanzen Handelsrecht und Steuerrecht, Wien 1997, Rz 2.38f.

172 Vgl. hierzu etwa auch die herrschende Auffassung zur Interpretation der Bestimmung des § 17 Z 3 SpaltG. Zur Auslegung der Norm siehe Nowotny, Christian: Kapitalerhaltung bei Verschmelzungen und Spaltungen, RWZ 4/2000, 99; Hügel, Hanns F.: Umgründungsbilanzen Handelsrecht und Steuerrecht, Wien 1997, Rz 6.56.

seit jeher Wesensmerkmal einer Spaltung ist, obwohl es sich in der Sache um eine Gewinnausschüttung handelt.[173]

Welcher Auffassung man auch den Vorzug geben mag, entscheidend ist vielmehr, in welchen Konstellationen die übertragende Gesellschaft von ihrem Wahlrecht Gebrauch machen wird. Wegen des Umstandes, dass die Einhaltung der Vorschriften über die ordentliche Kapitalherabsetzung wegen der Vorgaben von § 175 AktG und § 54 GmbHG umständlich und zeitaufwendig sind, sich die Durchführung einer Abspaltung auf diese Art um mindestens sechs bzw. drei Monate verzögert, gelangt diese in der Praxis wohl kaum zur Anwendung. Diese zeitliche Verzögerung ist bei einer übertragenden GmbH nicht gravierend, da die gesetzliche Sperrfrist hier drei Monate beträgt. Anders stellt sich die Situation für den Fall einer übertragenden AG dar. Im Bereich des § 213 AktG ist eine Sperrfrist von einem Jahr nach der dritten Veröffentlichung des Gläubigeraufrufs vorgesehen. In diesem Fall kann nur empfohlen werden, die übertragende Gesellschaft vorab formwechselnd in eine GmbH umzuwandeln und daraufhin die Spaltung einzuleiten. Dadurch wird die entsprechende Sperrfrist von einem Jahr auf drei Monate reduziert.[174]

Prinzipiell lassen sich nur zwei Argumente finden, weshalb Gesellschafter der übertragenden Gesellschaft der ordentlichen Kapitalherabsetzung gegenüber dem Summengrundsatz den Vorzug geben würden: Zum einen, wenn die Eintragung der Spaltung mangels Einhaltung des Summengrundsatzes zu scheitern droht. In diesem Fall kann die Abspaltung noch gerettet werden, wenn es zur Einhaltung der ordentlichen Vorschriften über die Kapitalerhaltung kommt. Zum anderen, wenn über den Weg der Spaltung die übertragende Gesellschaft eine Reduktion ihrer gebundenen Rücklagen beabsichtigt. Die Reduktion kann in Abhängigkeit von der Höhe des zu übertragenden Buchvermögens im Einzelfall alle gebundenen Rücklagen umfassen. Da die Neubildung bei Anteilsgewähr nicht zwingend erfolgt, kann die Reduktion gebundener Rücklagen endgültig sein.

Die vorangehenden Überlegungen haben gezeigt, dass es der übertragenden Gesellschaft im Rahmen eines Abspaltungsverfahrens freisteht, wie diese den buchmäßig positiven Vermögensabgang deckt. Zu diesem Zweck kann das Nennkapital herabgesetzt, oder es können freie und gebundene Rücklagen aufgelöst werden. Eine Rangordnung hinsichtlich der Verwendung dieser Mittel

---

[173] Vgl. bereits Doralt, Peter: Zur Gestaltung handelsrechtlicher Vorschriften über die Spaltung in: Doralt, Peter/ Nowotny, Christian (Hrsg): Kontinuität und Wandel, Beiträge zum Unternehmensrecht, Festschrift für Walther Kastner zum 90. Geburtstag, Wien 1992, 135.

[174] Nowotny, Christian: Die Spaltung zur Aufnahme - ein neues handelsrechtliches Allzweckinstrument, RdW 1996, 300; Aman in Aman, Günther/ Frotz, Stephan/ Mühlehner, Johann/ Wagner, Martin/ Zöchling, Hans: Das EU-Gesellschaftsrechtsänderungsgesetz, Wien 1996, 100.

besteht nicht. Die Verwendung kann im Rahmen des Summengrundsatzes erfolgen, dann sind etwaige hierfür herabgesetzte Nennbeträge oder verwendete gebundene Rücklagen allerdings insgesamt zu erhalten. Erfolgt die Verwendung derselben Mittel im Rahmen der Einhaltung der Vorschriften über die ordentliche Kapitalherabsetzung stehen sie einer offenen Gewinnausschüttung gleich.

1.3.2 Spaltung zur Aufnahme

1.3.2.1 Zur Anwendung des Summengrundsatzes

§ 17 SpaltG, der die Spaltung zur Aufnahme regelt, verweist im Einleitungssatz auf die sinngemäße Anwendung der §§ 2 bis 16 SpaltG. Die für die Rechtsanwendung zentrale Aussage dieser Formulierung ist, dass § 3 Abs 1 SpaltG zum Einsatz gelangt, soweit § 17 SpaltG nichts anderes bestimmt. § 17 Z 3 Satz 1 SpaltG enthält die Bestimmung, dass bei einer Nennkapitalherabsetzung der übertragenden Gesellschaft die Spaltung erst eingetragen werden darf, nachdem die Bestimmungen über die ordentliche Kapitalherabsetzung eingehalten worden sind. Diese Regelung ist nach herrschender Lehre[175] als speziellere Norm gegenüber der generellen Bestimmung des § 3 Abs 1 SpaltG zu sehen.

Primär geprägt wurde diese Meinung durch die historischen Gesetzesmaterialien des zweiten SpaltG aus dem Jahr 1996. Das mit 1. Juli 1996 in Kraft getretene EU-Gesellschaftsrechtsänderungsgesetz[176] enthielt anlässlich der richtlinienkonformen Ausgestaltung des Spaltungsrechts an das EU-Recht in Artikel XIII ein neues Bundesgesetz über die Spaltung von Kapitalgesellschaften (SpaltG).[177] In der Niederschrift des österreichischen Justizausschussberichtes[178] zu diesem

[175] Vgl. Kalss, Susanne: Handkommentar zur Verschmelzung, Spaltung und Umwandlung, Wien 1997, § 17 Rz 10: "Der in § 3 Abs 1 SpaltG etablierte Summengrundsatz wird durch Z 3 erster Satz verdrängt."; nochmals Kalss, Susanne: Handkommentar zur Verschmelzung, Spaltung und Umwandlung, Wien 1997, § 3 Rz 9, 374, m.w.N.; Strimitzer, Eugen: Abspaltung zur Aufnahme und Kapitalherabsetzung, RdW 2001, 514: „Insbesondere wird bei der Spaltung zur Aufnahme der Summengrundsatz durch die Bestimmung des § 17 Z 3 SpaltG verdrängt und ist daher nicht anzuwenden." In diesem Sinn auch Nowotny, Christian: Kapitalerhaltung bei Verschmelzungen und Spaltungen, RWZ 4/2000, 100. Vgl. aber die kritische Ansicht von Aman in Aman, Günther/ Frotz, Stephan/ Mühlehner, Johann/ Wagner, Martin/ Zöchling, Hans: Das EU-Gesellschaftsrechtsänderungsgesetz, Wien 1996, 102, nach der „eine Miteinbeziehung der übernehmenden Gesellschaft und deren Gläubiger gesetzestechnisch durchaus machbar und auch systematisch gewesen wäre [...]."

[176] BGBl.Nr. 304/1996

[177] Aufgrund umfangreicher Änderungen des SpaltG erfolgte keine Novellierung des SpaltG, sondern eine gänzliche Neuregelung. Speziell wurde der Anwendungsbereich des SpaltG durch die gesetzliche Verankerung der Spaltung zur Aufnahme erweitert.

[178] Abgedruckt bei Reich-Rohrwig, Johannes: EU-Gesellschaftsrechtsänderungsgesetz, Wien, 1996, SpaltG, 374.

neu geschaffenen Instrument der Spaltung zur Aufnahme heißt es, dass mit dem neuen ersten Satz in Z 3 (§ 17 SpaltG) für den Gläubigerschutz ein Äquivalent für den bei der Spaltung zur Aufnahme nicht vorgesehenen Summengrundsatz des § 3 Abs 1 SpaltG geschaffen wird, sodass im Bereich der Spaltung zur Aufnahme der Summengrundsatz als Basis des materiellen Gläubigerschutzes nicht zur Anwendung gelangt.[179]

Das Argument, für den Gläubigerschutz im Falle einer Spaltung zur Aufnahme ausschließlich die Vorschriften über die ordentliche Kapitalherabsetzung gelten zu lassen, gerät zu kurz, da diese nur in dem Fall zur Anwendung gelangen, wenn die übertragende Gesellschaft ihr Nennkapital herabsetzt. Nach herrschender Auffassung kann der durch die Spaltung bewirkte buchmäßige Abgang durch Auflösung von gebundenen Rücklagen bilanzmäßig abgedeckt werden, ohne dass die Vorschriften über die Kapitalherabsetzung zu beachten sind.[180]

Kritisch an dieser Auffassung ist generell, die Vorschriften über die ordentliche Kapitalerhaltung als entsprechenden Ersatz für den Summengrundsatz zu sehen. Dies kann, wie die Spaltung zur Neugründung und auch historische Ausführungen zu diesem Punkt noch vor Inkrafttreten des ersten SpaltG belegen,[181] nicht der Fall sein. Der Gläubigerschutz der ordentlichen Kapitalherabsetzung ist mit dem Gläubigerschutz des Summengrundsatzes, der die Sperre von Nennkapital und gebundenen Rücklagen im Zeitpunkt der Spaltung vorsieht, einfach nicht vergleichbar. Verdrängt § 17 Z 3 SpaltG den in § 3 Abs 1 SpaltG geregelten Summengrundsatz, führt diese Auffassung vor allem aber zu dem Problem, dass der Gläubigerschutz durch Kapitalerhaltung nicht wie bei der Spaltung zur Neugründung abschließend durch ein abgeschlossenes spaltungsrechtliches System geregelt ist, sondern für die übertragende und in der Folge für die übernehmende Gesellschaft die ergänzenden Regelungen des Aktien- und GmbH-Rechts zur Anwendung gelangen.[182] Unproblematisch ist dies für den Fall der Spaltung zur Aufnahme ohne Beteiligungsverflechtung mit der Pflicht zur Anteilsgewähr. Der Grundsatz der verbotenen Einlagenrückgewähr kann in diesem Fall nicht durchbrochen werden.

---

[179] Zu § 17 Z 3 SpaltG vgl. hierzu auch die kritische Anmerkung von Aman in Aman, Günther/ Frotz, Stephan/ Mühlehner, Johann/ Wagner, Martin/ Zöchling, Hans: Das EU-Gesellschaftsrechtsänderungsgesetz, Wien 1996, 117.

[180] Nowotny, Christian: Kapitalerhaltung bei Verschmelzungen und Spaltungen, RWZ 4/ 2000, 99.

[181] Grundlegend Doralt, Peter: Zur Gestaltung handelsrechtlicher Vorschriften über die Spaltung in: Doralt, Peter/ Nowotny, Christian (Hrsg): Kontinuität und Wandel, Beiträge zum Unternehmensrecht, Festschrift für Walther Kastner zum 90. Geburtstag, Wien 1992, 149f; 145.

[182] Im Ergebnis Karollus, Martin/Lauss, Wolfgang und Kutos, Anna: Kapitalerhaltung und Verbot der Einlagenrückgewähr im Spaltungsgesetz, Grundsätzliche Zulässigkeit der Spaltung up-stream und ihre Grenzen, SWK 2000, 368-370.

Anders stellt sich die Sache dar, wenn die Spaltung zwischen untereinander verflochtenen Gesellschaften erfolgt. In diesen Fällen muss das Verbot der Einlagenrückgewähr beachtet werden, weil die Spaltung ansonsten zu scheitern droht. Eine höchstgerichtliche Bestätigung dieser Auffassung für den Fall der Spaltung zur Aufnahme steht zwar bislang noch aus, allerdings ist davon auszugehen, dass die für den Fall der Konzernverschmelzung ergangenen Erkenntnisse hier analog anzuwenden sind.[183] Hervorzuheben ist die Entscheidung des OGH vom 11.11.1999,[184] die sowohl eine Aufrechterhaltung des Bindungsniveaus beim Grund-/Stammkapital als auch bei den gebundenen Rücklagen verlangt.[185]

Angesichts dieser Gegebenheiten scheint es fraglich, ob es dem historischen Willen des Gesetzgebers unterstellt werden kann, dass bei einer Spaltung zur Aufnahme, bei der das Gesetz nicht zwischen einer Konzern- und Konzentrationsspaltung unterscheidet, ausschließlich die Vorschriften über die ordentliche Kapitalherabsetzung zur Anwendung gelangen und bejahendenfalls, ob diese Ansicht auch tatsächlich der Wertung des (aktuellen) Gesetzgebers entspricht. Historisch unstrittig ist, wie der Niederschrift des österreichischen Justizausschussberichtes zu entnehmen ist, dass mit § 17 Z 3 SpaltG für den Gläubigerschutz ein Äquivalent für den bei der Spaltung zur Aufnahme nicht vorgesehenen Summengrundsatz des § 3 Abs 1 SpaltG geschaffen wird. Nicht hinterfragt wurde allerdings, weshalb dieser Bericht zwar von einem „Äquivalent" und damit von der Gleichwertigkeit des Gläubigerschutzes bei der Spaltung zur Aufnahme spricht, wenn doch die Anwendung des Summengrundsatzes im Bericht verneint wird, aber der gesetzliche Wortlaut des § 17 SpaltG durch systematische Auslegung hingegen auf die Anwendung des Summengrundsatzes und damit letztlich auf einen grundsätzlichen Gleichklang zwischen der Spaltung zur Neugründung und der Spaltung zur Aufnahme schließen lässt. Folgt man dieser Auffassung, dann hat der Gesetzgeber zwar Gleiches ungleich behandelt, aber in der Absicht, eine Gleichwertigkeit zu schaffen. Aus diesem Grund kann nicht mit der Erklärung gearbeitet werden, dass der Gesetzgeber für den Fall der Spaltung zur Aufnahme den Gläubigerschutz einzig durch Einhaltung der Vorschriften über die ordentliche Kapitalherabsetzung einhalten wollte. Verneinendenfalls hätte diese Sichtweise zur Folge, dass der Summengrundsatz

[183] Vgl. hierzu grundlegend die Ausführungen von Nowotny, Christian: Kapitalerhaltung bei Verschmelzungen und Spaltungen, RWZ 4/2000, 100, hinsichtlich der analogen Anwendung der seitens des OGH gemachten Entscheidung einer down-stream Verschmelzung (OGH, 6 Ob 4/99b) für den Fall der Spaltung zur Aufnahme.

[184] 6 Ob 4/99b

[185] Nowotny, Christian: Kapitalerhaltung bei Verschmelzungen und Spaltungen, RWZ 4/2000, 100. Nach Nowotny ist diese Auffassung allerdings nicht im Sinne des Summengrundsatzes zu sehen, sondern im Sinne eines Umgehungsschutzes vor „verdeckten" Herabsetzungen bzw. Auflösungen.

nicht nur nicht (verpflichtend) anzuwenden wäre, es würde auch umgekehrt gelten, dass von einer freiwilligen Anwendung des Summengrundsatzes abgesehen werden muss, andernfalls die Spaltung wegen Verletzung eines gesetzlichen Gebotes zu scheitern droht. Die in der Praxis häufig in einem Spaltungs- und Übernahmsvertrag anzutreffende Passage, dass die Kapitalerhaltung im Sinne des § 3 SpaltG als eingehalten gilt, würde in diesem Sinn eine gesetzliche Verbotsverletzung darstellen. Dies kann aber für eine Bestimmung, wie sie § 17 Z 3 Satz 1 SpaltG darstellt, keinesfalls gelten. Der objektive Normzweck des § 17 Z 3 Satz 1 SpaltG ist kein anderer, als der des § 3 Abs 1 SpaltG. Nichts anderes lässt sich auch aus der gesetzlichen Systematik schließen. Daraus folgt, dass der Summengrundsatz auch im Falle der Spaltung zur Aufnahme zur Anwendung gelangt.

Argumentiert man für diese Auffassung, so bildet die Gegenüberstellung der Diktion des § 17 Z 3 mit der Z 1 und Z 2 des SpaltG den Ausgangspunkt dieser Meinung. In Z 1 der Vorschrift beginnt der Gesetzgeber mit den Worten „An die Stelle des Spaltungsplans (§ 2) tritt" und schließt hieran den Begriff des „Spaltungs- und Übernahmsvertrags". In Z 2 spricht der Gesetzgeber von „an die Stelle der neuen Gesellschaft tritt die übernehmende Gesellschaft". In Z 3 verweist der Gesetzgeber auf die Tatsache, dass, wenn eine Kapitalherabsetzung erfolgt, diese jedenfalls nach den Vorschriften der ordentlichen Kapitalherabsetzung zu erfolgen hat. Es findet sich kein gesetzlicher Hinweis darüber, dass an die Stelle des Summengrundsatzes die Vorschriften über die ordentliche Kapitalherabsetzung treten.[186] Es findet sich lediglich der gesetzliche Verweis darüber, dass eine andere Art der Kapitalherabsetzung, als nach den ordentlichen Vorschriften, nicht zulässig ist.

Über den im Einleitungssatz gemachten Verweis auf die spaltungsrechtlichen Vorschriften zur Neugründung ergibt sich damit folgendes Kapitalerhaltungsprinzip: § 3 Abs 1 SpaltG ist aufgrund des gesetzlichen Wortlautes, nachdem dort nicht von der Kapitalherabsetzung die Rede ist, uneingeschränkt auf die Fälle der Spaltung zur Aufnahme anwendbar. § 3 Abs 2 Satz 1 SpaltG, der für den Fall der Abspaltung von der vereinfachten Kapitalherabsetzung spricht, wird durch die Regelung über Vorschriften über die ordentliche Kapitalherabsetzung in § 17 Z 3 SpaltG erster Satz verdrängt. § 3 Abs 2 Satz 2 SpaltG schließt die Systematik der Kapitalerhaltung für die Abspaltung konkludent ab, indem ergänzend darauf hingewiesen wird, dass der Summengrundsatz nicht eingehalten werden muss, wenn die Vorschriften über die ordentliche Kapitalherabsetzung zur Anwendung gelangen.

---

[186] In diesem Sinn vgl. etwa auch die Anmerkung von Kalss, Susanne: Handkommentar zur Verschmelzung, Spaltung und Umwandlung, Wien 1997, § 17 SpaltG, Rz 10 „§ 3 Abs 1 SpaltG wird im Unterschied zur Regelung in der RV nicht ausdrücklich ausgeschlossen [...]."

Ebenfalls für den Fall der Aufspaltung zur Aufnahme gelangen die Vorschriften über die ordentliche Kapitalherabsetzung zur Anwendung.[187] Aus der sinngemäßen Anwendung des § 3 Abs 1 SpaltG hat eine Kapitalherabsetzung nach diesen Vorschriften stets zu erfolgen, wenn das bestehende Nennkapital der übertragenden Gesellschaft nicht ausreicht, um den Summengrundsatz einzuhalten. Darüber hinaus hat die übertragende Gesellschaft die Vorschriften dann zu beachten, wenn diese ihr Nennkapital herabsetzt. Diese Sichtweise folgt der in § 17 Z 3 Satz 1 SpaltG vorzufindenden Formulierung, in der es heißt, dass bei einer „Aufspaltung und bei einer Abspaltung zur Aufnahme, bei der das Nennkapital herabgesetzt wird", die Vorschriften über die ordentliche Kapitalherabsetzung zur Anwendung gelangen. Gedanklich unterstellt die Rechtsanwendung diese Auslegung allerdings nur für den Fall der Abspaltung.[188] Für den Fall einer Aufspaltung zur Aufnahme wird die wortgenaue Interpretation dieser Vorschrift abgelehnt.[189] Begründet wird dies damit, dass es sich hierbei um ein redaktionelles Versehen des Gesetzgebers handeln dürfte, in dem dieser die ordentliche Kapitalherabsetzung anstelle der liquidationsrechtlichen Vorschriften für den Fall der Aufspaltung zur Aufnahme in den Regelungsbereich mit einbezog.[190] Dies entspricht der Anschauung, dass die in § 1 Abs 2 Z 1 SpaltG verwendete Wortfolge „Beendigung ohne Abwicklung" durch eine andere juristische Auslegung ersetzt wird. Genau hier hakt aber der Wortlaut des Gesetzes ein und fordert die Einhaltung der Kapitalherabsetzungsregeln. Diese Regelung macht deswegen Sinn, weil eine Spaltung nach dem SpaltG die Einheitlichkeit eines gesellschaftsrechtlichen Vorganges verlangt.[191] Wäre es anders, läge der Vorgang einer steuerrechtlichen Liquidationsspaltung vor.

Für die praktische Umsetzung einer Spaltung zur Aufnahme stehen als Maßnahme der Kapitalerhaltung wie im Fall einer Spaltung zur Neugründung zwei Alternativen zur Auswahl. Die übertragende Gesellschaft trifft grundsätzlich die Pflicht zur Berücksichtigung des Summengrundsatzes. Tritt der praktische Fall ein, dass die übertragende Gesellschaft nach Einleitung des Spaltungsverfahrens die Bindungspflicht von Nennkapital und gebundenen Rücklagen zu reduzieren sucht, sei es aus eigenem Antrieb oder weil beispielsweise die jeweilige

---

[187] Vgl. in diesem Sinn Hügel, Hanns F.: Das neue Spaltungsgesetz und die Reform des Umgründungsrechts, ecolex 1996, FN 39.

[188] Vgl. etwa Aman in Aman, Günther/ Frotz, Stephan/ Mühlehner, Johann/ Wagner, Martin/ Zöchling, Hans: Das EU-Gesellschaftsrechtsänderungsgesetz, Wien 1996, 102.

[189] Ausdrücklich Aman in Aman, Günther/ Frotz, Stephan/ Mühlehner, Johann/ Wagner, Martin/ Zöchling, Hans: Das EU-Gesellschaftsrechtsänderungsgesetz, Wien 1996, 102.

[190] Aman in Aman, Günther/ Frotz, Stephan/ Mühlehner, Johann/ Wagner, Martin/ Zöchling, Hans: Das EU-Gesellschaftsrechtsänderungsgesetz, Wien 1996, 102. Dieser Ansicht folgend Karollus, Martin/Lauss, Wolfgang und Kutos, Anna: Kapitalerhaltung und Verbot der Einlagenrückgewähr im Spaltungsgesetz, SWK 2000, 369.

[191] Vgl. hierzu bereits die Ausführungen in Kapitel 1.3.1.1 Einhaltung im Fall der Aufspaltung, 39ff.

aufnehmende Gesellschaft das anteilige Grund- oder Stammkapital der übertragenden Gesellschaft gekürzt übernehmen will, ist es bei einem solchem Vorgehen nur sachgerecht, wenn dies nach den Vorschriften über die ordentliche Kapitalherabsetzung erfolgt. Diese Variante wird dann in Erwägung zu ziehen sein, wenn die übertragende Gesellschaft vor Einleitung des Spaltungsverfahrens ihr Nennkapital auf vereinfachte Weise nicht herabsetzen kann oder sich der Bindungspflicht des Summengrundsatzes entledigen will.

§ 17 Z 3 Satz 1 SpaltG auf die Weise interpretiert zeigt eine systemkonforme Interpretation der Bestimmungen des § 3 Abs 1 und Abs 2 SpaltG. Bis auf den Punkt der verpflichtenden Einhaltung der Vorschriften über die ordentliche Kapitalherabsetzung, wenn die übertragende Gesellschaft ihr Nennkapital verringert, wird dem Grundsatz ‚Gleiches gleich zu behandeln' entsprochen.

1.3.2.2 Konsequenzen sinngemäßer Anwendung

1.3.2.2.1 Einhaltung im Fall der Aufspaltung

Die solcherart festgelegte Interpretation spaltungsrechtlicher Regelungen hat je nach Fallkonstellation der übertragenden Gesellschaft unterschiedliche Konsequenzen. Für den Fall der Aufspaltung zur Aufnahme ergibt sich, dass die übertragende Gesellschaft ihr Nennkapital und allfällig bestehende gebundene Rücklagen auf die jeweils übernehmenden Gesellschaften zu übertragen hat. In Summe müssen bei den übernehmenden Gesellschaften das zusätzlich übernommene Nennkapital und die zusätzlich erhaltenen gebundenen Rücklagen dem Nennkapital und den gebundenen Rücklagen der übertragenden Gesellschaft vor Durchführung der Spaltung mindestens entsprechen. Vor Einleitung des Spaltungsverfahrens kann die Basis für die Einhaltung des Summengrundsatzes, wenn die Voraussetzungen erfüllt sind, durch vereinfachte Herabsetzung des Nennkapitals verringert werden. Nach Einleitung der Spaltung kann eine Kapitalherabsetzung nur nach den Vorschriften über die ordentliche Kapitalherabsetzung erfolgen. Tritt ein solcher Fall ein, entfällt für die übertragende Gesellschaft die Pflicht zur Einhaltung des Summengrundsatzes.

1.3.2.2.2 Einhaltung im Fall der Abspaltung

Für den Fall der Abspaltung zur Aufnahme ist die Unterscheidung zu treffen, ob der spaltungsrechtliche Vermögensabgang das Nennkapital und die gebundenen Rücklagen der übertragenden Gesellschaft unberührt lässt oder nicht. Kann der spaltungsrechtliche Vermögensabgang durch vorhandene freie Rücklagen und einen allfälligen Bilanzgewinn gedeckt werden, ist der Summengrundsatz durch die übertragende Gesellschaft eingehalten. Werden im Rahmen der Abspaltung allerdings gebundene Rücklagen aufgelöst, müssen diese in Summe bei den jeweils übernehmenden Gesellschaften erhalten bleiben. Diese Regelung gilt dann nicht, wenn die Vorschriften über die ordentliche Kapitalherabsetzung zur Anwendung gelangen.[192]

Muss im Fall der Abspaltung zur Aufnahme die übertragende Gesellschaft zusätzlich ihr Nennkapital herabsetzen, so hat nach § 17 Z 3 Satz 1 SpaltG dies stets nach den Vorschriften über die ordentliche Kapitalherabsetzung zu erfolgen. Dies bedeutet, dass der übertragenden Gesellschaft, auch wenn der Summengrundsatz als eingehalten gilt, eine vereinfachte Kapitalherabsetzung spaltungsrechtlich verwehrt ist. Nach Einleitung des Spaltungsverfahrens kann die übertragende Gesellschaft ihr Kapital nur nach den Vorschriften über die ordentliche Kapitalherabsetzung vornehmen. In diesem Fall unterliegt die Abspaltung zur Aufnahme mit Kapitalherabsetzung einer strengeren Regelung als eine Abspaltung zur Neugründung mit Kapitalherabsetzung, bei der der Gesetzgeber in § 3 Abs 2 Satz 1 SpaltG ausdrücklich auf die Möglichkeit einer vereinfachten Kapitalherabsetzung hingewiesen hat. Wenn auch nach allgemeinen GmbH- und aktienrechtlichen Grundsätzen eine vereinfachte Kapitalherabsetzung sehr wohl möglich wäre, muss es als Faktum hingenommen werden, dass der Gesetzgeber im Falle der Spaltung zur Aufnahme eine andere Regelung vorgesehen hat.

1.4 Prüfung der Einhaltung des Summengrundsatzes

1.4.1 Vorbemerkung

Das zuständige Firmenbuchgericht der übertragenden Gesellschaft hat die Anmeldung der Spaltung auf ihre Gesetzmäßigkeit hin zu prüfen (§ 15 Abs 1 FBG iVm § 12 Abs 1 SpaltG). Festzustellen ist daher auch, ob die Kapitalerhaltung[193] der übertragenden Gesellschaft in Übereinstimmung mit § 3 Abs 1 SpaltG eingehalten wurde. Die Frage des Summengrundsatzes beschäftigt nicht nur das zuständige Firmenbuchgericht, sondern berührt ganz allgemein das gesellschaftsrechtliche Interesse. Dieses rückt umso mehr in den Vordergrund, als gesetzlich nicht geregelt ist, wie der Nachweis zur Einhaltung des Summengrundsatzes zu erfolgen hat.

[192] Vgl. in diesem Sinn auch Aman in Aman, Günther/ Frotz, Stephan/ Mühlehner, Johann/ Wagner, Martin/ Zöchling, Hans: Das EU-Gesellschaftsrechtsänderungsgesetz, Wien 1996, 103.
[193] Kalss, Susanne: Handkommentar zur Verschmelzung, Spaltung und Umwandlung, Wien 1997, § 14 SpaltG, Rz 5.

1.4.2 Prüfung anhand von Bilanzen

1.4.2.1 § 2 Abs 1 Z 12 SpaltG - dem Spaltungsplan beizulegende Bilanzen

Den Begriffen „Nennkapital" und „gebundene Rücklagen" ist gemeinsam, dass diese in einer nach § 224 HGB, der Vorschrift des Handelsrechts für Kapitalgesellschaften, aufgestellten Bilanz ihren Niederschlag finden. Nach dieser Bestimmung sind die nach dem Gesetz dort angeführten Positionen gesondert und in der vorgeschriebenen Reihenfolge auszuweisen. Von dieser Vorschrift erfasst und damit als eigene in der Bilanz auszuweisende Positionen sind das Nennkapital, die gebundenen Kapitalrücklagen und die gesetzliche Rücklage als Gewinnrücklage. § 3 Abs 1 SpaltG, dessen zentraler Inhalt die Erhaltung dieser Positionen ist, stellt nach dem handelsrechtlichen Sprachgebrauch daher auf eine bilanzrechtliche Betrachtung ab. Folgt man dieser Auslegung, sind für die wertmäßige Einhaltung und in der Folge der Prüfung des § 3 Abs 1 SpaltG nicht die tatsächlichen,[194] sondern die buchmäßigen Werte entscheidend. Nahe liegend ist daher, die Einhaltung der Regelung anhand von Bilanzen zu prüfen. § 3 Abs 1 SpaltG enthält aber keinen Hinweis über das praktische Vorgehen der Additionsregel. Offen ist, wie der Nachweis zu erfolgen hat. Aus der Systematik des spaltungsgesetzlichen Aufbaus lässt sich aber die Schlussfolgerung entnehmen, dass der Gesetzgeber die Feststellung des Summengrundsatzes anhand der in der Bestimmung des § 2 Abs 1 Z 12 SpaltG angeführten Bilanzen vorgesehen hat.

§ 2 Abs 1 SpaltG enthält als Regelung über den Inhalt des Spaltungsplans in Z 12 die taxative Aufzählung der einer Spaltung beizulegenden Bilanzen. Dies ist zunächst die Schlussbilanz der übertragenden Gesellschaft, die auf den Spaltungsstichtag zu erstellen ist, wobei diese Schlussbilanz höchstens auf einen neun Monate vor der Anmeldung der Spaltung liegenden Stichtag aufgestellt werden darf (§ 2 Abs 2 Satz 3 SpaltG); eine Verpflichtung zur Veröffentlichung besteht hingegen nicht. Zudem sind im Falle einer Aufspaltung die Eröffnungsbilanzen der neu gegründeten Gesellschaften beizulegen. Ist nicht eine Aufspaltung, sondern eine Abspaltung vorgesehen, so ist dem Spaltungsplan ferner eine Spaltungsbilanz beizulegen, die das verbleibende Vermögen der übertragenden Gesellschaft ausweist.[195]

Der Einbezug von Bilanzen im gesellschaftsrechtlichen Spaltungsverfahren sichert dem Gesetzgeber die handelsrechtliche Dokumentation der Spaltung durch

[194] A.A. offenbar Strimitzer, Eugen: Abspaltung zur Aufnahme und Kapitalherabsetzung, RdW 2001, 516, der, für die Beurteilung, ob eine Kapitalherabsetzung im Falle der Abspaltung zur Aufnahme erforderlich ist, auf die tatsächlichen Werte und nicht die Buchwerte abstellt.
[195] Hügel, Hanns F.: Umgründungsbilanzen Handelsrecht und Steuerrecht, Wien 1997, Rz. 6.22.

buchmäßige Darstellung.[196] Zudem macht dies die Prüfung über die Einhaltung des Summengrundsatzes einfach durchführbar. Die seitens des Firmenbuchgerichtes bestehende Verpflichtung,[197] jede Anmeldung einer Spaltung hinsichtlich der Kapitalerhaltung zu prüfen, kann anhand der in § 2 Abs 1 Z 12 SpaltG genannten Bilanzen erfolgen. Ausgangspunkt hierfür bildet die Schlussbilanz der übertragenden Gesellschaft.[198] Nach dieser hat sich das dort ausgewiesene Nennkapital im Falle der Aufspaltung in den Eröffnungsbilanzen der neu gegründeten Gesellschaften in Summe wiederzufinden. Gleiches gilt für gebundene Rücklagen der übertragenden Gesellschaft. Im Falle einer Abspaltung haben Nennkapital und gebundene Rücklagen der Schlussbilanz in Summe dem Nennkapital und den gebunden Rücklagen der Spaltungsbilanz und Eröffnungsbilanz(en) zu entsprechen.[199] Dies gilt jedenfalls für Auf- und Abspaltungen zur Neugründung.

Für den Fall der Auf- und Abspaltung zur Aufnahme ist die Überprüfungsregel mit den in § 2 Abs 1 Z 12 SpaltG genannten Bilanzen ebenfalls lückenlos. § 17 SpaltG verweist im Einleitungssatz auf die sinngemäße Anwendung der Vorschriften der §§ 2 bis 16 SpaltG, sofern § 17 SpaltG nichts anderes bestimmt. § 17 SpaltG hält in Z 1 fest, dass anstelle der neu gegründeten Gesellschaft die übernehmende Gesellschaft tritt. Nach den Regeln der Grammatik hat deswegen auch im Falle einer Spaltung zur Aufnahme die übernehmende Gesellschaft eine „Eröffnungsbilanz" zu erstellen.[200] Allerdings ist im Falle einer Spaltung zur Aufnahme die Eröffnungsbilanz iSd § 2 Abs 1 Z 12 SpaltG keine iSd § 193 Abs 1

---

[196] Aman, Günther/ Frotz, Stephan/ Mühlehner, Johann/ Wagner, Martin/ Zöchling, Hans: Das EU-Gesellschaftsrechtsänderungsgesetz, Wien 1996, 99.

[197] Dies ist für die richterliche Firmenbuchpraxis entscheidend, denn aus § 15 Abs 1 FGB folgt für das zuständige Firmenbuchgericht am Sitz der übertragenden Gesellschaft die Verpflichtung zur Prüfung der formellen und materiellen Richtigkeit der eingereichten Spaltung. Zu dieser Vorschrift siehe Burgstaller in Jabornegg, Peter (Hrsg): Kommentar zum HGB, Wien 1997, § 15 FGB, Rz 3.

[198] Kalss, Susanne: Handkommentar zur Verschmelzung, Spaltung und Umwandlung, Wien 1997, § 3 SpaltG, Rz 4, 371.

[199] Im Falle der Aufspaltung erfolgt die Überprüfung durch Addition der in den Eröffnungsbilanzen der neu gegründeten Gesellschaften ausgewiesenen Nennkapitalbeträge und gebundenen Rücklagen. Im Falle der Abspaltung werden die Nennkapitalbeträge und gebundenen Rücklagen der Spaltungsbilanz der übertragenden Gesellschaft mit den Eröffnungsbilanzwerten der neuen Gesellschaft bzw. den neuen Gesellschaften addiert. Vergleichsmaßstab und damit Basis des Wertnachweises ist sowohl bei der Auf- als auch Abspaltung zur Neugründung die in der Schlussbilanz der übertragenden Gesellschaft ausgewiesenen Posten von Nennkapital, gesetzlicher Rücklage und gebundener Kapitalrücklagen. Vgl. Kalss, Handkommentar zur Verschmelzung – Spaltung – Umwandlung, 1997, § 3 SpaltG Rz 4, 371.

[200] Vgl. idS Hügel, Hanns F.: Umgründungsbilanzen Handelsrecht und Steuerrecht, Wien 1997, Rz 6.21; vgl. aber auch Kalss, Susanne: Handkommentar zur Verschmelzung, Spaltung und Umwandlung, Wien 1997, § 3 SpaltG, Rz 4, die darauf hinweist, dass bei einer Spaltung zur Aufnahme, nach dem Gesetz eine eigene Bilanz der übernehmenden Gesellschaft aus Anlass der Spaltung nicht unbedingt erforderlich ist.

HGB, weil die übernehmende Gesellschaft nicht im Zuge der Spaltung entsteht.[201] Sie ist auch keine Eröffnungsbilanz iSd § 201 Abs 2 Z 6 HGB,[202] wonach die Eröffnungsbilanz des Geschäftsjahres mit der Schlussbilanz des vorhergehenden Geschäftsjahres zu übereinstimmen hat. Bei einer Spaltung zur Aufnahme hat die „Eröffnungsbilanz" iSd § 2 Abs 1 Z 12 SpaltG die Funktion einer Übernahmebilanz, die das zu übertragende Vermögen ausweist.[203] Die Eröffnungsbilanzen iSd § 2 Abs 1 Z 12 SpaltG folgen damit je nach Spaltungsart unterschiedlichen Zwecksetzungen. Gemeinsames Merkmal beider Bilanzen ist allerdings, dass für diese die Vorschriften des HGB über die Rechnungslegung sinngemäß gelten. Das so gewonnene Ergebnis, dass die übernehmende Gesellschaft in sinngemäßer Anwendung des § 2 Abs 1 Z 12 SpaltG die Pflicht zur Erstellung einer nach handelsrechtlichen Vorschriften aufzustellenden Übernamebilanz hat, bietet den Vorteil der Überprüfung des Summengrundsatzes anhand der gesetzlich vorgeschriebenen Bilanzen. Darüber hinaus bewirkt diese Auffassung einen systematischen Gleichklang für die Überprüfung des Summengrundsatzes im Fall einer Spaltung zur Neugründung.

Rechentechnisch sind die in § 2 Abs 1 Z 12 SpaltG genannten Bilanzen das Kriterium zur Beurteilung der Kapitalerhaltung der übertragenden Gesellschaft. Zu diesem Zweck müssen Nennkapital und gebundene Rücklagen der übertragenden Gesellschaft an zwei verschiedenen Stichtagen aber identen Zeitpunkten miteinander verglichen werden. Den Ausgangspunkt bildet der Spaltungsstichtag. Dieser ist jener Tag, von dem an, nach Ablauf dieses Tages, die Handlungen der übertragenden Gesellschaft als für die Rechnung der neuen (übernehmenden) Gesellschaft als vorgenommen gelten (vgl. § 2 Abs 1 Z 7 SpaltG). Nach dem handelsrechtlichen Stichtagsprinzip ist spaltungsrechtlich die Schlussbilanz der übertragenden Gesellschaft auf den Spaltungsstichtag zu erstellen (§ 2 Abs 2 Satz 1 SpaltG). Aus der einfachen Überlegung heraus, dass der Summengrundsatz den Vergleich des gebundenen Kapitals an verschiedenen Stichtagen aber zu demselben Zeitpunkt umfasst, kann der Stichtag der Spaltungsbilanz, die das Vermögen der übertragenden Gesellschaft nach dem Zeitpunkt der Spaltung ausweist, nicht dem Spaltungsstichtag entsprechen. Der Stichtag der Spaltungsbilanz ist daher notwendigerweise der Tag nach dem Spaltungsstichtag.[204] Zu demselben Ergebnis gelangt man, wenn man die

[201] Hügel, Hanns F.: Umgründungsbilanzen Handelsrecht und Steuerrecht, Wien 1997, Rz 6.21, 114.
[202] Hügel, Hanns F.: Umgründungsbilanzen Handelsrecht und Steuerrecht, Wien 1997, Rz 6.21, 114.
[203] Für diese Sichtweise Hügel, Hanns F.: Umgründungsbilanzen Handelsrecht und Steuerrecht, Wien 1997, Rz 6.21; Aman in Aman, Günther/ Frotz, Stephan/ Mühlehner, Johann/ Wagner, Martin/ Zöchling, Hans: Das EU-Gesellschaftsrechtsänderungsgesetz, Wien 1996, 98.
[204] Vgl. Hügel, Hanns F.: Umgründungsbilanzen Handelsrecht und Steuerrecht, Wien 1997, Rz 6.23.

Spaltungsbilanz als Ersatz der bei der Abspaltung fehlenden Eröffnungsbilanz der übertragenden Gesellschaft betrachtet. Bilanzstichtag von Spaltungsbilanz und Eröffnungsbilanz der neu gegründeten beziehungsweise übernehmenden Gesellschaft ist der Tag nach dem Spaltungsstichtag beginnend mit 00.00 Uhr, wohingegen die Schlussbilanz auf den Ablauf des Spaltungsstichtages 24.00 Uhr zu erstellen ist.

1.4.2.2 (geprüfte) Zwischenbilanz als Schlussbilanz

Kritisch ist, dass die Schlussbilanz vergangenheitsorientiert ist und damit keinen Aufschluss über die tatsächliche Zusammensetzung des Vermögens im Zeitpunkt der Spaltung gibt.[205] Ergeben sich zwischen dem Spaltungsstichtag und der Anmeldung der Spaltung wesentliche Vermögensveränderungen, so kann die Bezugnahme auf die Schlussbilanz, die bis zu neun Monate rückwirkend aufgestellt werden kann, zu Irrtümern über die Zusammensetzung des Vermögens im Zeitpunkt der Wirksamkeit der Spaltung führen. Einerseits kann das Eigenkapital innerhalb des Zeitraumes zwischen Spaltungsstichtag und Anmeldung der Spaltung geschmälert, andererseits aber auch erhöht werden. Wird beispielsweise der übertragenden Gesellschaft noch vor Anmeldung der Spaltung Eigenkapital zugeführt, um eine reale Überschuldung zu vermeiden, so ist eine Aufnahme des nachträglich gewährten Vermögens nach der Beschlussfassung über die Spaltung in der Schlussbilanz nicht möglich. In diesem Fall könnte die Überprüfung der Kapitalerhaltung nur anhand einer gesonderten Aufstellung vorgenommen werden. Zu denken wäre hier an eine Zwischenbilanz, die im Zeitpunkt der Anmeldung der Spaltung beizulegen wäre.[206]

Restriktiver ist die Sichtweise, wenn § 3 Abs 1 SpaltG in dem Punkt wörtlich interpretiert wird, dass der Nachweis der Kapitalerhaltung „vor der Spaltung“[207] zu erbringen ist. Wird der objektive Normzweck des § 3 Abs 1 SpaltG in der Kapitalerhaltung im Zeitpunkt der Spaltung gesehen, widerspricht die Überprüfung des Summengrundsatzes anhand der Schlussbilanz einem solchen Zweck, weshalb die Überprüfung der Kapitalerhaltung sogar zwingend anhand

[205] Für den Fall der Verschmelzung Damböck/Hecht, OGH: Allgemeine Kapitalerhaltungsgrundsätze gelten bei Verschmelzung, RdW 1/2000, 1.

[206] Vgl. hier die Auffassung von Damböck/Hecht, OGH: Allgemeine Kapitalerhaltungsgrundsätze gelten bei Verschmelzung, RdW 1/2000, 1, für den Fall der down-stream Verschmelzung.

[207] § 3 Abs 1 SpaltG ist auf den Zeitpunkt der Eintragung und der daran anknüpfenden Rechtswirkungen der Spaltung ausgerichtet. Voraussetzung hierfür ist, dass das gesamte gebundene Eigenkapital im Zeitpunkt der Spaltung erhalten ist. Vgl. hierzu bereits Stern in Doralt/Nowotny (Hrsg), Der EG-rechtliche Anpassungsbedarf, 1993, 149 ff; ebenso Kalss, Susanne: Handkommentar zur Verschmelzung, Spaltung und Umwandlung, Wien 1997, § 3 SpaltG, Rz 4.

einer kurz vor dem Zeitpunkt der Anmeldung aufgestellten Zwischenbilanz zu erfolgen hätte.

Kern der kapitalerhaltungsrechtlichen Additionsregel ist damit die Frage, ob Basis der Kapitalerhaltungsfeststellung nicht eine kurz vor dem Zeitpunkt der Anmeldung erstellte Zwischenbilanz sein muss. Verneinendenfalls knüpft hieran die Folgefrage, ob der Kapitalerhaltungsnachweis auf Basis einer solchen Zwischenbilanz erfolgen kann und welche Voraussetzungen gegebenenfalls hierfür erfüllt sein müssen. Die Beantwortung dieser Fragen soll ihren Ausgangspunkt zunächst in Deutschland nehmen, weil, soweit ersichtlich, dem deutschen Schrifttum für den Fall der Abspaltung der erste Gedanke der Zwischenbilanzerstellung zu entnehmen ist.[208]

Dem dUmwG fehlt zwar eine entsprechende Bestimmung, wie sie der österreichische Gesetzgeber in § 3 Abs 1 und Abs 2 SpaltG vorgesehen hat, doch ist auch nach deutscher Auffassung grundsätzlich das in der Schlussbilanz ausgewiesene Eigenkapital Nachweis der Kapitalerhaltung.[209] Die deutsche Gesetzgebung entspricht in den Punkten, dass das Nennkapital der übertragenden Gesellschaft durch das verbleibende Netto(aktiv)vermögen gedeckt sein muss, und dass eine Unterschreitung unter das gesetzliche Mindestnennkapital bzw. den gesetzlichen Mindestnennbetrag einzelner Anteile nicht stattfinden darf, der österreichischen. Hingegen deckt sich die „einfache" Kapitaldeckungsverpflichtung des dUmwG nicht mit der „strengen" Regelung der Kapitalerhaltungsverpflichtung des SpaltG, die - im Gegensatz zur deutschen Lösung - das gesamte Gesellschaftsvermögen der übertragenden Gesellschaft umfasst. Der Unterschied zwischen diesen beiden Ordnungen liegt in der Art der Verbindlichkeit zur Erhaltung des Gesellschaftsvermögens der übertragenden Gesellschaft. Der deutsche Gesetzgeber hat die Aufrechterhaltung des Bindungsniveaus von Nennkapital und gebundenen Rücklagen nicht verordnet. Dennoch kann die übertragende Gesellschaft im Fall der Abspaltung die Kapitalherabsetzung in vereinfachter Form vornehmen. Diese Regelungen bzw. Nicht-Regelungen des deutschen Gesetzesgebers machen es notwendig, Vorkehrungen zu treffen, die im Zeitpunkt der Spaltung sicherstellen sollen, dass das am Spaltungsstichtag vorhandene Vermögen auch im Zeitpunkt der Spaltung tatsächlich erhalten ist.

Diese Erkenntnis führt zu der Auffassung, dass das Eigenkapital und damit das Gesellschaftsvermögen der übertragenden Gesellschaft um Eigenkapitalmaßnahmen - konkret Kapitalerhöhungen, Einlagen, Kapitalherabsetzungen, Entnahmen sowie Gewinnausschüttungen - in der Zeit nach dem Spaltungs-

[208] IDW, Stellungnahme HFA 1/1998, 435.
[209] IDW, Stellungnahme HFA 1/1998, 435.

stichtag bis zur Beschlussfassung über die Abspaltung fortzuschreiben ist. Darüber hinaus ist im Zeitpunkt der Anmeldung nachzuweisen, dass das Eigenkapital durch eingetretene Verluste zwischen Spaltungsstichtag und Anmeldungszeitpunkt nicht derart geschmälert wurde, dass aus Sicht des Anmeldezeitpunkts eine (höhere) Kapitalherabsetzung erforderlich ist (als beschlossen wurde). Dies kann durch eine Zwischenbilanzerstellung auf den Zeitpunkt der Anmeldung nachgewiesen werden. Ist aus Sicht des Anmeldezeitpunktes eine (höhere) Kapitalherabsetzung (als beschlossen) notwendig, darf die Spaltung nur angemeldet werden, wenn Eigenkapital zugeführt oder eine zusätzliche Kapitalherabsetzung beschlossen wird. Umgekehrt kann eine Kapitalherabsetzung unterbleiben, soweit ein Gewinn zwischen Spaltungsstichtag und Anmeldung der Spaltung aus dem verbleibenden Vermögen erzielt worden ist, sofern dies durch eine Zwischenbilanz nachgewiesen wird.[210]

Für das deutsche Schrifttum lässt sich festhalten, dass die übertragende Gesellschaft die Schlussbilanz auf Basis handelsrechtlicher Grundsätze bis zu einem Stichtag (bis kurz) vor Anmeldung der Spaltung und die Abbildung dieser Fortschreibung in einer auf diesen Stichtag erstellten Zwischenbilanz festzuhalten hat. Diese Verpflichtung kann allerdings nicht uneingeschränkt auf die österreichische Rechtslage übertragen werden. Das dUmwG ist in wesentlichen Punkten nicht mit der österreichischen Gesetzgebung vergleichbar. Ebenso wie die Regelungen über die spaltungsfähigen Rechtsträger und Arten der Spaltung des dUmwG nicht mit den österreichischen deckungsgleich sind, verhält es sich mit den in diesen Gesetzen zu findenden Direktiven über die Kapitalerhaltung. Die Kapitalerhaltungsfrage spielt im dUmwG nur bei der Abspaltung eine Rolle, sieht man vom Fall der Ausgliederung ab. Unerheblich ist die Kapitalerhaltungsfrage bei der Aufspaltung, weil wie ausgeführt, dem deutschen Gesetzgeber das Gebot des Summengrundsatzes oder ein dem Summengrundsatz gleichwertig entsprechendes Kapitalerhaltungsprinzip fremd ist. Die Zwischenbilanzerstellung ist deswegen als Art Kapitalerhaltungsmaßnahme zu sehen, die im Zeitpunkt der Spaltung sicherstellen soll, dass das am Spaltungsstichtag vorhandene Vermögen auch erhalten ist. Das setzt eine genaue Betrachtung der Entwicklung des Eigenkapitals zwischen Spaltungsstichtag und dem Zeitpunkt der Anmeldung der Spaltung voraus. Dieser Betrachtungshorizont ist aber in Österreich durch die Regelung in § 3 Abs 1 SpaltG nicht notwendig. Nennkapital und gebundene Rücklagen können nicht geschmälert werden. Sie bestehen nach dem Zeitpunkt der Spaltung in unveränderter Höhe fort. Es spricht daher nichts dagegen, die Schlussbilanz als zeitlich äußerste Grenze, als Basis für die Einhaltung des Summengrundsatzes zu sehen.

[210] IDW, Stellungnahme HFA 1/1998, 435.

Es spricht aber auch nichts dagegen, den Nachweis der Kapitalerhaltung anhand einer auf einen Stichtag zwischen Spaltungsstichtag und Zeitpunkt der Anmeldung der Spaltung erstellten Zwischenbilanz zu erbringen. Eine zu diesem Zweck erstellte Zwischenbilanz hat den gleichen Prinzipien zu folgen, wie eine nach § 2 Abs 2 Z 12 SpaltG erstellte Schlussbilanz. Die Zwischenbilanz tritt in diesem Fall an die Stelle der Schlussbilanz und ist in geprüfter Form[211] der Anmeldung zum Firmenbuchgericht beizulegen, damit sie als Wertnachweis für die Einhaltung des Summengrundsatzes verwendet werden kann. Der Unterschied zwischen Schlussbilanz und Zwischenbilanz besteht nur darin, dass letztere kein zwingend integrierter Bestandteil des nach § 2 Abs 1 SpaltG aufzustellenden Spaltungsplans ist.

Die Ausgangsgröße für die Überprüfung des Summengrundsatzes hat nach dieser Lösung die geprüfte Zwischenbilanz der übertragenden Gesellschaft zu sein. Die in dieser Bilanz ausgewiesenen Nennkapitalien und gebundenen Rücklagen sind nach diesem Verständnis dann mindestens in gleicher Höhe in den Eröffnungsbilanzen der neuen/übernehmenden Gesellschaften und der Spaltungsbilanz der übertragenden Gesellschaft in Summe auszuweisen. Technisch ist auch in diesem Fall die stichtagsgemäße Betrachtung der Bilanzen relevant. Allerdings ist bei der Zwischenbilanz im Gegensatz zur Schlussbilanz nicht mehr der Schlussbilanzstichtag entscheidend, sondern ein Stichtag, der nach dem Spaltungsbilanz- und Eröffnungsbilanzstichtag, aber vor dem Tag der Anmeldung liegt.

Praktisch wird der Fall der Zwischenbilanzlösung dann in Frage kommen, wenn die Einhaltung des Summengrundsatzes auf Basis der Schlussbilanz zu scheitern droht. Kann der Summengrundsatz trotz Zwischenbilanzerstellung nicht eingehalten werden, gelangen alternativ die Vorschriften über die ordentliche Kapitalherabsetzung zur Anwendung, andernfalls die Eintragung der Spaltung abzulehnen wäre.

1.4.2.3 Kapitalerhaltungsklausel im Spaltungsplan

Eine Variante, die gesetzlich nicht vorgesehen ist, in der Praxis jedoch Anwendung findet, ist die gesonderte Festhaltung der Art der Kapitalerhaltung in dem vom Vorstand der übertragenden Gesellschaft aufgestellten Spaltungsplan im Falle der Spaltung zur Neugründung (§ 2 Abs 1 Satz 1 SpaltG), beziehungsweise im Spaltungs- und Übernahmsvertrag im Falle der Spaltung zur Aufnahme (§ 17

[211] Sollte beispielsweise aus Zeitgründen eine Prüfung nicht mehr möglich sein, dürfte eine Bilanz ausreichend sein, mit der von den gesetzlichen Vertretern der übertragenden Gesellschaft bestätigt wird, dass die durch die gesetzliche Vorschrift des § 3 Abs 1 SpaltG vorgesehenen Voraussetzungen der Kapitalerhaltung vorliegen.

Z 1 iVm § 2 Abs 1 Satz 1 SpaltG).[212] Wenn schriftlich festgehalten ist, dass der Summengrundsatz nach § 3 Abs 1 SpaltG als eingehalten gilt, ist die wertmäßige Prüfung der Additionsregel mit einer stichtagsbezogenen Prüfung der Bilanzen verbunden. Die Stichtagsbezogenheit legt die logische Abfolge für die Prüfung der Werthaltigkeit fest.

Der Buchwert von Nennkapital und gebundenen Rücklagen der übertragenden Gesellschaft zu einem bestimmten Spaltungsstichtag muss dem Buchwert von Nennkapital und gebundenen Rücklagen der nach der Spaltung bestehenden Gesellschaften zu dem darauf folgenden Stichtag nach dem Zeitpunkt der Spaltung mindestens entsprechen. Liegt beispielsweise eine Abspaltung zur Neugründung mit Spaltungsstichtag 31.12. des vergangenen Geschäftsjahres vor, ist die Schlussbilanz zum 31.12, als Stichtag der Spaltung, zu erstellen. Der dem Spaltungsstichtag folgende Tag beziehungsweise Stichtag ist der 1.1. des nächsten Jahres. Spaltungsbilanz sowie die Eröffnungsbilanz der jeweiligen neu gegründeten Gesellschaft sind daher zum 1.1. zu erstellen. An dieser Systematik ändert auch die Zwischenbilanzerstellung nichts. Wird ausgehend vom Datum des 31.12 die Schlussbilanz bis zum 30.06 fortgeschrieben und auf den letztgenannten Tag beziehungsweise Stichtag eine Zwischenbilanz erstellt und mit einem Bestätigungsvermerk versehen, bleiben die Stichtage von Schlussbilanz, Eröffnungs- und Spaltungsbilanz von diesem Vorgehen unberührt. Lediglich der Kreis der Bilanzen erweitert sich um die Zwischenbilanz, die als Ersatz für die wertmäßige Betrachtung der Schlussbilanz gilt. An der Additionsregel ändert sich materiell nichts. Formell tritt an die Stelle der Schlussbilanz die Zwischenbilanz. Nur bei stichtagsgenauer Trennung der der Spaltung zugrunde gelegten Bilanzen ist eine systemkonforme Überprüfung des Summengrundsatzes auf Basis dieser Bilanzen möglich.

Tritt der Fall ein, dass die beim Firmenbuchgericht eingereichte Spaltungsbilanz zum Stichtag der Schlussbilanz aufgestellt ist, stellt sich die Frage, welche Konsequenzen ein solches Vorgehen hat. Zum Ersten ist davon auszugehen, dass ein solcher Mangel im Anmeldungsverfahren von Amts wegen zu beachten ist. Das Firmenbuchgericht hat im Rahmen seiner materiellen Prüfungspflicht gemäß § 15 Abs 1 FBG alle Umstände und Verhältnisse, welche auf die richterliche Verfügung Einfluss haben, von Amts wegen zu untersuchen. Das bedeutet, dass die Anmeldung der Spaltung auf ihre Gesetzmäßigkeit hin zu prüfen ist. Es ist daher auch festzustellen, welche Vorkehrung die übertragende Gesellschaft für die

[212] Vgl. hierzu auch die systematische Überlegung von Aman, Günther: Einige Gedanken zum Gesellschaftsrechtsänderungsgesetz 1993 unter besonderer Berücksichtigung des Spaltungsgesetzes, RdW 1993/5, 140, dass der Spaltungs- und Übernahmsvertrag nach § 2 SpaltG dahingehend erweitert werden müsste, dass er jene Umstände darlegt, welche gegebenenfalls das Unterbleiben einer Kapitalerhöhung rechtfertigen.

Einhaltung der Kapitalerhaltungsverpflichtung getroffen hat. Ist die Vorkehrung mangelhaft, muss das Firmenbuchgericht die Behebung des festgestellten Mangels veranlassen, sofern es sich um einen behebbaren Mangel handelt. Da im gegenständlichen Fall, wie im Eingangssachverhalt dargestellt, der Spaltungsplan beziehungsweise der Spaltungs- und Übernahmsvertrag in einem gesonderten Punkt darauf hinweist, dass die Art der Einhaltung der Vorschrift des § 3 Abs 1 SpaltG auf Basis der gemäß § 2 Abs 1 Z 12 SpaltG aufzustellenden Bilanzen beruht, hat das Firmenbuchgericht die Richtigstellung des Bilanzstichtages der Spaltungsbilanz zu fordern.

Der Fall wäre abweichend zu beurteilen, wenn sich dem Spaltungsplan beziehungsweise dem Spaltungs- und Übernahmsvertrag kein Hinweis darüber entnehmen lässt, dass die Erhaltung des Kapitals auf Basis der in § 2 Abs 1 Z 12 SpaltG genannten Bilanzen gesichert ist. In diesem Fall kann argumentiert werden, dass es bei verbindungsloser Betrachtung des § 2 Abs 1 Z 12 SpaltG kein Fehler sein kann, wenn der Stichtag der Spaltungsbilanz mit dem Stichtag der Schlussbilanz ident ist, weil das Spaltungsgesetz allein den Stichtag der Spaltungsbilanz offen lässt.[213] Ein zwingender Verbesserungsauftrag seitens des Firmenbuchgerichtes lässt sich allein aus dem gesetzlichen Wortlaut der zuletzt angeführten Bestimmung nicht ableiten. Wenn aber § 2 Abs 1 Z 12 SpaltG als mittelbarer Bestandteil des Kapitalerhaltungsgrundsatzes gesehen wird, wie dies nach herrschender Ansicht der Fall ist, hat von Amts wegen ein Verbesserungsauftrag im Hinblick auf die eingereichte Spaltungsbilanz an die übertragende Gesellschaft zu ergehen.

1.4.3 Prüfung anhand der vorgesehenen Satzungen (Gesellschaftsverträge)

Bei Spaltung einer übertragenden Kapitalgesellschaft, die keine gebundenen Rücklagen besitzt, ist die Prüfung der Einhaltung des Summengrundsatzes nicht notwendigerweise an Bilanzen gebunden. Die Einhaltung des Summengrundsatzes lässt sich auch über den Weg des jeweils in der Satzung festgelegten Nennkapitals der an der Spaltung beteiligten Gesellschaften feststellen. Nach § 2 Abs 1 Z 1 SpaltG hat „der Spaltungsplan der übertragenden Gesellschaft die vorgesehenen Satzungen (Gesellschaftsverträge) der an der Spaltung beteiligten Gesellschaften zu enthalten". Nach § 17 SpaltG gilt dies auch für den Fall der Spaltung zur Aufnahme. Aus der Formulierung des § 2 Abs 1 Z 1 SpaltG ist zu schließen, dass damit ausschließlich die Satzungen (Gesellschaftsverträge) der Gesellschaften nach dem Zeitpunkt der Spaltung beizulegen sind. Die Satzung der

[213] Hügel, Hanns F.: Umgründungsbilanzen Handelsrecht und Steuerrecht, Wien 1997, Rz. 6.23.

übertragenden Gesellschaft in der Fassung vor der Spaltung liegt dem Firmenbuch vor und ist dem Spaltungsplan daher nicht anzuschließen.[214]

Tritt der Fall ein, dass die Satzung der übertragenden Gesellschaft von der Spaltung unberührt bleibt, stellt sich die Frage, ob die Satzung auch in diesem Fall dem Spaltungsplan beizulegen ist. Das Gesetz trifft keine Fallunterscheidung, ob anders zu verfahren ist, wenn durch den Spaltungsvorgang die Satzung der übertragenden Gesellschaft nicht geändert wird. Folgt man dem zwingenden Wortlaut des Gesetzes, ist daraus zu schließen, dass die Satzung der übertragenden Gesellschaft stets dem Spaltungsplan beizulegen ist, und das auch dann, wenn diese durch den Spaltungsvorgang selbst nicht geändert wird. Ein Hinweis im Spaltungsplan mit der Begründung, dass die Satzung der übertragenden Gesellschaft wegen fehlender Änderung nicht beigelegt wird, genügt daher nicht.

1.5 Verletzung der Norm und Konsequenzen

1.5.1 Verletzung der Norm

Die Prüfung der Einhaltung der Regelung des § 3 Abs 1 SpaltG knüpft an die Frage, welche Konsequenzen es hat, wenn der Fall eintritt, dass der Summengrundsatz als nicht eingehalten gilt. Nach der Fassung des Gesetzes ist dies stets dann der Fall, wenn es insgesamt zu einer Verschiebung der Positionen von Nennkapital und gebundenen Rücklagen der übertragenden Gesellschaft kommt.[215] Darüber hinaus kann im Einzelfall eine Normverletzung auch dann vorliegen, wenn zwar formell die Regelung des § 3 Abs 1 SpaltG als eingehalten gilt, aber die Grundlage der Prüfung selbst mangelhaft ist. Die folgende Untersuchung soll aber nicht derart extensiv im Sinne der zuletzt gemachten Aussage ausgelegt, sondern auf die Frage beschränkt werden, was die Folge der Nichteinhaltung der Additionsregel auf Basis der gemäß § 2 Abs 1 Z 12 SpaltG beizulegenden Bilanzen ist.

Für die Beantwortung dieser Frage empfiehlt es sich, eine Fallunterscheidung der einzelnen Phasen des Spaltungsverfahrens zu treffen, weil je nach Zeitabschnitt des Spaltungsverfahrens die Konsequenzen unterschiedliche sind. Nach den spaltungsgesetzlichen Vorschriften hat ein Umgründungsprojekt im Rahmen eines

[214] Kalss, Susanne: Handkommentar zur Verschmelzung, Spaltung und Umwandlung, Wien 1997, § 2 SpaltG, Rz 4, 352.

[215] Vgl. bereits Doralt, Peter: Zur Gestaltung handelsrechtlicher Vorschriften über die Spaltung in: Doralt, Peter/ Nowotny, Christian (Hrsg): Kontinuität und Wandel, Beiträge zum Unternehmensrecht, Festschrift für Walther Kastner zum 90. Geburtstag, Wien 1992, 149.

Spaltungsverfahrens wesentliche Zeitabschnitte und Zeitpunkte zu durchleben.[216] Bei dem Versuch einer zeitlichen Gliederung stellen die wohl essentiellsten die Aufstellung des Spaltungsplans, die Beschlussfassung über die Spaltung, die Anmeldung und schließlich die Eintragung der Spaltung dar. Die nachfolgenden Ausführungen schließen an diese Unterscheidung an. Den Ausgangpunkt nimmt der erste Gliederungspunkt mit der Frage, welche Konsequenzen es für die übertragende Gesellschaft hat, wenn im Zuge der Vorbereitungsarbeiten zur Aufstellung des Spaltungsplans die Feststellung erfolgt, dass der Summengrundsatz als nicht eingehalten gilt.

1.5.2 Konsequenzen

1.5.2.1 Vor Aufstellung des Spaltungsplans

§ 2 Abs 1 Z 12 SpaltG nennt als Unterpunkt des Einleitungssatzes der Vorschrift die Schlussbilanz, die Eröffnungsbilanz(en) und die Spaltungsbilanz als Teil des vom Vorstand der übertragenden Gesellschaft aufzustellenden Spaltungsplans. Diese Normierung, positioniert im System der Rechnungslegung, heißt, dass nach handelsrechtlichen Vorschriften die Vermögensgegenstände der übertragenden Gesellschaft zum Spaltungsstichtag sowie die zu übertragenden Vermögensteile zum Eröffnungsbilanzstichtag zu bilanzieren sind. Darüber hinaus ist nach den handelsrechtlichen Vorschriften im Falle einer Abspaltung das der übertragenden Gesellschaft verbleibende Vermögen zu berücksichtigen. Die nach der spaltungsrechtlichen Bestimmung aufzustellenden Bilanzen geben im Zuge der Aufstellung des Spaltungsplans ein Bild darüber, wie die Vermögensverteilung vorzunehmen ist, um den Summengrundsatz auf Basis des zum Spaltungsstichtages vorhandenen Vermögens einzuhalten.

Tritt der Fall ein, dass bei einer geplanten Aufspaltung die übertragende Gesellschaft zum Spaltungsstichtag einen Mangel an Eigenkapital und stillen Reserven aufweist und damit das Vermögen der übertragenden Gesellschaft nicht ausreicht, um eine mindestens gleich hohe Bewertung in Summe bei den neu gegründeten Gesellschaften zu bewirken, kann überlegt werden, den Fehlbetrag durch entsprechende Zuschüsse aus dem Gesellschafterbereich abzudecken.[217] Die zweite Überlegung, die getroffen werden kann, ist, das Nennkapital der

---

[216] Übersichtlich dargestellt bei Hirschler, Klaus: Neuerungen im Gesellschafter- und Gläubigerschutz bei Spaltungen nach dem neuen SpaltG, GesRZ 1997, 12f sowie Hirschler, Klaus: Die Spaltung von Kapitalgesellschaften im Handels- und Steuerrecht, Wien 1996, 115.

[217] Aman in Aman, Günther/ Frotz, Stephan/ Mühlehner, Johann/ Wagner, Martin/ Zöchling, Hans: Das EU-Gesellschaftsrechtsänderungsgesetz, Wien 1996, 102; Budde/Klingberg in Budde, Wolfgang: Sonderbilanzen - Von der Gründungsbilanz bis zur Liquidationsbilanz, 3. Auflage, München 2002, G, Rz 77.

übertragenden Gesellschaft nach den Vorschriften über die ordentliche Kapitalherabsetzung herabzusetzen (§ 3 Abs 2 Satz 1 SpaltG). Selbiges gilt für den Fall, wenn bei einer geplanten Abspaltung zur Neugründung feststeht, dass das Vermögen der übertragenen Gesellschaft nicht werthaltig genug ist, um dem Summengrundsatz zu entsprechen.

Eine ganz andere Variante stellt es dar, wenn anstelle der geplanten Spaltung zur Neugründung eine Spaltung zur Aufnahme durchgeführt wird. Folgt die firmenbuchrichterliche Praxis dem herrschenden Schrifttum, dass der Summengrundsatz im Falle der Spaltung zur Aufnahme jedenfalls nicht zur Anwendung gelangt, macht ein solches Vorgehen jedenfalls Sinn, wenn die Vorschriften über die ordentliche Kapitalherabsetzung vermieden werden und auch von der Möglichkeit der zusätzlichen Eigenkapitalzufuhr in die übertragende Gesellschaft Abstand genommen werden soll. Denkbar sind für ein solches Vorgehen grundsätzlich zwei Varianten, deren Unterschied in der zeitlichen Berücksichtigung des Spaltungsstichtages liegt. Zum einen ist denkbar, dass die übernehmende Gesellschaft als eine mit Mindestnennkapital ausgestattete Kapitalgesellschaft im Zeitpunkt des Spaltungsstichtages bereits gegründet, aber nicht noch nicht im Firmenbuch eingetragen ist. Zum anderen ist denkbar, dass diese erst nach dem Spaltungsstichtag gegründet und in der Folge im Firmenbuch eingetragen wird. Von Interesse für die hier vorliegende Fragestellung ist nur die letztgenannte Variante. Denn es geht um den Wechsel von einer ursprünglich angedachten Spaltung zur Neugründung auf eine Spaltung zur Aufnahme und damit um die Frage, ob eine Spaltung auf eine übernehmende Gesellschaft durchgeführt werden kann, wenn diese im Zeitpunkt des Spaltungsstichtages noch nicht besteht. Bejahendenfalls ist dieses Ergebnis auch auf die erstgenannte Variante zu übertragen, ohne dass es hierfür ergänzender Argumente bedarf.

Die Wissenschaft befasst sich wenig mit der Frage der Spaltung von im Zeitpunkt des Spaltungsstichtages noch nicht gegründeten Kapitalgesellschaften.[218] Der in der Literatur vorzufindende Ansatz zu dem praktischen Fall der Gründung einer Kapitalgesellschaft nach dem Spaltungsstichtag, die dann in der Folge übernehmende Gesellschaft ist, wird unter der Voraussetzung als zulässig erachtet, dass die Eintragung der Kapitalgesellschaft vor Eintragung der Spaltung zu erfolgen hat.[219] Die Gründungseintragung muss dabei nicht bereits im Zeitpunkt der Beschlussfassung erfolgt sein, sondern es reicht aus, wenn die übernehmende Gesellschaft kurz vor dem Zeitpunkt der Eintragung der Spaltung

[218] Angedeutet bei Kalss, Susanne: Handkommentar zur Verschmelzung, Spaltung und Umwandlung, Wien 1997, § 1 SpaltG, Rz 11; weiterführend Fantur, Lukas: Abspaltung zur Aufnahme auf eine Vorgesellschaft, GeS 2003, 55 – 59.

[219] So im Ergebnis Fantur, Lukas: Abspaltung zur Aufnahme auf eine Vorgesellschaft, GeS 2003, 59.

ins Firmenbuch eingetragen wird. Verbindet man diese Auffassung mit den für eine Spaltung notwendigen zeitlichen Vorbereitungsmaßnahmen, ergibt sich, dass bei einer geplanten Spaltung unter Beteiligung einer Vorgesellschaft[220] zusätzlich zwei Zeitpunkte zu berücksichtigen sind. Zu beachten ist, dass die Vorgesellschaft spätestens im Zeitpunkt der Beschlussfassung des Spaltungs- und Übernahmsvertrags gegründet ist. Danach kann die Vorgesellschaft bis vor Eintragung der Spaltung als solche weiter bestehen. Erst im letztmöglichen Moment, und der ist vor Eintragung der Spaltung, muss die Gründungseintragung der Gesellschaft erfolgt sein. Dass der rechtliche und faktische Zustand der übernehmenden Gesellschaft zwischen dem Zeitpunkt der Eintragung und dem Zeitpunkt der Gründung der einer Vorgesellschaft ist, schadet dabei nicht. Es steht außer Zweifel, dass eine solche Gesellschaft am Rechtsverkehr teilnehmen und damit auch Verträge abschließen kann.[221] Eine Vorgesellschaft kann sich deswegen auch durch Unterfertigung eines Spaltungs- und Übernahmsvertrags verpflichten.[222]

Die Durchführung einer Spaltung unter Beteiligung einer Vorgesellschaft hat allerdings die Frage zur Folge, auf welchen Tag die Eröffnungsbilanz gemäß § 2 Abs 1 Z 12 SpaltG iVm § 17 SpaltG zu erstellen ist. Zum einen ist denkbar, dass der Eröffnungsbilanzstichtag im Sinne der spaltungsrechtlichen Vorschrift mit dem Geschäftseröffnungsbilanzstichtag der Vorgesellschaft gemäß § 193 HGB ident ist. Nachdem der Gründungsstichtag der übernehmenden Gesellschaft nach dem Spaltungsstichtag liegt, könnte der Geschäftseröffnungszeitpunkt zwischen diesen beiden Stichtagen liegen. Für diese Auffassung spricht, dass die Gesellschaft nach dem Spaltungsstichtag gegründet wird, weshalb es nur logisch erscheint, dass die handelsrechtliche Eröffnungsbilanz der Gesellschaft mit der gesondert aufzustellenden spaltungsrechtlichen Eröffnungsbilanz nach § 2 Abs 1 Z 12 SpaltG ident ist. Stellt man die gleiche Frage dem Fall einer Spaltung zur Neugründung gegenüber, spricht dies gegen eine solche Vorgehensweise. Denn auch im Falle einer Spaltung zur Neugründung besteht die jeweils neu gegründete Gesellschaft ab dem Zeitpunkt der Beschlussfassung bis zur Eintragung der Spaltung als Vorgesellschaft fort. Trotz dieser Gegebenheit ist nach einhelliger Ansicht, der Stichtag der Eröffnungsbilanz (der erst neu zu gründenden Gesellschaft) der Tag nach dem Spaltungsstichtag.[223] Damit wird unterstellt, dass der Beginn der wirtschaftlichen Tätigkeit, also der Geschäftseröffnungszeitpunkt,

---

[220] Zur Rechtsnatur der Vorgesellschaft vgl. Koppensteiner, Hans-Georg: GmbH-Gesetz - Kommentar, Wien 1999, § 2, Rz 5.

[221] Zur Rechtsfähigkeit der aktienrechtlichen –Vorgesellschaft vgl. beispielsweise Jabornegg in Jabornegg, Peter: Kommentar zum Aktiengesetz, Wien 1993, § 16 Rz 7 m.w.N; zur Rechtsfähigkeit der GmbH-rechtlichen Vorgesellschaft vgl. beispielsweise Koppensteiner, Hans-Georg: GmbH-Gesetz - Kommentar, Wien 1999, § 2 Rz 20, 21.

[222] Im Ergebnis so Fantur, Lukas: Abspaltung zur Aufnahme auf eine Vorgesellschaft, Ges 2003, 59.

[223] Hügel, Hanns F.: Umgründungsbilanzen Handelsrecht und Steuerrecht, Wien 1997, Rz 6.20.

mit dem Eröffnungsbilanzstichtag der neu gegründeten Gesellschaft übereinstimmt, sodass dieser vor dem Zeitpunkt der Gründung der Gesellschaft liegt.[224] Unter diesem Aspekt ist auch die spaltungsrechtliche Eröffnungsbilanz auf den Tag nach dem Spaltungsbilanzstichtag aufzustellen. Dieser kann mit dem Geschäftseröffnungsbilanzstichtag übereinstimmen, muss es aber nicht.

Bezüglich des Eröffnungsbilanzstichtages der übernehmenden (Vor-)Gesellschaft ist zu unterscheiden, welchen Inhalt diese Bilanz besitzt. Fest steht zunächst, dass die nach § 193 HGB zu erstellende Eröffnungsbilanz nicht mit dem Inhalt der spaltungsrechtlichen Übernahmebilanz im Falle einer Spaltung zur Aufnahme übereinstimmt. Anders als im Falle der Spaltung zur Neugründung ist daher die Übernahmebilanz bei der übernehmenden Gesellschaft nicht mit der handelsrechtlichen Eröffnungsbilanz im Sinne des § 193 HGB ident.[225] Die Frage ist nur, ob dies auch für den hier untersuchten Spezialfall einer Spaltung zur Aufnahme zutrifft. Es kann der Ansatz vertreten werden, dass in diesem Fall die Übernahmebilanz die Funktion der Eröffnungsbilanz besitzt und dass damit die Eröffnungsbilanz das gesamte gesellschaftsrechtliche Vermögen auszuweisen hat. Argumentierbar ist dies deswegen, weil die übernehmende Gesellschaft in diesem Fall am Beginn ihres Handelsgewerbes steht. Eine solche Auffassung birgt allerdings das Problem eines möglichen Fehlschlusses in sich. Für einen außenstehenden Dritten liegt im Ergebnis eine Spaltung zur Aufnahme vor. Dass dieser Vorgang mit einer speziellen Variante der Gestaltung verbunden ist, ist für Außenstehende nicht notwendigerweise erkennbar. Vor allem dann nicht, wenn im Zeitpunkt der Aufstellung des Spaltungs- und Übernahmsvertrages die neu gegründete Gesellschaft als übernehmende Gesellschaft bereits im Firmenbuch eingetragen ist. Im Sinne einer einheitlichen Vorgehensweise ist daher auch bei einem Fall, wie dem hier Beschriebenen, davon auszugehen, dass die Eröffnungsbilanz der übernehmenden Gesellschaft nicht mit der Übernahmebilanz, die nur das zu übertragende Vermögen beinhaltet, ident ist.

---

224 Zu dieser „Rückwirkung" siehe Nowotny, Christian in Straube, Manfred: Kommentar zum Handelsgesetzbuch, Bd 2, Rechnungslegung, 2. Auflage, Wien 2000, § 193, Rz 4, 69. Vgl. auch Weilinger, Arthur: Die Aufstellung und Feststellung des Jahresabschlusses im Handels- und Gesellschaftsrecht, Wien 1997, 453.

225 Vgl. Hügel, Hanns F.: Umgründungsbilanzen Handelsrecht und Steuerrecht, Wien 1997, Rz 6.20f.

1.5.2.2 Nach Aufstellung und vor Beschlussfassung des Spaltungsplans

1.5.2.2.1 Keine Änderung des Spaltungsplans

Der Spaltungsplan gilt mit Datum der Unterzeichnung der Vertretungsorgane der übertragenden Gesellschaft in vertretungsbefugter Anzahl als erstellt.[226] Stellt sich nach diesem Zeitpunkt, aber vor Beschlussfassung des Spaltungsplans heraus, dass die Kapitalerhaltungsvorschrift zum Spaltungsstichtag als nicht eingehalten gilt, ist die weitere Vorgehensweise davon abhängig, ob im Spaltungsplan auf die Art der Kapitalerhaltung hingewiesen wird. Wenn dem Spaltungsplan kein Hinweis über die Art und genaue Höhe der Kapitalerhaltung zu entnehmen ist, bewirkt die Nichteinhaltung des Summengrundsatzes keine Änderung des Spaltungsplans. Der Spaltungsplan wird von der Nichteinhaltung des Summengrundsatzes nicht berührt, weshalb ein nochmaliges Befassen des zuständigen Firmenbuchgerichtes im Sinne des § 7 Abs 1 SpaltG nicht notwendig ist.

Von der Möglichkeit, das Nennkapital nach den Vorschriften über die ordentliche Kapitalherabsetzung herabzusetzen, abgesehen, kann die weitere Vorgehensweise darin bestehen, den Fehlbetrag durch entsprechende Zuschüsse aus dem Gesellschafterbereich abzudecken.[227] Nach dem Grundfall der stichtagsbezogenen Bewertung (§ 201 Abs 2 Z 3 HGB) kann die nachträgliche Mittelzuführung nicht mehr in der Schlussbilanz der übertragenden Gesellschaft abgebildet werden. Die Basis für die Einhaltung des Summengrundsatzes bildet daher eine auf einen nach dem Zeitpunkt der Aufstellung geprüfte Zwischenbilanz.[228] Die Niederschrift des Spaltungsbeschlusses, die der Anmeldung der Spaltung nach Beschlussfassung beizulegen ist (§ 13 Z 1 SpaltG), hat darauf hinzuweisen, dass die Kapitalerhaltung auf Basis einer dem Spaltungsplan beiliegenden geprüften Zwischenbilanz eingehalten ist.

Vom Grundfall der stichtagsbezogenen Bewertung darf nach herrschender Auffassung bei Vorliegen von Sanierungsmaßnahmen abgewichen werden.[229] In

---

[226] Dies ergibt sich konkludent aus § 7 Abs 1 SpaltG. Eine ausdrückliche Verpflichtung zur Unterzeichnung sowie eine Verpflichtung zur Schriftlichkeit des Spaltungsplans fehlt im Gesetz. Nach Kalss, Susanne: Handkommentar zur Verschmelzung, Spaltung und Umwandlung, Wien 1997, § 2, Rz 3, ergibt sich die Schriftform für den Spaltungsplan daraus, dass dieser einen Monat vor der Beschlussfassung beim Firmenbuchgericht einzureichen ist (§ 7 Abs 1 SpaltG).

[227] Budde/Klingberg in Budde, Wolfgang: Sonderbilanzen - Von der Gründungsbilanz bis zur Liquidationsbilanz, 3. Auflage, München 2002, G, Rz 78.

[228] Zur Zwischenbilanzlösung vgl. Kapitel 1.4.2.2 (geprüfte) Zwischenbilanz als Schlussbilanz 65ff.

[229] Vgl. Gassner/Lahodny-Karner/Urtz in Straube, Manfred: Kommentar zum Handelsgesetzbuch, Bd 2, Rechnungslegung, Wien 2000, § 201 Rz 239; ebenso Selchert in Küting, Karlheinz: Handbuch der Rechnungslegung, Bd 1a, Stuttgart 1995, § 252 Rz 64.

Betracht kommt der Ausweis eines Zuschusses in der Schlussbilanz der übertragenden Gesellschaft dann, wenn dieser im Rahmen von Sanierungsmaßnahmen durchgeführt wird. Voraussetzung für den Ausweis in der Schlussbilanz ist, dass diese Maßnahmen vor dem Schlussbilanzstichtag eingeleitet werden und nach dem Abschlussstichtag, aber bis zur Erstellung der Bilanz, Rechtswirksamkeit erlangen.

Infolge der gesetzlichen Formulierung des § 201 Abs 2 letzter Satz HGB darf vom Stichtagsprinzip bei Vorliegen besonderer Umstände abgewichen werden. Wird nun der Fall einer Spaltung im Leben einer Gesellschaft als Sonderfall betrachtet, so berechtigt § 201 Abs 2 letzter Satz HGB ein Abweichen vom Stichtagsprinzip auch ohne Vorliegen einer sanierungsbedürftigen Gesellschaft. Voraussetzung ist aber auch in diesem Fall für den Ausweis in der Schlussbilanz, dass der Zuschuss als werterhellender und nicht wertbeeinflussender Umstand zu werten ist. Das setzt voraus, dass vor Ablauf des Schlussbilanzstichtages die Einleitung der Spaltung erfolgt ist und bis zur Erstellung der Bilanz der Zuschuss Rechtswirksamkeit erlangt. Als Basis für die Einhaltung des Summengrundsatzes dient dann die neu erstellte Schlussbilanz, die die ursprünglich erstellte Schlussbilanz ersetzt. Ein solches Vorgehen ist als Bilanzberichtigung zu werten.[230] Dem zuständigen Firmenbuchgericht ist, falls die Anmeldung der übertragenden Gesellschaft im Sinne des § 7 Abs 1 SpaltG bereits erfolgte, die berichtigte Schlussbilanz unter Hinweis der Bilanzberichtigung zu übermitteln.

1.5.2.2.2 Änderung des Spaltungsplans

Der vom Vorstand aufgestellte Spaltungsplan ist beim zuständigen Firmenbuchgericht am Sitz der übertragenden Gesellschaft einzureichen, wobei ein Hinweis der Einreichung in den Bekanntmachungsblättern der Gesellschaft zu veröffentlichen ist (§ 7 Abs 1 Satz 1 SpaltG). Enthält der Spaltungsplan Bestimmungen über die Art und Höhe der Einhaltung der Kapitalerhaltungsverpflichtung, kann die Feststellung über die Nichteinhaltung dieser Regelungen zum Vorschlag der inhaltlichen Änderung des Spaltungsplans führen. Ein solches Vorgehen setzt die grundsätzliche Möglichkeit einer Abänderung eines Spaltungsplanes nach Aufstellung, aber vor dem Zeitpunkt der Beschussfassung voraus. Die Frage ist, ob dies ohne weiteres erfolgen darf.

[230] Zur Abgrenzung Bilanzänderung und Bilanzberichtigung vgl. Nowotny, Christian in Straube, Manfred: Kommentar zum Handelsgesetzbuch, Bd 2, Rechnungslegung, 2. Auflage, Wien 2000, § 193, Rz 14 f.

Zunächst ist davon auszugehen, dass die Gesellschafter als die eigentlichen „Herren der Entscheidung“[231] wohl vom Spaltungsplan des Vorstands abweichen können müssen. Den Gesellschaftern wird bei ihrer Entscheidung, ob sie die Spaltung wollen, ein einheitlicher Gesamtvorschlag der Spaltung zur Beurteilung vorgelegt.[232] Durch die Vorlage eines Gesamtplanes wird die für die Entscheidung notwendige Information gesichert und nur durch die Einheitlichkeit des Vorganges ist es für jeden zustimmenden Gesellschafter möglich, ohne kunstvolle Junktimierungen nur dem Gesamtpaket der Maßnahmen seine Zustimmung zu erteilen.[233] Gegen die Zulassung einer Abweichung spricht allerdings, dass der Spaltungsplan zum Firmenbuch einzureichen ist und der Vorstand der übertragenden Gesellschaft einen Hinweis auf diese Einreichung mindestens einem Monat vor dem Tag der beabsichtigten Gesellschafterversammlung in den Bekanntmachungsblättern zu veröffentlichen hat.[234] Diese Veröffentlichung dient nicht nur der Information der Gesellschafter, sondern auch der Gläubiger. Der Informationswert dieser Unterlagen wird nun vermindert, wenn die Gesellschafter bei der Beschlussfassung abweichen können. Die Bedenken gegen ein Abweichen sind insofern begründet, weil Kleinaktionäre tatsächlich überstimmt werden können.[235]

Wenn es auch zweckmäßig ist, Abweichungen vom Spaltungsplan bei der Beschlussfassung schon deshalb zuzulassen, weil in der Praxis häufig erst nach einiger Zeit kleinere Fehler bei beabsichtigten Umgründungsvorgängen entdeckt werden, deren Reparatur in der Gesellschafterversammlung aus praktischen Gründen tunlichst noch möglich sein soll, ist dies nur über den Weg der Beschlussfassung nicht möglich.[236] Es reicht daher nicht aus, wenn in der

[231] Doralt, Peter: Zur Gestaltung handelsrechtlicher Vorschriften über die Spaltung in: Doralt, Peter/ Nowotny, Christian (Hrsg): Kontinuität und Wandel, Beiträge zum Unternehmensrecht, Festschrift für Walther Kastner zum 90. Geburtstag, Wien 1992, 136.

[232] Doralt, Peter: Zur Gestaltung handelsrechtlicher Vorschriften über die Spaltung in: Doralt, Peter/ Nowotny, Christian (Hrsg): Kontinuität und Wandel, Beiträge zum Unternehmensrecht, Festschrift für Walther Kastner zum 90. Geburtstag, Wien 1992, 134; vgl. in diesem Sinn ebenso Kalss, Susanne: Handkommentar zur Verschmelzung, Spaltung und Umwandlung, Wien 1997, § 2 SpaltG, Rz 19.

[233] Doralt, Peter: Zur Gestaltung handelsrechtlicher Vorschriften über die Spaltung in: Doralt, Peter/ Nowotny, Christian (Hrsg): Kontinuität und Wandel, Beiträge zum Unternehmensrecht, Festschrift für Walther Kastner zum 90. Geburtstag, Wien 1992, 134F.:

[234] Doralt, Peter: Zur Gestaltung handelsrechtlicher Vorschriften über die Spaltung in: Doralt, Peter/ Nowotny, Christian (Hrsg): Kontinuität und Wandel, Beiträge zum Unternehmensrecht, Festschrift für Walther Kastner zum 90. Geburtstag, Wien 1992, 136.

[235] Vgl. hierzu bereits Doralt, Peter: Zur Gestaltung handelsrechtlicher Vorschriften über die Spaltung in: Doralt, Peter/ Nowotny, Christian (Hrsg): Kontinuität und Wandel, Beiträge zum Unternehmensrecht, Festschrift für Walther Kastner zum 90. Geburtstag, Wien 1992, 136.

[236] A.A. Kalss, Susanne: Handkommentar zur Verschmelzung, Spaltung und Umwandlung, Wien 1997, § 2 SpaltG, Rz 19; im Ergebnis ähnlich für den Fall der Spaltung zur Aufnahme Brix,

Niederschrift des Spaltungsbeschlusses ein ergänzender Hinweis darüber zu finden ist, dass der Spaltungsplan gegenüber seiner ursprünglichen Fassung in einem oder mehreren Punkten geändert oder ergänzt wurde. Ein Nachtrag zum Spaltungsplan, der beinhaltet, dass der Spaltungsplan gegenüber dem gemäß § 7 SpaltG eingereichten abweicht, kann nur dann im Rahmen des Spaltungsverfahrens Beachtung finden, wenn für Änderungen des Spaltungsplans dieselben Vorschriften gelten wie für dessen ursprüngliche Aufstellung. Somit sind die Änderungen mindestens einen Monat vor dem Tag der Beschlussfassung nach Prüfung durch den Aufsichtsrat bei dem Gericht, in dessen Sprengel die übertragende Gesellschaft ihren Sitz hat, einzureichen und ein Hinweis auf diese Einreichung in den Bekanntmachungsblättern der Gesellschaft zu veröffentlichen. Die Veröffentlichung ist unverzichtbar,[237] damit beispielsweise Gläubiger auch die Änderungen zur Kenntnis nehmen können. Dies gilt insbesondere dann, wenn diese Gläubiger sich von der ersten Fassung Kenntnis verschafft haben. Andernfalls würden diese darauf vertrauen, dass die erste Fassung unverändert fortgilt. Hier ergibt sich die Frage, ob die in § 7 Abs 1 SpaltG vorgesehene Sperrfrist von einem Monat zwischen der Veröffentlichung und dem Spaltungsbeschluss, der dann auch die Änderungen umfasst, erneut eingehalten werden muss. Dagegen spricht, dass die Öffentlichkeit durch die erste Veröffentlichung unterrichtet ist, dass überhaupt eine Spaltung bevorsteht. Da jedoch die Einreichung beim Handelsgericht bezweckt, dass interessierte Geschäftspartner oder Gläubiger auch im Firmenbuch den gültigen Spaltungsplan einsehen können (§ 16 SpaltG),[238] muss die Sperrfrist von einem Monat nach Änderung erneut eingehalten werden, damit interessierte Kreise eventuell notwendige Schlussfolgerungen aus der geänderten Spaltung ziehen können. Auch die Tatsache, dass die Sperrfrist den Anteilsinhabern zur Vorbereitung auf die Beschlussfassung dient, spricht für die neuerliche Einhaltung der Monatsfrist. Den Gesellschaftern ist die Gelegenheit zu geben sich über Änderungen vorzubereiten.[239] Dies bedeutet jedoch, dass Änderungen des Spaltungsplans dazu führen können, dass ein einmal gefasster Zeitplan nicht mehr eingehalten werden kann.

Rupert: Änderungen des Spaltungs- und Übernahmsvertrags: nach Einreichung beim Firmenbuchgericht und vor Spaltungsbeschluss zulässig?, NZ 2003, 106.

[237] Ebenfalls bejahend für den Fall einer Spaltung zur Aufnahme Brix, Rupert: Änderungen des Spaltungs- und Übernahmsvertrags: nach Einreichung beim Firmenbuchgericht und vor Spaltungsbeschluss zulässig?, NZ 2003, 105.

[238] Kalss, Susanne: Handkommentar zur Verschmelzung, Spaltung und Umwandlung, Wien 1997, § 16 SpaltG, 2ff.

[239] A.A. Brix, Rupert: Änderungen des Spaltungs- und Übernahmsvertrags: nach Einreichung beim Firmenbuchgericht und vor Spaltungsbeschluss zulässig?, NZ 2003, 106.

1.5.2.3 Nach Beschlussfassung und vor Anmeldung der Spaltung

Die Beschlussfassung über die Spaltung bildet den vorläufigen Abschluss des Spaltungsverfahrens auf Gesellschafterebene. Nach diesem Zeitpunkt und vor Anmeldung der Spaltung entdeckte Mängel der Kapitalerhaltung sind in diesem Stadium am effizientesten über Mittelzuführung in die übertragende Gesellschaft zu beseitigen. Zwar steht die Möglichkeit der Abänderung des Spaltungsplanes und die der Einleitung einer ordentlichen Kapitalherabsetzung zur Verfügung, allerdings wird die Praxis von der Anwendung dieser beiden Varianten absehen, um den gefassten Zeitplan halten zu können. Für die Bilanzierung des Zuschusses und für die Erbringung des Nachweises der Kapitalerhaltung der übertragenden Gesellschaft ist eine Zwischenbilanz auf den Zeitpunkt nach Beschlussfassung zu erstellen. Die Zwischenbilanz, die die Schlussbilanz für den Kapitalerhaltungsnachweis ersetzt, ist sinngemäß in geprüfter Form als ergänzende Beilage der Anmeldung nach § 13 SpaltG beizulegen.

Eng mit der Frage, welche Wege der übertragenden Gesellschaft nach erfolgter Beschlussfassung über den Spaltungsplan zur Erfüllung der Kapitalerhaltungsverpflichtung zugänglich sind, ist die Frage verbunden, welche Konsequenzen es hat, wenn der Mangel nicht erkannt wird. Generell ist davon auszugehen, dass der gefasste Spaltungsbeschluss wegen Verletzung des gesetzlichen Gebotes der Kapitalerhaltung nichtig ist. Dies ergibt sich aus der Gegenüberstellung des § 9 Abs 2 SpaltG mit den allgemeinen Bestimmungen des Aktienrechts beziehungsweise GmbH-Rechts über die Anfechtbarkeit und Nichtigkeit von Gesellschafterbeschlüssen. Erstgenannte Bestimmung stellt klar, dass ein Spaltungsbeschluss nicht mit der Begründung eines unangemessenen Umtauschverhältnisses der Anteile beziehungsweise der Aufteilung auf die Anteilsinhaber oder auf eine unangemessene Barabfindung angefochten werden kann.[240] Ist die übertragende Gesellschaft eine AG, dann liegt ein Nichtigkeitsgrund[241] im Sinne des § 199 Abs 1 Z 3 AktG vor. Nach dieser Vorschrift ist ein Beschluss der Hauptversammlung unter anderem nichtig, wenn durch seinen Inhalt Vorschriften verletzt werden, die ausschließlich oder überwiegend zum Schutz der Gläubiger der Gesellschaft oder sonst im öffentlichen Interesse gegeben sind. Ist die übertragende Gesellschaft eine GmbH, stützt sich die Nichtigkeit auf die Bestimmung des § 41 Abs 1 Z 2 GmbHG. Nach dieser Bestimmung kann die

[240] Vgl. hierzu im Einzelnen etwa Aman in Aman, Günther/ Frotz, Stephan/ Mühlehner, Johann/ Wagner, Martin/ Zöchling, Hans: Das EU-Gesellschaftsrechtsänderungsgesetz, Wien 1996, 113.

[241] Die Anfechtungsmöglichkeit aufgrund materieller Unkorrektheiten ist nach dem Spaltungsgesetz aufgrund der Bestimmung in § 9 Abs 2 SpaltG nahezu ausgeschlossen. Damit reduziert sich die Anfechtungsmöglichkeit im Spaltungsrecht auf sogenannte „echte Nichtigkeitsgründe". Vgl. in diesem Sinn Aman in Aman, Günther/ Frotz, Stephan/ Mühlehner, Johann/ Wagner, Martin/ Zöchling, Hans: Das EU-Gesellschaftsrechtsänderungsgesetz, Wien 1996, 113.

Nichtigkeit eines Beschlusses mittels Klage verlangt werden, wenn der Beschluss durch seinen Inhalt zwingende Vorschriften des Gesetzes verletzt.[242]

Eine auf den Spaltungsbeschluss gerichtete Anfechtungsklage würde bei Eintragung der Spaltung wegen der Bestimmung des § 14 Abs 3 SpaltG einzig einen Anspruch auf Schadenersatz bewirken.[243] Zu diesem Zweck bestimmt das Gesetz zur Absicherung vor einer „überstürzten" Eintragung der Spaltung, dass dem Gericht bei Anmeldung der Spaltung eine Erklärung des Vorstands der übertragenden Gesellschaft vorzulegen ist, dass eine Klage auf Anfechtung oder Feststellung der Nichtigkeit des Spaltungsbeschlusses innerhalb eines Monats nach der Beschlussfassung nicht erhoben oder zurückgezogen worden ist (§ 12 Abs 2 SpaltG).[244] Kann dem Gericht keine solche Erklärung vorgelegt werden, kann das Firmenbuchgericht in Anwendung des § 19 FBG das Verfahren unterbrechen.

1.5.2.4 Nach Anmeldung der Spaltung

Nach Anmeldung der Spaltung obliegt es dem Firmenbuchgericht am Sitz der übertragenden Gesellschaft, die Anmeldung der Spaltung inhaltlich und formell auf ihre Richtigkeit hin zu prüfen. Steht der Eintragung die Nichteinhaltung der Kapitalerhaltungsverpflichtung entgegen, hat das Gericht dem Antragsteller die Behebung des Mangels aufzutragen (§ 17 Abs 1 FBG). Dies kann unter Umständen dazu führen, dass das Firmenbuchgericht in Anwendung des § 19 FBG das Verfahren unterbricht.

Nach dem firmenbuchgesetzlichen Wortlaut des § 19 FBG ist das Firmenbuchgericht zur Festlegung der Art der Beseitigung des Mangels verpflichtet, wenn dies erforderlich ist. Letzteres ist im Rahmen einer Spaltung nicht der Fall. Speziell hier sind die Möglichkeiten zur Beseitigung einer nicht eingehaltenen Kapitalerhaltungsverpflichtung bei der übertragenden Gesellschaft grundsätzlich auf drei Arten möglich. Die einfachste Variante stellt es dar, den Mangel über zusätzliche Mittelzufuhr zu beheben. Kann die übertragende Gesellschaft keine zusätzlichen Eigenmittel bereitstellen, kann angedacht werden, den Spaltungsplan zu ändern. Diese Möglichkeit wird dann in Erwägung zu ziehen sein, wenn das Verfahren ein kürzeres ist, als wenn den Vorschriften über die ordentliche Kapitalherabsetzung entsprochen wird. Ist dies nicht der Fall, bleibt nur die Möglichkeit der ordentlichen Nennkapitalherabsetzung nach den jeweils

[242] Koppensteiner, Hans-Georg: GmbH-Gesetz - Kommentar, Wien 1999, § 41 Rz 21.
[243] Vgl. Aman in Aman, Günther/ Frotz, Stephan/ Mühlehner, Johann/ Wagner, Martin/ Zöchling, Hans: Das EU-Gesellschaftsrechtsänderungsgesetz, Wien 1996, 115.
[244] Aman in Aman, Günther/ Frotz, Stephan/ Mühlehner, Johann/ Wagner, Martin/ Zöchling, Hans: Das EU-Gesellschaftsrechtsänderungsgesetz, Wien 1996, 115f.

geltenden Bestimmungen des Aktien bzw. GmbH-Rechts. Die Vorschriften über die ordentliche Kapitalherabsetzung sind dabei unabhängig davon anzuwenden, ob es sich um eine auf- oder abspaltende Kapitalgesellschaft handelt.

1.5.2.5 Nach Eintragung der Spaltung

§ 14 Abs 3 SpaltG bestimmt, dass nach Eintragung der Spaltung Mängel der Spaltung die Wirkung der Eintragung unberührt lassen. Wegen des operativen Charakters der meisten an einer Spaltung beteiligten Gesellschaften lassen sich nach Vollzug der Spaltung aufgedeckte Mängel nicht ohne weiteres rückgängig machen, da der Vermögensbestand einer permanenten Änderung unterworfen ist. Deswegen hat der Gesetzgeber angeordnet, dass die Spaltung nach ihrer Eintragung in das Firmenbuch nicht mehr rückabgewickelt oder rückwirkend geändert[245] werden kann.

Trotz Mängel treten die Wirkungen der Spaltung ein.[246] Die Eintragung bewirkt die Entstehung der jeweils neuen Gesellschaft (§ 14 Abs 2 Z 1 SpaltG), für den Fall der Aufspaltung das Erlöschen der übertragenden Gesellschaft und für den Fall der Abspaltung werden die im Spaltungsplan vorgesehenen Änderungen der Satzung (des Gesellschaftsvertrages) der übertragenden Gesellschaft wirksam (§ 14 Abs 2 Z 2 SpaltG). Eine erfolgreiche Anfechtung der Spaltung erschöpft sich nach Eintragung nur in Schadenersatzansprüchen.[247] Dies gilt für Anfechtungs- oder Nichtigkeitsklagen die nach bzw. auch vor dem Zeitpunkt der Eintragung erhoben wurden. Der Unterschied ist nur, dass es sich bei erstgenannten von Beginn an um Schadenersatzklagen handelt, wohingegen letztgenannte in Schadenersatzklagen zu ändern sind.

Kritisch ist, dass selbst bei gravierenden Mängeln nach Eintragung keine Anfechtungs- oder Nichtigkeitsklagen erhoben werden können.[248] In der wissenschaftlichen Diskussion spitzt sich deswegen die Frage zu, inwieweit der vom Gesetzgeber vorgesehene Bestandschutz absolute Gültigkeit besitzt.[249]

---

[245] Vgl. zur Nichtdurchführbarkeit einer rückwirkenden Eintragung einer entflechtenden Spaltung, OGH 25.09.1997, 6 Ob 227/97v.

[246] Kritisch dazu Hügel, Hanns F.: Das neue Spaltungsgesetz und die Reform des Umgründungsrechts, ecolex 1996, 541.

[247] Kalss, Susanne: Handkommentar zur Verschmelzung, Spaltung und Umwandlung, Wien 1997, § 14, Rz 10.

[248] Hügel, Hanns F.: Das neue Spaltungsgesetz und die Reform des Umgründungsrechts, ecolex 1996, 541.

[249] Vgl. etwa Kalss, Susanne: Handkommentar zur Verschmelzung, Spaltung und Umwandlung, Wien 1997, § 17 SpaltG, Rz 32, 523, für den Fall der Spaltung zur Aufnahme.

Für den Fall der Spaltung zur Aufnahme wird die Ansicht vertreten, dass außerhalb des Spaltungsrechts stehende Verstöße gegen gesetzliche Bestimmungen, wie beispielsweise gegen das Kartellrecht oder gegen die Bestimmung des § 879 Abs 1 ABGB der spaltungsrechtliche Bestandschutz nicht gilt.[250] Ohne ins Detail zu gehen soll an dieser Stelle darauf hingewiesen werden, dass diese Wertung eine Ansatzmöglichkeit für die Argumentation zur Rückabwicklung einer fehlerhaften Spaltung bei Nichteinhaltung des Summengrundsatzes bieten könnte. Der objektive Normzweck des § 14 Abs 3 SpaltG wird durch diese Argumentation nicht isoliert, sondern im Zusammenhang mit der geltenden Rechtsordnung ermittelt.[251] Ist der Grundsatz der Kapitalerhaltung nicht eingehalten, kann § 879 Abs 1 ABGB ins Treffen geführt werden. In Anlehnung an diese Bestimmung wäre der Spaltungsplan als Vertrag im Sinne der letztgenannten Vorschrift wegen des gesetzlichen Verstoßes gegen § 3 Abs 1 SpaltG nichtig. Da diese Auslegung aber ein zweiseitiges Rechtsgeschäft voraussetzt, kann die Bestimmung des ABGB für den Fall der Spaltung zur Neugründung nicht gelten. Der Spaltungsplan ist ein einseitiger Rechtsakt der spaltenden Gesellschaft, da die neuen Gesellschaften noch nicht bestehen.[252] Dieses Argument gilt allerdings nicht für den Fall der Spaltung zur Aufnahme. Der an die Stelle des Spaltungsplans tretende Spaltungs- und Übernahmsvertrag stellt einen gesellschaftsrechtlichen Organisationsakt als auch ein Rechtsgeschäft mit schuld- und sachenrechtlichen Wirkungen dar.[253] In diesem Fall könnte die Feststellung des Verstoßes gegen den Kapitalerhaltungsgrundsatz nach dem Zeitpunkt der Eintragung der Spaltung Argument für die Rückabwicklung einer Spaltung sein. Den Rechtsgrund dieser Lösung böte theoretisch § 879 Abs 1 ABGB.

Wenn es auch fraglich erscheint, die Möglichkeit einer Rückabwicklung auf § 879 ABGB zu stützen, mit der Konsequenz, dass ein und dieselbe Fehlerhaftigkeit eines Spaltungsvorgangs bei einer Spaltung zur Neugründung keinen Grund einer Rückabwicklungsaktion darstellen könnte, sehr wohl aber bei einer Spaltung zur Aufnahme, so soll diese Auffassung als gegeben angesehen werden. Für den Fall einer Spaltung zur Neugründung gilt, dass nach Eintragung jeder Mangel der Spaltung die Wirkung der Eintragung unberührt lässt.

---

[250] So zu finden bei Kalss, Susanne: Handkommentar zur Verschmelzung, Spaltung und Umwandlung, Wien 1997, § 17 SpaltG, Rz 32, 523.

[251] Vgl. Kerschner, Ferdinand: Wissenschaftliche Arbeitstechnik und –methodik für Juristen, Wien 1997, 52.

[252] Stern, Elisabeth: Die sechste gesellschaftsrechtliche Richtlinie (Spaltungsrichtlinie) in: Doralt, Peter/ Nowotny, Christian (Hrsg): Der EG-rechtliche Anpassungsbedarf im österreichischen Gesellschaftsrecht, Wien 1993, 150.

[253] Stern, Elisabeth: Die sechste gesellschaftsrechtliche Richtlinie (Spaltungsrichtlinie) in: Doralt, Peter/ Nowotny, Christian (Hrsg): Der EG-rechtliche Anpassungsbedarf im österreichischen Gesellschaftsrecht, Wien 1993, 150.

2 Die Herabsetzung des Nennkapitals nach § 3 Abs 2 SpaltG

2.1 Vorüberlegungen zur Ausgangsnorm nach § 3 Abs 2 SpaltG

Für den Fall, dass die spaltende Gesellschaft nicht ihr Gesamtvermögen auf andere Gesellschaften überträgt, liegt ein Vorgang der Abspaltung vor, bei dem die übertragende Gesellschaft mit einem nicht abgespaltenen Vermögen(steil) weiterhin bestehen bleibt. Liegt zudem der Sachverhalt vor, dass die übertragende Gesellschaft im Zuge der Abspaltung positives Buchvermögen abgibt, verringert der Vermögensabgang das Eigenkapital der übertragenden Gesellschaft. Der im Wege der Abspaltung entstehende Buchverlust ist bei der übertragenden Gesellschaft als (Sach-)Gewinnausschüttung zu qualifizieren.[254] Diese Tatsache folgt der Grundregel des GmbH- und Aktienrechts, bei der jede Vermögenszuwendung an die Gesellschafter, der keine Gegenleistung an die Gesellschaft gegenübersteht, als Gewinnausschüttung oder als Einlagenrückgewähr zu qualifizieren ist. Im konkreten Fall einer Abspaltung mit Buchverlust verliert die übertragende Gesellschaft gesellschaftsrechtliches Vermögen, die über den Weg der Anteilsgewährung an der jeweils neu gegründeten Gesellschaft den Gesellschaftern der übertragenden Gesellschaft zukommt.

Die Durchführung einer Gewinnausschüttung setzt nach aktien- und GmbH-rechtlichem Verständnis einen ausschüttbaren Bilanzgewinn voraus. Zudem können freie Rücklagen bei Auflösung für eine Erhöhung dieses Gewinns sorgen. Darüber hinaus kann eine Gewinnausschüttung nur durch Einlagenrückgewähr über Herabsetzung des Nennkapitals bei Einhaltung besonderer Verfahrensvorschriften für den Gläubigerschutz erfolgen.[255] Letzteres ist beispielsweise dann der Fall, wenn der spaltungsbedingte Buchverlust das Nennkapital der übertragenden Gesellschaft reduziert und daher in der Höhe der Reduktion die Herabsetzung des Nennkapitals zu erfolgen hat.

Problemlos ist die Gewinnausschüttung, wenn der Vermögensabgang durch die Auflösung von Rücklagen[256] und/oder anderen Eigenkapitalpositionen aufge-

---

[254] Vgl. Doralt, Peter: Zur Gestaltung handelsrechtlicher Vorschriften über die Spaltung in: Doralt, Peter/ Nowotny, Christian (Hrsg): Kontinuität und Wandel, Beiträge zum Unternehmensrecht, Festschrift für Walther Kastner zum 90. Geburtstag, Wien 1992, 130; Hirschler, Klaus: Die Spaltung von Kapitalgesellschaften im Handels- und Steuerrecht, Wien 1996, 56. Budde/Klingberg in Budde, Wolfgang: Sonderbilanzen - Von der Gründungsbilanz bis zur Liquidationsbilanz, 3. Auflage, München 2002, G, 70.

[255] A.A. offenbar Aman, Günther: Einige Gedanken zum Gesellschaftsrechtsänderungsgesetz 1993 unter besonderer Berücksichtigung des Spaltungsgesetzes, RdW 1993/5, 142.

[256] Davon ausgeschlossen ist die Auflösung von Rücklagen für eigene Anteile; vgl. Bachner, Verluste, Rücklagen und Ausweisvorschriften im Zusammenhang mit der vereinfachten Kapitalherabsetzung nach dem IRÄG 1997, in RWZ 2000, 138 sowie Rücklagenteile die gegen Ausschüttungen gesperrt sind. Vgl. auch IDW Stellungnahme HFA 2/1997, 237.

fangen werden kann.[257] Ist der buchmäßige Spaltungsverlust hingegen höher als die Summe vorhandener auflösbarer Eigenkapitalposten, bewirkt der buchmäßige Verlust einen Verlust am bestehenden Nennkapital. Es kommt zu einer Nennkapitalverletzung der übertragenden Gesellschaft, die als Einlagenrückgewähr zu qualifizieren ist. Eine solche Situation kann wegen der im Spaltungsplan vorgenommenen Vermögenszuordnung eintreten, selbst wenn, statisch betrachtet, anhand der erstellten Schlussbilanz oder Zwischenbilanz davon auszugehen ist, dass es sich bei der übertragenden GmbH oder AG um ein wirtschaftlich gesundes Unternehmen handelt. Liegt andererseits der Fall vor, dass das in der Schlussbilanz oder der Zwischenbilanz ausgewiesene Buchvermögen das Nennkapital der Gesellschaft nicht mehr deckt, führt der buchmäßige Spaltungsverlust zu einer Erhöhung des Verlustes der Gesellschaft am bestehenden Nennkapital.[258] Beiden Fällen ist gemeinsam, dass der Vorgang der Abspaltung zu einer Reduktion des bestehenden Nennkapitals führt. Das Eigenkapital der übertragenden Gesellschaft wird gemindert. Dies ist deswegen der Fall, weil die Ausschüttung der übertragenden Gesellschaft eine Reduktion des Nennkapitalstockes bewirkt.[259] Die Folgevorschrift § 3 Abs 2 SpaltG hält als weiteren Ablaufschritt die Herabsetzung des Nennkapitals bei der übertragenden Gesellschaft fest.[260] Inhaltlich ist die Regelung in zwei aufeinander folgenden Sätzen bündig zusammengefasst. Ohne hier vorweg ins Detail der jeweiligen Regelungsbereiche zu gehen, ist festzuhalten, dass Satz 1 der Vorschrift eine Form der Kapitalherabsetzung regelt, die nicht an die ordentliche Kapitalherabsetzung knüpft jedoch an den Summengrundsatz gebunden ist, wohingegen Satz 2 der Regelung die Möglichkeit der ordentlichen Kapitalherabsetzung offen lässt. Der Gesetzgeber, der in beiden Bestimmungen von „Kapitalherabsetzung" spricht, meint damit, dass wenn die Eigenmittelreserven der übertragenden Gesellschaft zur Deckung des Vermögensabganges nicht ausreichen, in Höhe des Differenzbetrages eine Kapitalherabsetzung vorzunehmen ist.[261] Dies gilt auch dann, wenn der Vermögensabgang in den stillen Reserven der übertragenden Gesellschaft Deckung findet.[262] Sofern der Vermögensverlust nicht durch andere

[257] Vgl. Hommelhoff in Lutter (Hrsg.), UmwG, 1996, § 145 Rz 10; Priester in Lutter (Hrsg.), UmwG, 1996, § 139 Rz 4.

[258] Zur Unzulässigkeit der Spaltung einer übertragenden Gesellschaft bei Unterbilanz oder Überschuldung nach der deutschen Rechtslage siehe Budde/Klingberg in Budde, Wolfgang: Sonderbilanzen - Von der Gründungsbilanz bis zur Liquidationsbilanz, 3. Auflage, München 2002, G, Rz 90.

[259] Budde/Klingberg in Budde, Wolfgang: Sonderbilanzen - Von der Gründungsbilanz bis zur Liquidationsbilanz, 3. Auflage, München 2002, G, Rz 70.

[260] Vgl. aber Strimitzer, Eugen: Abspaltung zur Aufnahme und Kapitalherabsetzung, RdW 2001, 515.

[261] Vgl. in diesem Sinn Hügel, Hanns F.: Das neue Spaltungsgesetz und die Reform des Umgründungsrechts, ecolex 1996, 527.

[262] A.A. Kalss, Handkommentar zur Verschmelzung – Spaltung – Umwandlung, 1997, § 3 SpaltG Rz 8.

Maßnahmen ausgeglichen wird, ist in Höhe des fehlenden Differenzbetrages das Nennkapital herabzusetzen.[263]

Abweichend zu verfahren ist bei einer geplanten Abspaltung einer (buchmäßig) überschuldeten Gesellschaft. In diesem Fall würde ein positiver Vermögensabgang im Rahmen einer Abspaltung zu einer Erhöhung der Überschuldung der übertragenden Gesellschaft führen. In einer solchen Konstellation kann die Spaltung nur durchgeführt werden, wenn in Höhe des fehlenden Differenzbetrages eine Erhöhung des Nennkapitals stattfindet, der dann die Kapitalherabsetzung folgt. Bei einer Kapitalherabsetzung, die den Regeln des § 3 Abs 1 SpaltG folgt, schadet die Verwendung von gebundenen Rücklagen zur Verlustabdeckung ohne sonstige Gläubigerschutzmaßnahmen nicht, da diese durch Einhaltung des Summengrundsatzes durch den Spaltungsvorgang insgesamt nicht geschmälert werden. Keine Bedenken bestehen auch für den Fall, wenn die Auflösung im Rahmen der Anwendung der Vorschriften über die ordentliche Kapitalherabsetzung erfolgt.[264] Fraglich ist allerdings, ob diese Meinung auch für den Fall gelten kann, wenn gebundene Rücklagen ohne gläubigerschutzbegleitende Maßnahmen zur Deckung eines spaltungsrechtlichen Verlustes aufgelöst werden sollen. Folgt man den Ausführungen im Schrifttum zu diesem Thema, wird dies im Fall einer Spaltung zur Aufnahme jedenfalls als zulässig erachtet.[265]

Ebenso fraglich ist, ob bei einer ordentlichen Kapitalherabsetzung von einer Buchwert- oder Verkehrswertbetrachtung auszugehen ist. Die Frage stellt sich bei einer vereinfachten Kapitalherabsetzung im Sinne des § 3 Abs 2 Satz 1 SpaltG deswegen nicht, weil es wegen der verpflichtenden Einhaltung des Summengrundsatzes zu keiner verdeckten Gewinnausschüttung kommen kann. Allerdings stellt sich hier die Frage, inwieweit die Bestimmungen des Aktien- und GmbH-Rechts konkret zu berücksichtigen sind. Für die Beantwortung dieser Fragen scheint es zweckmäßig, der spaltungsgesetzlichen Systematik und der im Rahmen dieser Arbeit verfolgten Gliederungstechnik weiter zu folgen, sodass die Ausführungen mit der Herabsetzung des Nennkapitals nach § 3 Abs 2 Satz 1 SpaltG beginnen.

---

[263] Hirschler, Klaus: Neuerungen im Gesellschafter- und Gläubigerschutz bei Spaltungen nach dem neuen SpaltG, GesRZ 1997, 11, FN 7; Aman, Günther/ Frotz, Stephan/ Mühlehner, Johann/ Wagner, Martin/ Zöchling, Hans: Das EU-Gesellschaftsrechtsänderungsgesetz, Wien 1996, 102 für den Fall der Spaltung zur Aufnahme.

[264] Hügel, Hanns F.: Umgründungsbilanzen Handelsrecht und Steuerrecht, Wien 1997, Rz 6.56; a. A. Hügel, Hanns F.: Aktuelle Probleme des Spaltungsrechts, Zuordnung und Teilung von Vertragsverhältnissen, Squeeze-out-Spaltung, Konzernspaltung, Summengrundsatz, wbl 2001, FN 45.

[265] Vgl. Hügel, Hanns F.: Umgründungsbilanzen Handelsrecht und Steuerrecht, Wien 1997, Rz 6.56.

2.2 Die Herabsetzung des Nennkapitals nach § 3 Abs 2 Satz 1 SpaltG

2.2.1 Inhalt der Norm

Die Glättung eines durch (Sach-)Gewinnausschüttung entstandenen Buchverlustes kann nach § 3 Abs 2 Satz 1 SpaltG „ohne Einhaltung der Vorschriften über die ordentliche Kapitalherabsetzung" erfolgen. Bei dieser sprachlichen Wendung handelt es sich um eine Form der Kapitalherabsetzung, die sofort im Zeitpunkt der Beschlussfassung erfolgen kann. Vorausgehende Aufforderungen an die Gläubiger der Gesellschaft, sich zwecks Befriedigung bei der Gesellschaft zu melden und der damit verbundenen Pflicht zur Einhaltung der jeweils vorgesehenen Sperrfristen entfallen.[266] Es spricht aus Gläubigerschutzgedanken nichts gegen ein solches Vorgehen, da das transferierte Nennkapital und die übertragenen gebundenen Rücklagen nach Spaltung insgesamt mindestens erhalten bleiben, sodass die Gläubiger auf diese Werte weiterhin vertrauen können.[267]

Eine ähnliche Vorgehensweise kennen auch das AktG und GmbHG. Allerdings ist nach den aktien- und GmbH-rechtlichen Bestimmungen von „vereinfachter Kapitalherabsetzung" die Rede; im Vergleich dazu der Wortlaut des SpaltG: „ohne Einhaltung der Vorschriften über die ordentliche Kapitalherabsetzung". An diesen sprachlichen Unterschied knüpft auch der unterschiedliche Zweck der gesetzlichen Bestimmungen, nach welchem eine Kapitalherabsetzung erfolgen kann. Die Grundregel § 182 Abs 1 Satz 1 AktG und der gleich lautende § 59 Abs 1 Satz 1 GmbHG enthalten die Begründung, dass eine vereinfachte Kapitalherabsetzung nur dazu dienen kann, „einen sonst auszuweisenden Bilanzverlust zu decken" und Beträge allenfalls in „die gebundene Kapitalrücklage einzustellen". Nach der systematisch-logischen Interpretation der Vorschrift des § 3 Abs 2 Satz 1 SpaltG ist der Zweck dieser, die Durchführung einer (Sach-)Gewinnausschüttung, bei der das Nennkapital „ohne Einhaltung der Vorschriften über die ordentliche Kapitalherabsetzung" herabgesetzt werden kann. Beide Regelungsbereiche folgen damit unterschiedlichen Zweckbestimmungen. In Anbetracht dieser Verschiedenheit stellt sich die Frage, ob für die Kapitalherabsetzung die aktien- und GmbH–rechtlichen Vorschriften gelten. Die spaltungsgesetzliche Bestimmung enthält keine Verfahrensvorschriften für die

---

[266] Aman in Aman, Günther/ Frotz, Stephan/ Mühlehner, Johann/ Wagner, Martin/ Zöchling, Hans: Das EU-Gesellschaftsrechtsänderungsgesetz, Wien 1996, 100; Kalss, Susanne: Handkommentar zur Verschmelzung, Spaltung und Umwandlung, Wien 1997, § 3 SpaltG, Rz 8. Eine Pflicht zur Sicherheitsleistung an die Gläubiger besteht im Zusammenhang mit der vereinfachten Kapitalherabsetzung nicht, wohl aber wegen der Spaltung als solcher nach § 15 SpaltG.

[267] Kalss, Susanne: Handkommentar zur Verschmelzung, Spaltung und Umwandlung, Wien 1997, § 3 SpaltG, Rz 8.

Durchführung der Kapitalherabsetzung. Die Antwort auf die Frage hängt davon ab, ob § 3 Abs 2 Satz 1 SpaltG als Verweisungsvorschrift gilt. Bejahendenfalls hat dies zur Konsequenz. dass die Bestimmungen von § 182 AktG und § 59 Abs 1 GmbHG im Rahmen der Spaltung gelten.

Den Ausgangspunkt einer vereinfachten Kapitalherabsetzung bei einer GmbH nimmt § 59 Abs 1 Satz 1 GmbHG, bei einer AG § 182 Abs 1 AktG. Beide Vorschriften regeln eine Verlustausgleichsmöglichkeit durch Herabsetzung des Nennkapitals.[268] Der Zweck einer nach Spaltungsrecht durchgeführten Kapitalherabsetzung ist ein anderer, als einer nach Aktien- und GmbH-Recht erfolgten. Nach dem letztgenannten Regelungsbereich erfolgt die Kapitalherabsetzung nach diesen Bestimmungen aufgrund eines sonst auszuweisenden Bilanzverlustes, wohingegen eine Herabsetzung des Nennkapitals nach § 3 Abs 2 Satz 1 SpaltG wegen einer sonst nicht durchführbaren (Sach-)Gewinnausschüttung erfolgt. Die Kapitalherabsetzung im Rahmen einer Spaltung soll/kann nicht dazu dienen, Wertminderungen auszugleichen oder sonstige Verluste zu decken und ist auch dann zulässig, wenn die übertragende Gesellschaft vor der Spaltung einen Bilanzgewinn, Kapital- und Gewinnrücklagen ausweist. Der Herabsetzungsbetrag bleibt der Höhe nach im Spaltungskreis erhalten und ist weiterhin haftungsverstrickt.[269] Allein deswegen können die Voraussetzungen des § 59 Abs 1 Satz 1 GmbHG, beziehungsweise § 182 Abs 1 Satz 1 AktG, im Rahmen der Spaltung nicht gelten, weil die spaltungsgesetzliche Konzeption - im Gegensatz zur aktien- und GmbH-rechtlichen - die Interessen der Gläubiger zusätzlich durch die gesonderten Gläubigerschutzbestimmungen wahrt. Die Tatbestandsvoraussetzung für die Herabsetzung des Nennkapitals bestimmt sich damit allein nach § 3 Abs 1 SpaltG, womit die Einhaltung des Summengrundsatzes die einzige Voraussetzung für die vereinfachte Kapitalherabsetzung ist. Wäre es anders, könnte eine Kapitalherabsetzung in vereinfachter Form nur dann stattfinden, wenn bei der übertragenden Gesellschaft aufgrund eingetretener Verluste eine Unterbilanz[270] vorliegt. Damit würde aber bei gesunden Unternehmen die vom Gesetz angestrebte Erleichterung praktisch nicht zum Zuge kommen.

---

[268] Eingehend Bachner, Thomas: Anmerkungen zur Übernahme der vereinfachten Kapitalherabsetzung in das GmbH-Recht, GesRZ 1998, 2-11; Bachner, Thomas: Verluste, Rücklagen und Ausweisvorschriften im Zusammenhang mit der vereinfachten Kapitalherabsetzung nach dem IRÄG 1997, RWZ 2000, 137-142.

[269] Vgl. Kalss, Susanne: Handkommentar zur Verschmelzung, Spaltung und Umwandlung, Wien 1997, S Rz 8; Doralt, Peter: Zur Gestaltung handelsrechtlicher Vorschriften über die Spaltung in: Doralt, Peter/ Nowotny, Christian (Hrsg): Kontinuität und Wandel, Beiträge zum Unternehmensrecht, Festschrift für Walther Kastner zum 90. Geburtstag, Wien 1992, 148.

[270] Deckt das Reinvermögen (Eigenkapital) nicht mehr das Grundkapital/Stammkapital, so spricht man vom Vorliegen einer „Unterbilanz". Zur Abgrenzung Überschuldung und Unterbilanz vgl. etwa Westermann in Scholz, Kommentar zum GmbH-Gesetz, I.Band, § 30 Rz 17f.

In Anbetracht dieses Umstandes ist fraglich, ob für die spaltungsrechtliche Kapitalherabsetzung die Vorschrift § 183 AktG, die gemäß § 59 Abs 1 Satz 6 GmbHG auch für die GmbH gilt, die die Auflösung von Rücklagen voraussetzt, gilt. § 183 AktG regelt, dass vor der Kapitalherabsetzung alle nicht gebundenen Kapitalrücklagen sowie satzungsmäßig gebundene und andere Gewinnrücklagen vorweg aufgelöst werden. Gebundene Rücklagen im Sinne des § 130 AktG sind von der Pflicht zur Vorwegauflösung insoweit ausgenommen, als sie 10% des herabgesetzten Kapitals nicht übersteigen.[271] Die wortgetreue Übertragung dieser Regelung für die Anwendung des § 3 Abs 2 Satz 1 SpaltG heißt, dass eine Nennkapitalherabsetzung nur dann erfolgen darf, wenn zu diesem Zweck vorweg freie und gebundene Rücklagen aufgelöst und ein allfälliger Bilanzgewinn zur Verlustabdeckung verwendet wird. Danach ist eine vereinfachte Kapitalherabsetzung ohne Vorwegauflösung von Rücklagen und Verwendung offener Eigenkapitalposten zu verneinen. Diese Verpflichtung beruht auf dem Gesichtspunkt des Gläubigerschutzes.[272] Andernfalls könnte es mittelbar zu Ausschüttungen an die Gesellschafter kommen, die bei einer vereinfachten Kapitalherabsetzung gerade nicht stattfinden dürfen. Das SpaltG akzeptiert bei der übertragenden Gesellschaft gerade aber die Ausschüttung von Nennkapital und gebundenen Rücklagen, weil diese Ausschüttung durch Einlage in die neu gegründeten Gesellschaften den Gläubigern der Höhe nach mindestens erhalten bleibt. Unterstellt man, dass § 183 AktG nicht zur Anwendung gelangt, weil weder Nennkapital noch gebundene Rücklagen der übertragenen Gesellschaft im Ergebnis geschmälert werden, sondern einzig transferiert werden, und der Haftungsfonds, um den es schließlich geht, den Gläubigern damit erhalten bleibt, so setzt die Anwendung der Kapitalherabsetzung nicht die zwingende Vorwegauflösung von Rücklagen voraus.[273]

Des weiteren stellt sich für die praktische Anwendung der hier behandelten Regelung die Frage, ob die Fassung eines gesonderten Beschlusses auf Herabsetzung des Nennkapitals und damit Abänderung des Gesellschaftsvertrages im Rahmen des laufenden Spaltungsverfahrens erforderlich ist, oder ob davon auszugehen ist, dass mit Fassung des Spaltungsbeschlusses die Kapitalherab-

---

[271] Vgl. Strasser in Schiemer/Jabornegg/Strasser, Kommentar zum Aktiengesetz, 3. Auflage 1993, § 183 Rz 4.

[272] Hommelhoff in Lutter (Hrsg.), UmwG, 1996, § 145 Rz 11. Zum Unterschied des Gläubigerschutz zwischen ordentlicher und vereinfachter Kapitalherabsetzung vgl. Bachner, Anmerkungen zur Übernahme der vereinfachten Kapitalherabsetzung in das GmbH-Recht, GesRZ 1998, 2ff.

[273] In diesem Sinn wohl auch Aman, Günther: Einige Gedanken zum Gesellschaftsrechtsänderungsgesetz 1993 unter besonderer Berücksichtigung des Spaltungsgesetzes, RdW 1993/5, 142 zu verstehen: „Ein dabei entstehender Verlust darf bzw. kann durch eine Kapitalherabsetzung (zu Sachwerten) ohne Einhaltung der entsprechenden Vorschriften kompensiert werden. Daneben besteht mE das Wahlrecht diesen Verlust durch die Auflösung vorhandener Rücklagen oder über das laufende Ergebnis der verbleibenden Gesellschaft zu kompensieren."

setzung als vorgenommen gilt und mit Eintragung der Spaltung im Firmenbuch die im Spaltungsplan vorgesehene Änderung der Satzung (des Gesellschaftsvertrages) der übertragenden Gesellschaft wirksam wird. Das Spaltungsgesetz selbst gibt keine unmittelbare Auskunft, wie in diesem Fall zu verfahren ist. Bestimmter hingegen sind die spaltungsgesetzlichen Formulierungen bei Herabsetzung des Nennkapitals nach den Vorschriften über die ordentliche Kapitalherabsetzung. § 3 Abs 2 Satz 2 SpaltG hält diese Möglichkeit als Methode des Gläubigerschutzes anstelle des Summengrundsatzes fest. § 17 Z 3 Satz 1 SpaltG endet mit der Aussage, dass die Spaltung erst eingetragen werden darf, nachdem die Vorschriften über die ordentliche Kapitalherabsetzung eingehalten worden sind. Unzweifelhaft sind aufgrund der Wortwahl „Vorschriften über die ordentliche Kapitalherabsetzung" dieser Regelungen die der aktien- und GmbH-rechtlichen Bestimmungen gemeint. Das SpaltG greift in diesem Punkt eindeutig auf die allgemeinen kapitalgesellschaftsrechtlichen Bestimmungen zurück, weshalb neben der Beschlussfassung über die Spaltung eine Beschlussfassung über die Abänderung des Nennkapitalbetrages notwendig ist.[274] Daran schließt die Durchführung des Aufgebotsverfahrens an, welches nach Beendigung mit einer gemeinsamen Anmeldung der Kapitalherabsetzung und Spaltung zur Eintragung zum Firmenbuch endet.[275]

Folgt man diesem Standpunkt auch für den Fall der vereinfachten Kapitalherabsetzung, hat bei einer übertragenden GmbH nach der Formulierung des § 59 Abs 1 Satz 2 GmbHG und bei einer übertragenden AG nach der ähnlich lautenden Bestimmung des § 182 Abs 1 Satz 2 AktG die Herabsetzung des Nennkapitals eine Beschlussfassung vorauszusetzen. Für diese Vorgehensweise spricht ein Gleichklang mit der Gangart der ordentlichen Kapitalherabsetzung. Dagegen spricht allerdings die Tatsache, dass beide Methoden der Kapitalherabsetzung aus dem Blickwinkel des Gläubigerschutzes betrachtet auf verschiedenen Gesetzen beruhen. Die ordentliche Kapitalherabsetzung dient nur der Legitimierung der Rückgewähr von Gesellschaftereinlagen. Zu diesem Zweck bestimmt das SpaltG mittelbar die Einhaltung der jeweiligen Gläubigerschutzbestimmungen des GmbHG bzw. AktG neben den allgemein spaltungsgesetzlichen. Dagegen hat eine nominelle Kapitalherabsetzung nach den GmbH- und aktienrechtlichen Vorschriften primär nur dem buchmäßigen Ausgleich bereits eingetretener Verluste zu dienen. Sie führt nur zur Angleichung der Nennkapitalziffer als Soll-Kapital an das infolge der Verluste eingeschrumpfte Ist-Kapital. Das buchmäßige Eigenkapital ist vorher und nachher gleich groß.

[274] Doralt, Peter: Zur Gestaltung handelsrechtlicher Vorschriften über die Spaltung in: Doralt, Peter/ Nowotny, Christian (Hrsg): Kontinuität und Wandel, Beiträge zum Unternehmensrecht, Festschrift für Walther Kastner zum 90. Geburtstag, Wien 1992, 146; Kalss, Susanne: Handkommentar zur Verschmelzung, Spaltung und Umwandlung, Wien 1997, § 3 SpaltG, Rz 9, 374.

[275] Vgl. in diesem Sinn auch OGH 11.03.1999, 6 Ob 5/99z.

Allerdings dient die nominelle Kapitalherabsetzung während des Spaltungsverfahrens der Legitimierung einer Einlagenrückgewähr, was nach allgemeinen kapitalgesellschaftsrechtlichen Bestimmungen allerdings unzulässig ist, nach der spaltungsgesetzlichen Regelung über die Einhaltung der Vorschrift des § 3 Abs 1 SpaltG aber möglich. Es ist daher sehr wohl zu fragen, ob eine vereinfachte Kapitalherabsetzung einer gesonderten Beschlussfassung bedarf.

Aus der Erkenntnis, dass die Vorschriften über die vereinfachte Kapitalherabsetzung im Falle der Spaltung grundsätzlich nicht zur Anwendung gelangen, es sei denn die übertragende Gesellschaft besitzt vor Spaltung einen Bilanzverlust, zu dessen Zweck die Herabsetzung des Nennkapitals erfolgt und somit eine neue Form der vereinfachten Kapitalherabsetzung vorliegt,[276] kann auch vom Erfordernis der nach Aktien- und GmbH-Recht geltenden gesonderten Beschlussfassung abgesehen werden.

2.2.2 Zweck der Norm

§ 3 Abs 2 Satz 1 SpaltG hat den Zweck, die für eine Abspaltung notwendige (Sach-) Gewinnausschüttung bei Herabsetzung des Nennkapitals durchführungstechnisch zu erleichtern. Die Regelung der Norm geht auf die Frage zurück, wie die spaltende Gesellschaft ihr Nennkapital herabsetzen kann, wenn die Spaltung nicht aus freien Rücklagen gedeckt werden kann.[277] Verlangt man die Einhaltung der Vorschriften über die ordentliche Kapitalherabsetzung, wird der Spaltungsvorgang erheblich verzögert. Deshalb kann die Herabsetzung vereinfacht erfolgen, wenn nach dem Zeitpunkt der Spaltung das Nennkapital der übertragenden Gesellschaft und deren gebundenen Rücklagen dem Zeitpunkt vor der Spaltung mindestens entsprechen. In dieser Konstellation bestehen auch keine Bedenken, auf eine Vorwegauflösung von Rücklagen zu verzichten und die Höhe der Herabsetzung bis auf das jeweilige gesetzliche Mindestnennkapital nicht zu beschränken, weil der herabgesetzte Betrag des Nennkapitals bei den neu gegründeten Gesellschaften in Summe mindestens erhalten bleibt.[278]

[276] Soweit ersichtlich erstmals Doralt, Peter: Zur Gestaltung handelsrechtlicher Vorschriften über die Spaltung in: Doralt, Peter/ Nowotny, Christian (Hrsg): Kontinuität und Wandel, Beiträge zum Unternehmensrecht, Festschrift für Walther Kastner zum 90. Geburtstag, Wien 1992, 150.

[277] Vgl. etwa Stern, Elisabeth: Die sechste gesellschaftsrechtliche Richtlinie (Spaltungsrichtlinie) in: Doralt, Peter/ Nowotny, Christian (Hrsg): Der EG-rechtliche Anpassungsbedarf im österreichischen Gesellschaftsrecht, Wien 1993, 191.

[278] Dies würde freilich dann nicht gelten, wenn das Gesetz die vereinfachte Kapitalherabsetzung nicht an den Summengrundsatz geknüpft hätte - eine Vorgehensweise, wie sie der deutsche Gesetzgeber gewählt hat. Daher ist nach deutscher Auffassung, so zu finden etwa bei Budde, Wolfgang: Sonderbilanzen - Von der Gründungsbilanz bis zur Liquidationsbilanz, 2. Auflage, München 1999, 330, Rz 77, eine vereinfachte Kapitalherabsetzung jedoch nur zulässig, wenn ohne Kapitalherabsetzung die im Spaltungsvertrag vorgesehene Vermögensübertragung nicht erfolgen

2.2.3 Abgrenzung des Anwendungsbereichs der Norm

2.2.3.1 Fakultative Einhaltung für den Fall der Abspaltung zur Neugründung

§ 3 Abs 2 Satz 1 SpaltG regelt die Möglichkeit der Vornahme einer Kapitalherabsetzung bei der übertragenden Gesellschaft ohne Einhaltung der Vorschriften über die Kapitalherabsetzung. Gleicht die übertragende Kapitalgesellschaft die durch eine Spaltung stattgefundene Vermögensminderung nicht über die Auflösung von Rücklagen, über die Verwendung eines vorhanden Bilanzgewinns oder über einen nach dem Spaltungsstichtag erhaltenen Zuschuss aus, dann ist jedenfalls das Nennkapital der übertragenden Gesellschaft in Höhe des fehlenden Differenzbetrages herabzusetzen. Dieser Betrag stellt gleichzeitig die Mindesthöhe der Kapitalherabsetzung dar.[279] Diese Regelung gilt auch, wenn bei der übertragenden Gesellschaft das Nennkapital aufgezehrt ist. Liegt bei der übertragenden Gesellschaft vor der Spaltung ein Verlust über das Nennkapital vor und besitzt die übertragende Gesellschaft weder freie noch gebundene Rücklagen, hat die Kapitalherabsetzung mindestens in Höhe des spaltungsbedingten Buchverlustes zu erfolgen.[280] Äußerste Grenze der Kapitalherabsetzung ist die für die jeweilige Rechtsform gesetzlich vorgesehene Mindestnennkapitalgrenze. Bei einer (buchmäßig) überschuldeten Gesellschaft hat zunächst in Höhe des fehlenden Differenzbetrages eine Erhöhung des Nennkapitals stattzufinden, der dann die Kapitalherabsetzung folgt. Eine Beseitigung der Verlustsituation über die Sachgewinnausschüttung hinaus ist für den Spaltungsvorgang nicht zwingend notwendig, jedenfalls dann nicht, wenn der tatsächliche Wert des verbliebenen Nettoaktivvermögens der übertragenden Gesellschaft wenigstens der Höhe ihres Nennkapitals zuzüglich gebundener Rücklagen nach Durchführung der Spaltung entspricht (§ 3 Abs 4 SpaltG).

---

könnte und die Kapitalherabsetzung dem Grund und der Höhe nach erforderlich ist. Eine vereinfachte Kapitalherabsetzung ist daher nicht zulässig, wenn und soweit die Buchwerte des übergehenden Vermögens durch eine Übertragung von Rücklagen oder Gewinnvorträge neutralisiert werden könnten. Ist eine Kapitalherabsetzung lediglich aus wirtschaftlichen Gründen gewünscht, kann sie nur in Form der ordentlichen Kapitalherabsetzung erfolgen.

[279] A.A. Hügel, Hanns F.: Aktuelle Probleme des Spaltungsrechts, Zuordnung und Teilung von Vertragsverhältnissen, Squeeze-out-Spaltung, Konzernspaltung, Summengrundsatz, wbl 2001, 396.

[280] Vgl. aber Hügel, Hanns F.: Aktuelle Probleme des Spaltungsrechts, Zuordnung und Teilung von Vertragsverhältnissen, Squeeze-out-Spaltung, Konzernspaltung, Summengrundsatz, wbl 2001, 396.

2.2.3.2 Verbot der Anwendung für den Fall der Abspaltung zur Aufnahme

§ 3 Abs 2 Satz 1 SpaltG kann im Fall der Abspaltung zur Aufnahme nicht zur Anwendung gelangen.[281] Die Herabsetzung von Nennkapital hat im Fall der Abspaltung zur Aufnahme stets nach den Vorschriften über die ordentliche Kapitalherabsetzung zu erfolgen. Dies folgt aus § 17 Z 3 Satz 1 SpaltG. Eine Kapitalherabsetzung hat selbst dann nach diesen Vorschriften zu erfolgen, wenn das Nennkapital und die gebundenen Rücklagen der übertragenden Gesellschaft durch den Spaltungsvorgang insgesamt nicht geschmälert werden. In diesem Fall unterliegt eine Abspaltung zur Aufnahme einer strengeren Regelung als eine Abspaltung zur Neugründung, bei der der Gesetzgeber in § 3 Abs 2 Satz 1 SpaltG ausdrücklich auf die Möglichkeit einer einfacheren Handhabung hingewiesen hat. Der legislative Widerspruch, dass der Gesetzgeber im Falle der Spaltung zur Aufnahme eine andere Regelung vorgesehen hat, ist als Faktum hinzunehmen, wenn auch die Möglichkeit einer vereinfachten Kapitalherabsetzung sehr wohl systemkonform wäre.

2.2.4 Prüfung der Norm

2.2.4.1 Prüfung anhand von Bilanzen

2.2.4.1.1 § 2 Abs 1 Z 12 SpaltG – dem Spaltungsplan beizulegende Bilanzen

Die Prüfung der Einhaltung der Regelung des § 3 Abs 2 Satz 1 SpaltG geht mit der Prüfung des Summengrundsatzes einher.[282] Die Norm ist als weiteres Glied in der Kette des Gleichungsgrundsatzes des Summengrundsatzes zu betrachten. Die Summe der Nennkapitalien der an der Spaltung beteiligten Gesellschaften muss nach vereinfachter Kapitalherabsetzung der Summe vor Herabsetzung entsprechen. Selbiges gilt für gebundene Rücklagen. Erfolgt die Feststellung dieses Prinzips anhand der in der Bestimmung des § 2 Z 12 SpaltG angeführten Bilanzen,[283] sind hierfür die Spaltungsbilanz und Schlussbilanz der übertragenden Gesellschaft relevant.

---

[281] Vgl. hierzu auch die Argumentation in Kapitel 1.3.2.2.2 Einhaltung im Fall der Abspaltung, 60.

[282] Zur Prüfung des Summengrundsatzes siehe Kapitel 1.4 Prüfung der Einhaltung des Summengrundsatzes, 61ff.

[283] Zur Prüfung des Summengrundsatzes anhand der gesetzliche vorgesehenen Bilanzen siehe Kapitel 1.4.2.1 § 2 Abs 1 Z 12 SpaltG - dem Spaltungsplan beizulegende Bilanzen, 62.

2.2.4.1.2 (geprüfte) Zwischenbilanz als Schlussbilanz

Die um die vereinfachte Kapitalherabsetzung erweiterte Regelung des § 3 Abs 1 SpaltG gilt ebenso für den Fall des Nachweises der Kapitalerhaltung anhand einer auf einen Stichtag zwischen Spaltungsstichtag und Zeitpunkt der Anmeldung der Spaltung erstellten und geprüften Zwischenbilanz. Die Ausgangsgröße für die Prüfung einer Kapitalherabsetzung und des Summengrundsatzes stellt nach dieser Lösung nicht die Schlussbilanz sondern eine geprüfte Zwischenbilanz der übertragenden Gesellschaft dar, wobei Kapitalerhöhungen und Kapitalherabsetzungen, die in der Zeit nach dem Spaltungsstichtag bis zum Stichtag der Zwischenbilanz vorgenommen werden, in der Zwischenbilanz zu berücksichtigen sind.[284] Ist das in der Spaltungsbilanz ausgewiesene Nennkapital geringer als das in der geprüften Zwischenbilanz ausgewiesene, hat der Differenzbetrag im Falle einer Abspaltung zur Neugründung in Summe mindestens dem Nennkapitalbetrag der jeweiligen Eröffnungsbilanz der jeweils neu gegründeten Gesellschaft zu entsprechen.

2.2.4.2 Prüfung anhand der vorgesehenen Satzungen (Gesellschaftsverträge)

§ 2 Abs 1 Z 1 SpaltG regelt, dass der Spaltungsplan der übertragenden Gesellschaft die vorgesehenen Satzungen (Gesellschaftsverträge) der an der Spaltung beteiligten Gesellschaften zu enthalten hat. Über den Verweis in § 17 Satz 1 SpaltG gilt erstgenannte Regelung ebenso für den Fall der Spaltung zur Aufnahme.

Nach der Formulierung des § 2 Abs 1 Z 1 SpaltG handelt es sich bei den Satzungen (Gesellschaftsverträgen) der an der Spaltung beteiligten Gesellschaften um jene, die im Zeitpunkt der Beschlussfassung über die Spaltung wirksam werden. Sowohl das Nennkapital der übertragenden Gesellschaft als auch die Nennkapitalfestsetzung der jeweils neu gegründeten Gesellschaft sind in den Satzungsbestimmungen beziehungsweise gesellschaftsvertraglichen Bestimmungen zu regeln. Die Prüfung der Einhaltung des § 3 Abs 2 Satz 1 SpaltG hat daher auch über den Weg des in der Satzung der an der Spaltung beteiligten Gesellschaften festgelegten Nennkapitals zu erfolgen. Das in der Spaltungsbilanz der übertragenden Gesellschaft und in der Eröffnungsbilanz der jeweils neu gegründeten Gesellschaft ausgewiesene Nennkapital hat dem in der jeweiligen Satzung festgelegten Nennkapitalbetrag zu entsprechen.

---

[284] Vgl. idS auch IDW, Stellungnahme HFA 1/1998, 435.

Differenziert ist der Fall, wenn die dem Spaltungsplan beigelegten Bilanzen dem handelsrechtlichen Bilanzgliederungsprinzip (§ 224 HGB) nicht entsprechen. Dies gilt weniger für die Schlussbilanz als für die Eröffnungsbilanz und Spaltungsbilanz. Das Problem stellt sich, weil dem spaltungsgesetzlichen Wortlaut ein Hinweis auf die handelsrechtlichen Rechnungslegungsvorschriften für den Fall der Eröffnungsbilanz und Spaltungsbilanz ausdrücklich fehlen. Das SpaltG weist nur im Fall der Schlussbilanz explizit auf deren Erstellungspflicht nach handelsrechtlichen Vorschriften hin. In § 2 Abs 2 SpaltG wird angeordnet, dass für diese die Vorschriften des HGB über den Jahresabschluss und dessen Prüfung[285] sinngemäß gelten. Dass die handelsrechtlichen Vorschriften ebenfalls für die Erstellung der Eröffnungsbilanz gelten folgt aus § 33 Abs 3 AktG. Die Vorschrift gelangt über den in § 3 Abs 4 SpaltG enthaltenen Verweis auf die aktienrechtlichen Bestimmungen über die Gründungsprüfung sinngemäß zur Anwendung.[286] § 33 Abs 3 AktG sieht vor, dass für die Eröffnungsbilanz die Vorschriften über den Jahresabschluss sinngemäß gelten, die zudem, nach Bestätigung durch die Gründungsprüfer,[287] nach Eintragung der Gesellschaft, in den Bekanntmachungsblättern zu veröffentlichen ist.[288] Aus der Systematik, dass für den Gesetzgeber die buchmäßige Darstellung und damit die handelsrechtliche Dokumentation der Spaltung einzig über den Weg von Bilanzen erfolgt,[289] gelten (trotz fehlender ausdrücklicher Regelung im SpaltG) damit auch für die Spaltungsbilanz[290] die handelsrechtlichen Gliederungs-, Bilanzierungs- und

---

[285] Seit dem Erkenntnis des OGH vom 11.11.1999, 6 Ob 4/99b, ist die Schlussbilanz stets von einem Abschlussprüfer zu prüfen und zwar unabhängig von einer Prüfungspflicht des Regelabschlusses. Zusätzlich ist der Schlussbilanz ein Anhang beizufügen, der ein Bild über die Vermögens-, Finanz-, und Ertragslage der übertragenden Gesellschaft vermittelt, Nowotny, Christian: Kapitalerhaltung bei Verschmelzungen und Spaltungen, Lehren aus OGH 11.11.1999, RWZ 2000, 97. Vgl. aber Grünwald, Art VI Spaltung - Handelsrecht in Helbich, Franz/ Wiesner, Werner/ Bruckner, Karl (Hrsg): Handbuch der Umgründungen, Wien 2002, Rz 64.

[286] Vgl. idS Hirschler, Klaus: Die Spaltung von Kapitalgesellschaften im Handels- und Steuerrecht, Wien 1996, 104; Kalss, Susanne: Handkommentar zur Verschmelzung, Spaltung und Umwandlung, Wien 1997, § 3 SpaltG, Rz 11.

[287] Für die Prüfungspflicht der Eröffnungsbilanz Hirschler, Klaus: Die Spaltung von Kapitalgesellschaften im Handels- und Steuerrecht, Wien 1996, 104; dieser Auffassung folgend Kalss, Susanne: Handkommentar zur Verschmelzung, Spaltung und Umwandlung, Wien 1997, § 3 SpaltG, Rz 11, 376; a.A. Aman in Aman, Günther/ Frotz, Stephan/ Mühlehner, Johann/ Wagner, Martin/ Zöchling, Hans: Das EU-Gesellschaftsrechtsänderungsgesetz, Wien 1996, 98, der darauf hinweist, dass die „Eröffnungsbilanzen weder der Prüfungs- noch der Veröffentlichungspflicht" unterliegen.

[288] A.A. Aman in Aman, Günther/ Frotz, Stephan/ Mühlehner, Johann/ Wagner, Martin/ Zöchling, Hans: Das EU-Gesellschaftsrechtsänderungsgesetz, Wien 1996, 98.

[289] Aman, Günther/ Frotz, Stephan/ Mühlehner, Johann/ Wagner, Martin/ Zöchling, Hans: Das EU-Gesellschaftsrechtsänderungsgesetz, Wien 1996, 99.

[290] Bei Fortführung der Buchwerte der neuen Gesellschaften aus dem letzten Jahresabschluss oder einer Zwischenbilanz der übertragenden Gesellschaft, die nach den auf den letzten Jahresabschluss angewandten Bilanzierungs- und Bewertungsmethoden zu erstellen ist, ergibt die Schlussbilanz

Bewertungsvorschriften des Rechnungslegungsgesetzes. Zurückzuweisen ist deswegen der vereinzelt in der Praxis vorzufindende Ansatz, der das in der Spaltungs- und Eröffnungsbilanz anzusetzende Eigenkapital in einem einzigen Block ausweist. Diese an das Umgründungssteuerrecht erinnernde Methode ist im Falle einer Spaltung nach dem SpaltG jedenfalls abzulehnen.[291] Das zuständige Firmenbuchgericht hat bei Prüfung der eingereichten Unterlagen und bei Feststellung eines solchen Mangels die Behebung dessen durch Erstellung einer neu einzureichenden, den Gliederungsvorschriften des § 224 HGB folgenden, Spaltungs- oder Eröffnungsbilanz zu beauftragen. Ein solches Vorgehen ist auch bei einer dem Spaltungsplan beigefügten, als Eröffnungsbilanz bezeichneten, „Übertragungsbilanz" geboten. Ein Verbesserungsauftrag ist wegen des anderslautenden gesetzlichen Wortlauts des § 2 Abs 2 Z 12 SpaltG und wegen der Gefahr der Verwechslung einer nach der Bestimmung des § 33 Abs 6 Teilstrich eins UmgrStG aufgestellten Übertragungsbilanz zu erteilen. Ebenso entsprechend dieser Vorgehensweise ist der Fall zu beurteilen, wenn anstelle der spaltungsgesetzlichen Bezeichnung „Spaltungsbilanz", die rein steuerrechtliche Bezeichnung „Restbilanz" verwendet wird. Die Verwendung dieser Definitionen ist, um einen spaltungsbegrifflichen Wildwuchs zu vermeiden, nur dann möglich, wenn in der Überschrift einer Sinne des § 2 Abs 2 Z 12 SpaltG erstellten Eröffnungsbilanz bzw. Spaltungsbilanz unmissverständlich darauf hingewiesen wird, dass die im Sinne der letztgenannten Bestimmung erstellte Bilanz gleichzeitig eine nach steuerrechtlichen Vorschriften erstellte Übertragungs- beziehungsweise Restbilanz darstellt.

2.2.4.3 Prüfung nach § 2 Abs 1 Z 4 SpaltG

§ 2 Abs 1 Z 4 SpaltG bestimmt, dass der Spaltungsplan die Einzelheiten der Herabsetzung des Nennbetrages bei „Nennbetragsaktien" oder der Zusammenlegung von Anteilen an der übertragenden Gesellschaft, wenn diese ihr Nennkapital gemäß § 3 SpaltG herabsetzt, enthalten muss. Nach dieser Regelung hat der Spaltungsplan eine Bestimmung darüber zu enthalten, wenn das Nennkapital der übertragenden Gesellschaft herabgesetzt wird, auf welche Weise dies zu erfolgen hat. In die Kapitalerhaltungsprüfung ist deshalb die Bestimmung des § 2 Abs 1 Z 4 SpaltG mit einzubeziehen.

---

der übertragenden Gesellschaft abzüglich der Eröffnungsbilanz(en) der neu gegründeten Gesellschaft(en) die Spaltungsbilanz.

[291] Vgl. sinngemäß OGH 23.01.2003, 6 Ob 81/02, für den Fall einer Einbringung, wonach der OGH auf das Erfordernis einer „handelsrechtlichen Bilanz" ausdrücklich hinweist.

2.2.5 Verletzung der Norm und Konsequenzen

2.2.5.1 Verletzung der Norm

Die Prüfung der Einhaltung der Regelung des § 3 Abs 2 Satz 1 SpaltG knüpft an die Frage an, welche Konsequenzen es hat, wenn eine vereinfachte Nennkapitalherabsetzung ohne Einhaltung des Summengrundsatzes erfolgt.[292] Nach der Wertung der aktien- und GmbH-rechtlichen Vorschriften § 82 Abs 1 GmbHG und dem ähnlich lautenden § 52 AktG liegt in diesem Fall in Höhe des Herabsetzungsbetrages eine Missachtung des Verbots der Einlagenrückgewähr vor. Ob die Spaltung scheitert oder nicht und damit wie weiter zu verfahren ist, hängt von dem jeweiligen Abwicklungsstand des in Vorbereitung befindlichen oder bereits eingeleiteten Spaltungsverfahrens ab.

Interessant ist die im Einleitungssatz gestellte Frage in ihrer Beantwortung in der zeitlichen Abfolge eines Spaltungsverfahrens. Die Methode ist sachgerecht; darüber hinaus ist eine Analyse aus systematischen Gesichtspunkten geboten. Die im Rahmen dieser Arbeit gewonnenen Erkenntnisse für die Frage, welche Konsequenzen eine Nichterfüllung des Summengrundsatzes, eingeschränkt auf die Perspektive des § 3 Abs 1 SpaltG, hat, folgt dem Prinzip einer konkreten zeitlichen Abfolge. Zunächst stellt sich die Argumentation für den Zeitraum bis vor dem Zeitpunkt der Aufstellung des Spaltungsplans, dann jener bis vor den Zeitpunkt der Beschlussfassung der Spaltung, an die dann der Zeitraum bis zum Zeitpunkt der Anmeldung knüpft. Den Schluss bilden die Phasen bis zum Zeitpunkt und nach dem Zeitpunkt der Eintragung der Spaltung. Entsprechend diesem zeitlichen Ablauf ist die folgende Untersuchung zu sehen. Den Beginn nimmt daher die Beantwortung der Frage, wie vorzugehen ist, wenn nach Einleitung des Spaltungsverfahrens, aber vor Aufstellung des Spaltungsplans feststeht, dass die Nennkapitalhersetzung ohne Einhaltung des Summengrundsatzes erfolgt.

---

292 Darüber hinaus kann im Einzelfall eine Normverletzung auch dann vorliegen, wenn zwar inhaltlich die Regelung des § 3 Abs 2 Satz 1 SpaltG als eingehalten gilt, aber die Grundlage der Prüfung selbst mangelhaft ist. Ein Bruch der Norm besteht darüber hinaus für den Fall des Unterschreitens der äußersten gesetzlichen Grenze einer Kapitalherabsetzung. Im Fall einer übertragenden AG bildet diese der Nennkapitalbetrag von EUR 70.000,00 (§ 7 AktG) und im Falle einer übertragenden GmbH EUR 35.000,00 (§ 6 Abs 1 GmbHG). Eine Herabsetzung unter das jeweilige gesetzliche Mindestnennkapital einer AG oder GmbH ist unzulässig.

2.2.5.2 Konsequenzen

2.2.5.2.1 Vor Aufstellung des Spaltungsplans

Im Einzelfall kann bei namhaftem Vermögen die Höhe des Buchverlustes entscheidend für die Einhaltung des Summengrundsatzes sein. Ist positives Buchvermögen Gegenstand einer Abspaltung und findet dieses in den Rücklagen der übertragenden Gesellschaft Deckung, sind für die Verlustabdeckung verwendete gebundene Rücklagen bei den neu gegründeten Gesellschaften als solche zu erhalten und mindestens in der Höhe des aufgelösten Betrages in den Eröffnungsbilanzen der neu gegründeten Gesellschaften auszuweisen. Ist der Buchwertabgang hingegen höher als die auflösbaren Rücklagen, ist das Nennkapital in Höhe des Differenzbetrages herabzusetzen.[293] Tritt dann der Fall ein, dass trotz Herabsetzung des Nennkapitals auf das höchst zulässige Niveau[294] die Deckung des buchmäßigen Fehlbetrages nicht ausreicht, kann eine Änderung des geplanten Spaltungsplans hinsichtlich des übergehenden Vermögens überlegt werden. Ist diese Lösung aus unternehmenspolitischen Gründen nicht in Betracht zu ziehen, müssen andere Maßnahmen in Erwägung gezogen werden, die geeignet sind, die Bilanzposten Rücklagen oder Jahresüberschuss zu erhöhen. Angesprochen sind insbesondere Bareinlagen und Schuldbefreiungen. Diese Maßnahmen dienen ganz allgemein dazu, eine Kapitalherabsetzung zu vermeiden.[295] Geeignet zur Vermeidung einer Kapitalherabsetzung kann im Einzelfall auch die Vereinbarung eines Bilanzausgleichs sein.[296] Erfolgen derartige Maßnahmen oder soll mit diesen die Notwendigkeit einer Kapitalherabsetzung überhaupt vermieden werden, sollten sie so rechtzeitig erfolgen, dass diese in der zu erstellenden Schlussbilanz ausgewiesen werden können. Ist wegen des handelsrechtlichen Stichtagsprinzips der Ausweis in der Schlussbilanz

[293] A.A. Aman, Günther: Einige Gedanken zum Gesellschaftsrechtsänderungsgesetz 1993 unter besonderer Berücksichtigung des Spaltungsgesetzes, RdW 1993/5, 142; ebenfalls offenbar Hügel, Hanns F.: Aktuelle Probleme des Spaltungsrechts, Zuordnung und Teilung von Vertragsverhältnissen, Squeeze-out-Spaltung, Konzernspaltung, Summengrundsatz, wbl 2001, 396, aufgrund des genannten Beispiels. Vgl. auch Strimitzer, Eugen: Abspaltung zur Aufnahme und Kapitalherabsetzung, RdW 2001, 515.

[294] Im Fall einer übertragenden AG bildet die äußerste Grenze der Kapitalherabsetzung der Nennkapitalbetrag von EUR 70.000,00 (§ 7 AktG) und im Falle einer übertragenden GmbH der Nennkapitalbetrag von EUR 35.000,00 (§ 6 Abs 1 GmbHG). Eine Herabsetzung unter das jeweilige gesetzliche Mindestnennkapital einer AG oder GmbH ist unzulässig.

[295] Budde, Wolfgang: Sonderbilanzen - Von der Gründungsbilanz bis zur Liquidationsbilanz, München 1994, 330, Rz 79:

[296] Budde, Wolfgang: Sonderbilanzen - Von der Gründungsbilanz bis zur Liquidationsbilanz, München 1994, 330.

nicht mehr möglich, kann die übertragende Gesellschaft den Nachweis anhand einer gesondert aufgestellten und geprüften Zwischenbilanz[297] erbringen.

Kann die übertragende Gesellschaft den Mangel an Eigenkapital und stillen Reserven auch durch entsprechende Zuschüsse aus dem Gesellschafterbereich oder andere Eigenkapital beschaffende Maßnahmen nicht abdecken, scheitert unter der Voraussetzung der Nichtänderung der geplanten Spaltungsstruktur die Anwendung des Summengrundsatzes. Aus gestalterischer Sicht bleibt schlicht nur mehr der Weg, das Nennkapital der übertragenden Gesellschaft nach den Vorschriften über die ordentliche Kapitalherabsetzung nach den allgemeinen Bestimmungen des AktG oder GmbHG herabzusetzen.

2.2.5.2.2 Nach Aufstellung und vor Beschlussfassung des Spaltungsplans

2.2.5.2.2.1 Keine Änderung des Spaltungsplan

Mit Datum der Unterzeichnung des Spaltungsplans der Vertretungsorgane der übertragenden Gesellschaft in vertretungsbefugter Anzahl gilt dieser als erstellt.[298] Zur Vorbereitung der Beschlussfassung hat der Vorstand der übertragenden Gesellschaft mindestens einen Monat vor dem Tag der Beschlussfassung den erstellten Spaltungsplan nach Prüfung durch den Aufsichtsrat bei dem Gericht, in dessen Sprengel die übertragende Gesellschaft ihren Sitz hat, einzureichen und einen Hinweis auf diese Einreichung in den Bekanntmachungsblättern zu veröffentlichen (§ 7 Abs 1 Satz 1 SpaltG). Stellt sich nach dem Zeitpunkt der Veröffentlichung heraus, dass der Nennkapitalherabsetzungsbetrag zur Einhaltung des Summengrundsatzes zu niedrig ist, und damit die Kapitalerhaltungsvorschrift zum Spaltungsstichtag als nicht eingehalten gilt, ist der Spaltungsplan in dem Punkt über die Kapitalherabsetzung zu ändern, wenn der zu niedrig angesetzte Kapitalherabsetzungsbetrag nicht durch andere Maßnahmen ausgeglichen werden kann.

Kann der Fehlbetrag durch entsprechende Zuschüsse aus dem Gesellschafterbereich abdeckt werden oder durch sonstige Maßnahmen der Kapitalbeschaffung gedeckt werden, liegt kein Erfordernis der Änderung des Spaltungsplanes vor. Die im Spaltungsplan enthaltene Bestimmung über die Einzelheiten der Herabsetzung

[297] Zum Ansatz der Erstellung einer Zwischenbilanz siehe Kapitel 1.4.2.2 (geprüfte) Zwischenbilanz als Schlussbilanz , 65ff.

[298] Dies ergibt sich konkludent aus § 7 Abs 1 SpaltG. Eine ausdrückliche Verpflichtung zur Unterzeichnung sowie eine Verpflichtung zur Schriftlichkeit des Spaltungsplans fehlt im Gesetz. Nach Kalss, Susanne: Handkommentar zur Verschmelzung, Spaltung und Umwandlung, Wien 1997, § 2, Rz 3, ergibt sich die Schriftform für den Spaltungsplan daraus, dass dieser einen Monat vor der Beschlussfassung beim Firmenbuchgericht einzureichen ist (§ 7 Abs 1 SpaltG).

des Nennbetrages bei Nennbetragsaktien oder der Zusammenlegung von Anteilen an der übertragenden Gesellschaft (§ 2 Abs 1 Z 4 SpaltG) ist nicht zu ändern. Kann wegen der stichtagsbezogenen Bewertung (§ 201 Abs 2 Z 3 HGB) die nachträgliche Mittelzuführung nicht mehr in der Schlussbilanz der übertragenden Gesellschaft abgebildet werden, ist Basis für die Einhaltung des Summengrundsatzes eine, auf einen nach dem Zeitpunkt der Aufstellung geprüfte Zwischenbilanz. Auch in diesem Fall kommt es zu keiner Änderung des Spaltungsplanes, wenn der Spaltungsplan in der ursprünglichen Fassung keinen Hinweis über die Art der Kapitalerhaltung außer der gesetzlichen Verpflichtung nach § 2 Abs 1 Z 4 SpaltG enthält. Die Nichtänderung des Spaltungsplanes ist notwendige Voraussetzung, um das zuständige Firmenbuchgericht nicht nochmals im Sinne des § 7 Abs 1 SpaltG befassen zu müssen. Die Methode einer außerspaltungsplanmäßigen Abänderung ist allerdings in der Niederschrift des Spaltungsbeschlusses, die der Anmeldung der Spaltung nach Beschlussfassung beizulegen ist (§ 13 Z 1 SpaltG), offen zu legen, wenn die Kapitalerhaltung auf Basis einer dem Spaltungsplan beiliegenden geprüften Zwischenbilanz eingehalten ist.

2.2.5.2.2.2 Änderung des Spaltungsplans

Der vom Vorstand aufgestellte Spaltungsplan ist beim zuständigen Firmenbuchgericht am Sitz der übertragenden Gesellschaft einzureichen, wobei ein Hinweis der Einreichung in den Bekanntmachungsblättern der Gesellschaft zu veröffentlichen ist (§ 7 Abs 1 Satz 1 SpaltG). Nach diesem Zeitpunkt erfolgte Änderungen des Spaltungsplans gegenüber dem gemäß § 7 SpaltG eingereichten können nur dann im Rahmen des Spaltungsverfahrens Beachtung finden, wenn für Änderungen des Spaltungsplans dieselben Vorschriften gelten als für dessen ursprüngliche Aufstellung.[299] Somit sind die Änderungen mindestens einen Monat vor dem Tag der Beschlussfassung nach Prüfung durch den Aufsichtsrat bei dem Gericht, in dessen Sprengel die übertragende Gesellschaft ihren Sitz hat, einzureichen und einen Hinweis auf diese Einreichung in den Bekanntmachungsblättern der Gesellschaft zu veröffentlichen. Ebenso ist die Sperrfrist von einem Monat zwischen der Veröffentlichung und dem Spaltungsbeschluss, der dann auch die Änderungen umfasst, erneut einzuhalten. Dies bedeutet, dass Änderungen des Spaltungsplans dazu führen können, dass ein einmal gefasster Zeitplan nicht mehr eingehalten werden kann.

[299] Zur Begründung siehe im Einzelnen bereits Kapitel 1.5.2.2.2 Änderung des Spaltungsplans, 77.

2.2.5.2.3 Nach Beschlussfassung und vor Anmeldung der Spaltung

Die Beschlussfassung über die Spaltung bildet den vorläufigen Abschluss des Spaltungsverfahrens auf Gesellschafterebene. Nach diesem Zeitpunkt und vor Anmeldung der Spaltung entdeckte Mängel der Kapitalerhaltung sind in diesem Stadium am effizientesten über Mittelzuführung in die übertragende Gesellschaft zu beseitigen. Zwar steht die Möglichkeit der Abänderung des Spaltungsplanes und die der Einleitung einer ordentlichen Kapitalherabsetzung zur Verfügung, allerdings wird die Praxis von der Anwendung dieser beider Varianten absehen, um aus zeitlichen Gründen den gefassten Plan halten zu können. Für die Bilanzierung des Zuschusses und für die Erbringung des Nachweises der Kapitalerhaltung der übertragenden Gesellschaft ist eine Zwischenbilanz auf den Zeitpunkt nach Beschlussfassung zu erstellen. Die Zwischenbilanz, die die Schlussbilanz für den Kapitalerhaltungsnachweis ersetzt, ist sinngemäß in geprüfter Form als ergänzende Beilage der Anmeldung nach § 13 SpaltG beizulegen. Für den Fall, dass der Mangel nicht erkannt wird, wurde bereits festgestellt, dass der gefasste Spaltungsbeschluss wegen Verletzung des gesetzlichen Gebotes der Kapitalerhaltung anfechtbar ist.[300]

2.2.5.2.4 Nach Anmeldung der Spaltung

Nach dem firmenbuchgesetzlichen Wortlaut des § 19 FBG ist das Firmenbuchgericht zur Festlegung der Art der Beseitigung des Mangels verpflichtet, wenn dies erforderlich ist. Letzteres ist im Rahmen einer Spaltung nicht der Fall, selbst dann nicht, wenn das Firmenbuchgericht den Herabsetzungsbetrag als für zu gering erachtet. Die Möglichkeit zur Beseitigung einer nicht eingehaltenen Kapitalerhaltungsverpflichtung ist bei der übertragenden Gesellschaft stets auf drei Arten möglich. Die einfachste Variante stellt es dar, den Mangel über zusätzliche Mittelzufuhr zu beheben. Wenn die übertragende Gesellschaft im Spaltungsplan bei der Kapitalerhaltung auf die gemäß § 12 Abs 2 Z 12 SpaltG beizulegenden Bilanzen verwiesen hat, führt dies zu keiner Änderung des Spaltungsplans. Wegen der stichtagsbezogenen Bewertung (§ 201 Abs 2 Z 3 HGB) kann die nachträgliche Mittelzuführung nicht mehr in der Schlussbilanz der übertragenden Gesellschaft abgebildet werden. Basis für die Einhaltung des Summengrundsatzes hat dann eine auf einen nach dem Zeitpunkt der Aufstellung geprüfte Zwischenbilanz zu sein.

Kann die übertragende Gesellschaft keine zusätzlichen Eigenmittel bereitstellen, kann angedacht werden, den Spaltungsplan hinsichtlich des zu übertragenden

[300] Vgl. auch Kapitel 1.5.2.4 Nach Anmeldung der Spaltung, 81.

Buchvermögens zu ändern. Diese Möglichkeit sollte jedenfalls in Erwägung gezogen werden, weil das Verfahren ein kürzeres ist, als wenn die Vorschriften über die ordentliche Kapitalherabsetzung zur Anwendung gelangen. Ist dies nicht der Fall, bleibt nur die Möglichkeit der ordentlichen Nennkapitalherabsetzung nach den jeweils geltenden Bestimmungen des Aktien- bzw. GmbH-Rechts. Die Vorschriften über die ordentliche Kapitalherabsetzung sind dabei unabhängig davon anzuwenden, ob es sich um eine auf- oder abspaltende Kapitalgesellschaft handelt.[301]

Ein Verbesserungsauftrag über die Einhaltung der Vorschriften über die ordentliche Kapitalherabsetzung hat bei wörtlicher Analyse des § 2 Abs 1 Z 4 SpaltG eine Wiederaufrollung des eingeleiteten Spaltungsverfahrens zur Folge. Dieser Schluss lässt sich aus der Wortfolge in § 2 Abs 1 Z 4 SpaltG „wenn diese ihr Nennkapital gemäß § 3 herabsetzt“, ziehen. Der Formulierung geht die in dieser Bestimmung zu entnehmende Aussage voran, dass wenn die übertragende Gesellschaft ihr Nennkapital herabsetzt, der Spaltungsplan die Einzelheiten der Herabsetzung zu beinhalten hat. § 3 SpaltG, der sowohl eine vereinfachte Form der Kapitalherabsetzung als auch die ordentliche Kapitalherabsetzung nennt, hat wegen der Regelung des § 2 Abs 1 Z 4 SpaltG zur Konsequenz, dass der Spaltungsplan um den Punkt der Kapitalherabsetzung zu bereinigen ist. Eine Änderung der Einzelheiten einer nach § 3 SpaltG geregelten Kapitalherabsetzung ist als Änderung des Spaltungsplans zu werten. Dies bedeutet, dass für diese Änderung im Spaltungsplan wiederum dieselben Vorschriften gelten wie für dessen ursprüngliche Aufstellung.[302] Danach hat der Vorstand der übertragenden Gesellschaft mindestens einen Monat vor dem Tag der Beschlussfassung durch die Anteilsinhaber den geänderten Spaltungsplan nach Prüfung durch den Aufsichtsrat, bei dem Gericht, in dessen Sprengel die übertragende Gesellschaft ihren Sitz hat, einzureichen und einen Hinweis auf diese Einreichung in den Bekanntmachungsblättern der Gesellschaft zu veröffentlichen. Die Veröffentlichung ist unverzichtbar. Wird die in § 7 Abs 1 SpaltG vorgesehene, und damit nochmalige Veröffentlichungs- und Hinterlegungspflicht nicht eingehalten, liegt im letztgenannten Fall ein nicht sanierbarer Mangel vor, sodass die Eintragung der Spaltung abzulehnen wäre. Seitens des Firmenbuchgerichts sollte der Verbesserungsauftrag auf diesen Punkt hinweisen, um Komplikationen zu vermeiden.

[301] Zur Begründung der ordentlichen Kapitalherabsetzung für den Fall der Aufspaltung siehe Kapitel 1.3.1.1 Einhaltung im Fall der Aufspaltung, 39ff.
[302] Zur Begründung im Einzelnen siehe Kapitel 1.5.2.2.2 Änderung des Spaltungsplans, 77ff.

2.2.5.2.5 Nach Eintragung der Spaltung

§ 14 Abs 3 SpaltG bestimmt, dass, nach Eintragung, Mängel der Spaltung die Wirkung unberührt lassen. Trotz Fortbestehens von Mängeln treten demnach die Wirkungen der Spaltung ein.[303] Nach der Eintragung einer Spaltung zur Neugründung kann keine Anfechtungs- oder Nichtigkeitsklage erhoben werden, die Anteilsinhaber und Gläubiger sind auf Schadenersatzklagen verwiesen. Vor der Eintragung erhobene Anfechtungs- oder Nichtigkeitsklagen sind in Schadenersatzklagen zu ändern. Eine erfolgreiche Anfechtung der Spaltung aufgrund der nicht eingehaltenen Kapitalerhaltungsverpflichtung kann daher nur in Schadenersatzansprüchen erfolgen.[304]

2.3 Die Herabsetzung des Nennkapitals nach § 3 Abs 2 Satz 2 SpaltG

2.3.1 Inhalt der Norm

2.3.1.1 Zur Auslegung des § 3 Abs 2 Satz 2 SpaltG

§ 3 Abs 2 Satz 2 SpaltG regelt die Ausnahme vom Summengrundsatz. Die übertragende Gesellschaft kann nach dieser Regelung von der Aufrechterhaltung von Nennkapital und gebundenen Rücklagen absehen, wenn sie die Vorschriften über die ordentliche Kapitalherabsetzung einhält.[305] Der Gesetzgeber begründet mit dieser Ausgestaltung einen Bruch im summenrechtlichen Gläubigerschutzkonzept. Die spaltungsgesetzliche Regelung lässt damit das Gläubigerschutzmodell der Kapitalherabsetzung (§ 178 AktG, § 55 Abs 2 letzter Satz GmbHG) als Alternative zum Summengrundsatz zu.

Ganz allgemein zielt eine ordentliche Kapitalherabsetzung auf eine Ausschüttung von Gesellschaftsvermögen ab, welches nach Einhaltung der jeweiligen Sperrfristen zur freien Verfügung der Gesellschafter steht. Erfolgt eine Ausschüttung von Gesellschaftsvermögen nicht in bar sondern in Sachwerten und gehen darüber hinaus die mit einer solchen Dividende verbundenen stillen Reserven verloren, stellt sich die Frage, ob der Herabsetzungsbetrag in Höhe des Buchwertes oder in Höhe des Verkehrswertes zu erfolgen hat. Praktisch stellt sich

---

[303] Kritisch dazu Hügel, Hanns F.: Das neue Spaltungsgesetz und die Reform des Umgründungsrechts, ecolex 1996, 541.

[304] Vgl. hierzu bereits die Ausführungen in Kapitel 1.5.2.5 Nach Eintragung der Spaltung, 82.

[305] Hügel, Hanns F.: Umgründungsbilanzen Handelsrecht und Steuerrecht, Wien 1997, Rz. 6.56; a.A. Hügel, Hanns F.: Aktuelle Probleme des Spaltungsrechts, Zuordnung und Teilung von Vertragsverhältnissen, Squeeze-out-Spaltung, Konzernspaltung, Summengrundsatz, wbl 2001, FN 45.

diese Frage bei jeder Form der Kapitalherabsetzung, die zum Zwecke einer Sachgewinnausschüttung erfolgt, bei der nicht sichergestellt ist, dass die stillen Reserven den Gläubigern der Gesellschaft weiterhin als Haftungsmasse zur Verfügung stehen. Bei Herabsetzung zu Buchwerten, und nicht zu Verkehrswerten, besteht die Gefahr einer verdeckten Ausschüttung stiller Reserven.[306]

Eine Bindungsintensität, die dem Summengrundsatz gleichwertig ist, besteht nur für den Fall einer Kapitalherabsetzung zu Verkehrswerten.[307] Diese Meinung beruht auf der Gleichbehandlung der in § 3 Abs 1 und 2 SpaltG geregelten Kapitalerhaltungsbestimmungen. Eine solche Gleichbehandlung ist nicht bereits mit Hilfe objektiv-teleologischer Interpretation, sondern mit historischen Gesichtspunkten zu rechtfertigen. Konkret belegbar ist diese Auffassung mit Einführung der Spaltung zur Aufnahme im Jahr 1996. § 17 SpaltG, der die Spaltung zur Aufnahme regelt, führt in Z 3 Satz 1 die ordentliche Kapitalherabsetzung an. Den Materialen ist zu entnehmen, dass die „Kapitalherabsetzung ein Äquivalent für den [....] Summengrundsatz“ ist.[308]

Ein dem Summengrundsatz gleichwertiges Gläubigerschutzkonzept setzt die Kapitalherabsetzung auf Verkehrswertbasis voraus.[309] Das ist aber, wenn auch der Intention des Gesetzgebers eine Vermeidung eines Wertungswiderspruches unterstellt werden kann, bei einer ordentlichen Kapitalherabsetzung nicht der Fall. Die äußere Ordnung einer nach GmbH- oder Aktienrecht erfolgten Kapitalherabsetzung ist das Recht der Rechnungslegung.[310] Dieses verpflichtet zur Abbildung eines jeden buchhalterischen Vorgangs in einer Bilanz und bei Erfolgswirksamkeit in einer Gewinn- und Verlustrechnung. Eine Kapitalherabsetzung findet daher jedenfalls Eingang in eine Bilanz.

---

[306] Auf dieses Problem hat Doralt, Peter: Zur Gestaltung handelsrechtlicher Vorschriften über die Spaltung in: Doralt, Peter/ Nowotny, Christian (Hrsg): Kontinuität und Wandel, Beiträge zum Unternehmensrecht, Festschrift für Walther Kastner zum 90. Geburtstag, Wien 1992, 130, bereits hingewiesen.

[307] Vgl. in diesem Sinn bereits Hirschler, Klaus: Die Spaltung von Kapitalgesellschaften im Handels- und Steuerrecht, Wien 1996, 50ff.

[308] abgedruckt bei Reich-Rohrwig, Johannes: EU-Gesellschaftsrechtsänderungsgesetz, Wien, 1996, 372.

[309] Nach herrschender Lehre bedeutet dies, dass bei sonstiger Haftung der Organe und der Empfänger einer Kapitalherabsetzung die Sachauskehr nicht wertvoller sein darf, als der herabgesetzte Nennbetrag; Doralt, Peter: Zur Gestaltung handelsrechtlicher Vorschriften über die Spaltung in: Doralt, Peter/ Nowotny, Christian (Hrsg): Kontinuität und Wandel, Beiträge zum Unternehmensrecht, Festschrift für Walther Kastner zum 90. Geburtstag, Wien 1992, 130.

[310] Zum Begriff erstmals, soweit ersichtlich, Nowotny, Christian: Funktion der Rechnungslegung im Handels- und Gesellschaftsrecht, Bd 6, Wien 1987,1.

In welcher Höhe ein Herabsetzungsbeschluss erfolgt, liegt, sofern die gesetzlichen Nennbetragsgrenzen der jeweils herabsetzenden GmbH oder AG nicht unterschritten werden, im Ermessen der Gesellschafter der beschlussfassenden Gesellschaft. Demnach wäre es auch zulässig, den Herabsetzungsbeschluss in Höhe des Verkehrswertes des abgehenden Vermögens zu bilden. Ist bei einer (Sach-)Gewinnausschüttung der Verkehrswert höher als der Buchwert des abgehenden Vermögens, wäre der Differenzbetrag der Herabsetzung nach dieser Auffassung als Ausschüttungsverbindlichkeit gegenüber den Gesellschaftern zu sehen.[311] Problematisch ist allerdings, hält man sich den Katalog der gesetzlichen Bestimmungen der Rechnungslegung vor Augen, dass die für die Sachgewinnausschüttung notwendige Verbuchung von Vermögensabgängen grundsätzlich nicht zu Verkehrswerten erfolgen kann. Die Forderung einer Verkehrswertverbuchung würde eine insgesamt anspruchsvolle Aufgabe an die übertragende Gesellschaft darstellen. Denn zu diesem Zweck müsste für die Ermittlung und Verbuchung der Sachausschüttung bei der praktischen Umsetzung jeder einzelne Vermögensgegenstand hinsichtlich stiller Reserven und Lasten beziffert werden können.

Wenn gefordert wird, der Kapitalherabsetzungsbetrag müsse dem Verkehrswert entsprechen, widerspricht dieses Erfordernis den derzeit gültigen Bestimmungen der Rechnungslegung, weil das normierte Recht nicht auf eine tatsächliche Betrachtung, sondern auf eine Buchwertbetrachtung abstellt,[312] und durchbricht damit den Regelungszusammenhang zwischen AktG bzw. GmbHG und Rechnungslegungsgesetz. Der angesprochene Regelungszusammenhang zwischen dem Handels- und Kapitalgesellschaftsrecht lässt sich am geeignetsten anhand des kaufmännischen Vorsichtsprinzips[313] erklären. Entsprechend diesem Grundsatz hat sich ein Kaufmann im Zweifelsfall ärmer, aber nicht reicher zu machen. Es handelt sich hierbei um ein gläubigerschutzorientiertes Denkmodell,[314] welches

---

[311] Zur Lösungsmöglichkeit der zusätzlichen bzw. vorrangigen Auflösung freier Rücklagen vgl. Doralt, Peter: Zur Gestaltung handelsrechtlicher Vorschriften über die Spaltung in: Doralt, Peter/ Nowotny, Christian (Hrsg): Kontinuität und Wandel, Beiträge zum Unternehmensrecht, Festschrift für Walther Kastner zum 90. Geburtstag, Wien 1992, 130; dieser Lösung folgend vgl. ebenso Hirschler, Klaus: Die Spaltung von Kapitalgesellschaften im Handels- und Steuerrecht, Wien 1996, 130.

[312] Von der Ausnahme des § 202 HGB abgesehen, der die Bewertung von Einlagen und Zuwendungen sowie Entnahmen regelt.

[313] Zum Vorsichtsprinzip im Einzelnen vgl. etwa Gassner/Lahodny-Karner/Urtz in Straube, Manfred: Kommentar zum Handelsgesetzbuch, Bd 2, Rechnungslegung, Wien 2000, § 201 HGB 41ff. Zur Entwicklung Kalss, Susanne/ Christina, Burger/ Georg, Eckert: Die Entwicklung des österreichischen Aktienrechts, Geschichte und Materialien, Wien 2003, 261 und FN 1700.

[314] Gassner/Lahodny-Karner/Urtz in Straube, Manfred: Kommentar zum Handelsgesetzbuch, Bd 2, Rechnungslegung, Wien 2000, § 201 HGB, 41.

sich aus den aktienrechtlichen Bestimmungen entwickelt hat[315] und nach den gültigen Bestimmungen des Aktien- bzw. GmbH-Rechts in unterschiedlichen Ausprägungen findet. So hat bei Gründung und Kapitalerhöhung einer AG oder GmbH, außer für den Fall einer Bargründung einer GmbH (§ 6a Abs 1 iVm Abs 4 GmbHG), eine Gründungsprüfung[316] zu erfolgen. Hauptzweck einer solchen Prüfung ist nach aktien- und GmbH-rechtlichem Verständnis die Prüfung über die Aufbringung und Werthaltigkeit des Nennkapitals[317] und der dafür gewährten Anteile einer Kapitalgesellschaft. Die nach dem Gesetz zwingend vorgeschriebene Gründungsprüfung, außer im Fall der Gründung einer GmbH mit Barmitteln, soll dazu beitragen, unseriöse Gründungen oder Kapitalerhöhungen, die Gläubiger im Falle einer Überbewertung gesellschaftsrechtlichen Vermögens schädigen könnten, nach Möglichkeit zu verhindern.[318] Einfach ausgedrückt kann sich eine Kapitalgesellschaft nicht reicher machen als sie tatsächlich ist. Bei Herabsetzung des Nennkapitals einer Kapitalgesellschaft geht der Gesetzgeber allerdings den umgekehrten Weg. Das Gesetz verzichtet auf eine Herabsetzungsprüfung im Sinne einer Gründungsprüfung. An die Stelle der Gründungsprüfung treten die Bestimmungen über die ordentliche Kapitalherabsetzung, sofern das Nennkapital nicht vereinfacht herabgesetzt wird. Der Gesetzgeber sieht im Falle einer übertragenden GmbH eine Sperrfrist von 3 Monaten und im Falle einer übertragenden AG eine Sperrfrist von 6 Monaten mit gesonderten Befriedigungs- und Sicherstellungsansprüchen vor. Im Gegensatz zur Gründungsprüfung lässt sich den aktien- und GmbH-rechtlichen Bestimmungen kein Hinweis entnehmen, dass der herabgesetzte Nennkapitalbetrag bei Abgang von Vermögen seinem tatsächlichen Wert zu entsprechen hat. Dies begründet sich daraus, weil das AktG und GmbHG den Regelungstatbestand der Einlage, nicht aber den der (Sach-)Entnahme kennen. Eine Bewertung im Sinne des § 202 HGB zu tatsächlichen Werten[319] kommt insofern nicht in Betracht. Daraus begründet sich, weshalb auch bei einer Sachgewinnausschüttung von einer Buchwertbetrachtung auszugehen ist.[320] Damit kann es allerdings im Rahmen einer Spaltung zur

---

[315] Nowotny, Christian: Funktion der Rechnungslegung im Handels- und Gesellschaftsrecht, Bd 6, Wien 1987, 108; 119.

[316] Koppensteiner, Hans-Georg: GmbH-Gesetz - Kommentar, Wien 1999, § 6a, Rz 1ff; Jabornegg in Schiemer, Karl/Jabornegg, Peter/Strasser, Rudolf: Kommentar zum Aktiengesetz, Wien 1993, § 25, Rz 1ff.

[317] Vgl. Jabornegg in Schiemer, Karl/Jabornegg, Peter/Strasser, Rudolf: Kommentar zum Aktiengesetz, Wien 1993, § 26, Rz 1.

[318] Jabornegg in Schiemer, Karl/Jabornegg, Peter/Strasser, Rudolf: Kommentar zum Aktiengesetz, 3. Auflage, Wien 1993, § 26, R 1.

[319] Zur Bewertung des § 202 HGB, vgl. Gassner/Lahodny-Karner/Urtz in Straube, Manfred: Kommentar zum Handelsgesetzbuch, Bd 2, Rechnungslegung, 2. Auflage, Wien 2000, Rz 11.

[320] In diesem Sinn ausdrücklich auch Hirschler, Klaus: Die Spaltung von Kapitalgesellschaften im Handels- und Steuerrecht, Wien 1996, 53, der seine These mit der Ausführung schließt: „Entscheidend ist lediglich, dass die Kapitalherabsetzung, vermögensmäßig gedeckt ist; bilanziell kann sie nur zum Buchwert erfolgen." Ebenso Bertl/Hirschler in Bertl, Romuald/Mandl, Dieter

Aufnahme, wie beispielsweise einer up-stream Abspaltung ohne Nennkapitalerhöhung, zu einer Ausschüttung stiller Reserven kommen. In diesem Fall haften die Organe der übertragenden Gesellschaft. Zusätzlich gelangt die spaltungsgesetzliche Sonderregelung des § 15 Abs 1 SpaltG zur Anwendung. Nach dieser Regelung haften die an der Spaltung beteiligten Gesellschaften bis zur Höhe des ihnen jeweils zugeordneten Nettoaktivvermögens als Gesamtschuldner.

Erfolgt eine Kapitalherabsetzung im Wege der Bestimmung des § 3 Abs 2 Satz 2 SpaltG ist zu berücksichtigen, dass der Spaltungsplan Einzelheiten hinsichtlich der Kapitalherabsetzung zu enthalten hat (§ 2 Abs 2 Z 4 SpaltG). Darüber hinaus gelangen zusätzlich die Bestimmungen des Aktien- bzw. GmbH-Rechts zur Anwendung. Nach dem aktienrechtlichen Modell muss die beabsichtige Spaltung zunächst bekannt gemacht werden und dann allen Gläubigern, welche sich binnen sechs Monaten nach der Bekanntmachung melden, Sicherheit geleistet werden, soweit sie nicht Befriedigung verlangen können (§ 178 AktG). Die Spaltung darf erst dann durchgeführt werden, wenn die Gläubiger tatsächlich befriedigt worden sind oder Sicherstellung erhalten haben. Das Modell des § 55 GmbHG zwingt die übertragende Gesellschaft nicht nur zur Bekanntmachung, sondern auch zur unmittelbaren Verständigung bekannter Gläubiger.[321]

2.3.1.2 Zur Auslegung des § 3 Abs 2 Satz 2 SpaltG iVm § 17 Z 3 SpaltG

2.3.1.2.1 Die „Vorschriften über die ordentliche Kapitalherabsetzung" als Gemeinsamkeit

Das Spaltungsgesetz regelt die Spaltung zur Neugründung in den Bestimmungen der §§ 2 bis 16 SpaltG. § 3 Abs 2 Satz 2 SpaltG, der auf die ordentliche Kapitalherabsetzung verweist, erstreckt sich im Anwendungsbereich auf die Spaltung zur Neugründung. Eine gleichlautende Wortfolge findet sich in § 17 Z 3 Satz 1 SpaltG. § 17 SpaltG, der die Spaltung zur Aufnahme regelt, enthält im ersten Satz der Z 3 den Hinweis, dass bei der Aufspaltung und Abspaltung zur Aufnahme, bei der das Nennkapital der übertragenden Gesellschaft herabgesetzt wird, die Spaltung erst eingetragen werden darf, nachdem die Vorschriften über die

(Hrsg): Handbuch zum Rechnungslegungsgesetz, Rechnungslegung, Prüfung und Offenlegung, Wien 2003, 493.
Eine hier nicht behandelte Frage ist, ob in der Bekanntmachung die Gläubiger nicht nur auf ihr Recht, sondern auch auf den Zweck der Kapitalherabsetzung hinzuweisen sind. Vgl. hierzu die Überlegungen von Doralt, Maria: Management Buyout, Wien 2001, 235.

321 Bedenken diesbezüglich finden sich bei Doralt, Peter: Zur Gestaltung handelsrechtlicher Vorschriften über die Spaltung in: Doralt, Peter/ Nowotny, Christian (Hrsg): Kontinuität und Wandel, Beiträge zum Unternehmensrecht, Festschrift für Walther Kastner zum 90. Geburtstag, Wien 1992, 146.

ordentliche Kapitalherabsetzung eingehalten worden sind.[322] Es ist daher auch im Falle der Spaltung zur Aufnahme das Nennkapital nach den ordentlichen Vorschriften herabzusetzen.

2.3.1.2.2 Herabsetzung des Nennkapitals und Summengrundsatz

§ 17 SpaltG ist als Norm eines Regelungswerks zu interpretieren, dessen Grundlagen die §§ 2 bis 16 SpaltG bilden. Jede einzelne Bestimmung der Spaltung zur Neugründung (§§ 2 bis 16 SpaltG) gilt prinzipiell sinngemäß auch für den Fall der Spaltung zur Aufnahme. Das Prinzip wird dort durchbrochen, wo § 17 SpaltG etwas anderes nennt. Bei der Gestaltung einer Spaltung zur Aufnahme ist technisch daher jede einzelne Regelung der §§ 2 bis 16 zu prüfen, ob dem eine zwingende Formulierung des § 17 entgegensteht, die bejahendenfalls zur Anwendung gelangt.

Die Technik der Auslegung[323] ist für die Ansicht über die Kapitalerhaltungsfrage entscheidend. Diese wurde in den vorangegangenen Abschnitten dargestellt, mit dem Ergebnis, dass der Summengrundsatz zur Anwendung gelangt. Dies ist nicht nur wegen des Prinzips der Vermeidung von Wertungswidersprüchen innerhalb desselben Rechtsbereichs, sondern weil dies aus der grammatikalischen Auslegung der spaltungsgesetzlichen Formulierung zu schließen ist. § 3 Abs 1 SpaltG ist Grundlage für den Fall einer Auf- und Abspaltung zur Aufnahme. Nichts Gegenteiliges ist aus dem Wortlaut des § 17 SpaltG zu schließen. § 3 Abs 2 SpaltG, der die Kapitalherabsetzung regelt, hält an einer vereinfachten und an einer ordentlichen Form fest. § 17 Z 3 erster Satz SpaltG, der von der Verpflichtung zur ordentlichen Kapitalherabsetzung spricht, schließt das Modell der in § 3 Abs 2 Satz 1 SpaltG genannten vereinfachten Kapitalherabsetzung aus. § 3 Abs 2 Satz 2 SpaltG bildet den Abschluss der abspaltungsrechtlichen Kapitalerhaltungsfrage für den Fall der Spaltung zur Aufnahme, wobei der Summengrundsatz nicht eingehalten werden muss, wenn die Vorschriften über die ordentliche Kapitalherabsetzung zur Anwendung gelangen.

Die hier vorgeschlagene Erweiterung des Kapitalerhaltungsgrundsatzes bei der Spaltung zur Aufnahme durch Übertragung des für die Spaltung zur Neugründung geltenden Summenprinzips, bei einem sonst nicht begründbaren systematischen Widerspruch, legt im Ergebnis fest, dass der Summengrundsatz sowohl im Fall

---

[322] Analog vorzugehen ist laut Entscheidungslinie des OGH bei Spaltungen, die nicht unter den Regelungsbereich des SpaltG fallen. So zu finden bei OGH 11.03.1999, 6 Ob 5/99z; OGH 10.06.1999, 6 Ob 6/99x

[323] Zum Problem der Auslegung des § 17 SpaltG generell Kalss, Susanne: Handkommentar zur Verschmelzung, Spaltung und Umwandlung, Wien 1997, § 17, Rz 2.

der Spaltung zur Neugründung, als auch im Fall der Spaltung zur Aufnahme zur Anwendung gelangt. Die weitere Vorgehensweise hängt von der Höhe des wertmäßig positiven übertragenen Vermögens[324] und der finanziellen Eigenmittelausstattung der übertragenden Gesellschaft ab. Setzt die übertragende Gesellschaft im Rahmen des Spaltungsverfahrens ihr Nennkapital herab, bestehen im Falle einer geplanten Abspaltung zur Neugründung zwei Möglichkeiten der Kapitalherabsetzung - vereinfachte Kapitalherabsetzung unter Einhaltung des Summengrundsatz oder Einhaltung der Vorschriften über die ordentliche Kapitalherabsetzung. Die beiden genannten Varianten stehen nur für den Fall der Abspaltung zur Neugründung zur Auswahl. Bei einer Abspaltung zur Aufnahme hat nach Einleitung des Spaltungsverfahrens, wenn eine Kapitalherabsetzung erfolgt, dies nach den Vorschriften über die ordentliche Kapitalherabsetzung zu erfolgen.

Als Beispiel für die praktische Umsetzung des hier Beschriebenen kann der Fall einer AG oder GmbH dienen, die Nennkapital, gebundene Rücklagen und einen Bilanzgewinn in der einer geplanten Abspaltung zugrunde gelegten Schlussbilanz ausweist. Werden buchwertmäßig mehr Aktiva als Passiva übertragen, führen die Abgänge bei der übertragenden Gesellschaft zu einer Vermögensverminderung. Die auszubuchenden Aktiva in Höhe des Buchwertabganges führen zu einem Verlust, wohingegen die auszubuchenden Passiva in Höhe ihres Buchwertabganges einen Ertrag bewirken. Insgesamt entsteht bei der übertragenden Gesellschaft ein Buchverlust, der seitens der Gesellschafter der übertragenden Gesellschaft keinen Ausgleich erfährt. Faktisch wird damit in Höhe dieses Betrages eine Ausschüttung vorgenommen, die aber nicht im Sinne einer Gewinnverwendung zu verstehen ist, sondern die aufgrund einer im Spaltungsbeschluss festgelegten Vermögensauskehr erfolgt.[325] Eine auf diese Weise erfolgte Ausschüttung an die Gesellschafter kann nach geltender Meinung, neben Verwendung eines vorhandenen Bilanzgewinns durch Auflösung von freien und auch gebundenen Rücklagen, gedeckt werden, ohne dass hierfür eine Herabsetzung des Nennkapitals bei der übertragenden Gesellschaft erforderlich wäre.[326] Ist der buchmäßige Abgang der abspaltenden Gesellschaft hingegen

---

[324] Die Notwendigkeit des Übergangs eines positiven Vermögens aus Verkehrswerten ergibt sich aus der Anwendung allgemeiner Verschmelzungsgrundsätze. Angeführt bei Nowotny, Christian: Kapitalerhaltung bei Verschmelzungen und Spaltungen, RWZ 4/2000, 97.

[325] Die Gegenleistung für die Vermögensauskehrung erfolgt unmittelbar an die Gesellschafter der übertragenden Gesellschaft. Sachgerecht ist es daher, die „Ausschüttung" nicht als außerordentlichen Aufwand in der Gewinn- und Verlustrechnung der nach der Spaltung verbleibenden übertragenden Gesellschaft auszuweisen, sondern diese wie andere Formen der Ergebnisverwendung nach dem Posten „Jahresüberschuss/Jahresfehlbetrag" in der Gewinn- und Verlustrechnung gesondert auszuweisen. Das IDW, Stellungnahme HFA 1/1998, 433, schlägt hierfür die Bezeichnung „Vermögensverminderung durch Abspaltung" vor.

[326] Soweit ersichtlich vertrat diese Auffassung in Österreich als erster Doralt, Peter: Zur Gestaltung handelsrechtlicher Vorschriften über die Spaltung in: Doralt, Peter/ Nowotny, Christian (Hrsg):

höher als die zur Deckungsverwendung zur Verfügung stehenden auflösbaren Rücklagen und ein allfälliger Bilanzgewinn, so ist das Nennkapital in Höhe des Differenzbetrages herabzusetzen,[327] selbst dann, wenn der Buchverlust durch stille Reserven im Vermögen der übertragenden Gesellschaft gedeckt ist.[328] Dies gilt sowohl für eine Kapitalherabsetzung im Sinne des § 17 Abs 2 Z 3 SpaltG als auch für eine nach § 3 Abs 2 SpaltG. Dies führt zu dem Ergebnis, dass die gesellschaftsrechtlich veranlasste Gewinnausschüttung den Gewinn oder Verlust der Gesellschaft nicht beeinflusst, sondern unmittelbar das Kapital dieser vermindert.[329]

2.3.1.2.3 Auflösung gebundener Rücklagen ohne Herabsetzung des Nennkapitals

Zu keiner Kapitalherabsetzung kommt es nach geltender Meinung, wenn der Buchverlust bei der übertragenden Gesellschaft, neben der Verwendung eines vorhandenen Bilanzgewinns und freien Rücklagen durch Auflösung von gebundenen Rücklagen gedeckt werden kann.[330] Bedenkenlos ist diese Auffassung für den Fall der Einhaltung des Summengrundsatzes. Ebenso bedenkenlos ist sie, wenn die Verwendung im Rahmen der Nennkapitalherabsetzung bei Einhaltung der Vorschriften über die ordentliche Kapitalherabsetzung erfolgt. Dem gleichgestellt ist die Verwendung von gebundenen Rücklagen bei Einhaltung der Vorschriften über die ordentliche Kapitalherabsetzung, ohne das Nennkapital der übertragenden Gesellschaft tatsächlich herabzusetzen.

Die Frage, ob die Auflösung von gebundenen Rücklagen zum Ausgleich eines spaltungsbedingten Buchverlustes zulässig ist, stellt sich daher nur bei Spaltungen, denen keine gläubigerschutzsichernden Maßnahmen gegenüberstehen.[331] Folgt man der hier vertretenen Auffassung der uneingeschränkten

---

Kontinuität und Wandel, Beiträge zum Unternehmensrecht, Festschrift für Walther Kastner zum 90. Geburtstag, Wien 1992, 135: „Kann die übertragende Gesellschaft die Abspaltung aus ihren Rücklagen bilanziell darstellen und kommt es zu keiner Kapitalherabsetzung [...]"

[327] A.A. Aman, Günther: Einige Gedanken zum Gesellschaftsrechtsänderungsgesetz 1993 unter besonderer Berücksichtigung des Spaltungsgesetzes, RdW 1993, 142; Schwarzinger, Walter/Wiesner, Werner: Umgründungssteuer-Leitfaden, Bd II, Wien 1997, 1287.

[328] A.A. im Ergebnis Strimitzer, Eugen: Abspaltung zur Aufnahme und Kapitalherabsetzung, RdW 2001, 518.

[329] Vgl. Budde/Klingberg Budde, Wolfgang: Sonderbilanzen - Von der Gründungsbilanz bis zur Liquidationsbilanz, 3. Auflage, München 2002, G, Rz 70.

[330] Doralt, Peter: Zur Gestaltung handelsrechtlicher Vorschriften über die Spaltung in: Doralt, Peter/ Nowotny, Christian (Hrsg): Kontinuität und Wandel, Beiträge zum Unternehmensrecht, Festschrift für Walther Kastner zum 90. Geburtstag, Wien 1992, 135.

[331] Zur Auflösung gebundener Rücklagen bei gläubigerschutzentsprechenden Maßnahmen Nowotny, Christian: Gebundene Rücklagen, GesRZ 1996, 70.

Anwendung des Summengrundsatzes für den Fall der Spaltung zur Aufnahme, führt sich diese Frage ad absurdum, weil § 3 Abs 1 SpaltG auch die Auflösung gebundener Rücklagen umfasst. Die Frage stellt sich daher nur bei Verneinung der Anwendungsregel des Summengrundsatzes für den Fall der Spaltung zur Aufnahme, wie sie die herrschende Lehre vertritt.[332] Führt man sich vor Augen, dass die Kapitalerhaltung ein dem Kapitalgesellschaftsrecht immanentes Grundprinzip des Gläubigerschutzes ist, die jede Auslegung von Gesetzesnovellen beeinflusst,[333] verstößt die Auffassung der Auflösung gebundener Rücklagen ohne entsprechende Gläubigerschutzmaßnahmen ganz klar gegen diese Leitidee.[334] Dies ist deswegen, weil der durch die Abspaltung entstehende Buchverlust als Ausschüttung an die Gesellschafter zu qualifizieren und nicht als Verlust aus der unternehmerischen Geschäftstätigkeit zu werten ist. Auch wenn die Anwendung des Summengrundsatzes für den Fall der Spaltung zur Aufnahme verneint wird, können gebundene Rücklagen nicht ohne weiteres aufgelöst werden.[335] Es ist daher bei Auflösung gebundener Rücklagen, bei sonstigem Verstoß gegen das Verbot der Einlagenrückgewähr, entweder der Summengrundsatz einzuhalten oder es sind die Vorschriften der ordentlichen Kapitalherabsetzung anzuwenden.

---

[332] Vgl. Kalss, Susanne: Handkommentar zur Verschmelzung, Spaltung und Umwandlung, Wien 1997, § 17 Rz 10: "Der in § 3 Abs 1 SpaltG etablierte Summengrundsatz wird durch Z 3 erster Satz verdrängt."; nochmals Kalss, Susanne: Handkommentar zur Verschmelzung, Spaltung und Umwandlung, Wien 1997, § 3 Rz 9, 374, m.w.N.; Strimitzer, Eugen: Abspaltung zur Aufnahme und Kapitalherabsetzung, RdW 2001, 514: „Insbesondere wird bei der Spaltung zur Aufnahme der Summengrundsatz durch die Bestimmung des § 17 Z 3 SpaltG verdrängt und ist daher nicht anzuwenden." In diesem Sinn auch Nowotny, Christian: Kapitalerhaltung bei Verschmelzungen und Spaltungen, RWZ 4/2000, 100. Vgl. aber die kritische Ansicht von Aman in Aman, Günther/ Frotz, Stephan/ Mühlehner, Johann/ Wagner, Martin/ Zöchling, Hans: Das EU-Gesellschaftsrechtsänderungsgesetz, Wien 1996, 102, nach der „eine Miteinbeziehung der übernehmenden Gesellschaft und deren Gläubiger gesetzestechnisch durchaus machbar und auch systematisch gewesen wäre [...]."

[333] OGH vom 11.11.1999, 6 Ob 4/99

[334] In diesem Sinn Nowotny, Christian: Gebundene Rücklagen, GesRZ 1996, 70f.

[335] Angedeutet bei Hügel, Hanns F.: Aktuelle Probleme des Spaltungsrechts, Zuordnung und Teilung von Vertragsverhältnissen, Squeeze-out-Spaltung, Konzernspaltung, Summengrundsatz, wbl 2001, FN 8, im ersten Satz. Weiters Fn 45, wobei dieser einschränkend festhält, dass es zu einer Auflösung gebundener Rücklagen bei Einhaltung der Vorschriften über die ordentliche Kapitalherabsetzung nicht kommen kann. Die hier vertretene Auffassung schließt sich allerdings der von Nowotny, Christian: Gebundene Rücklagen, GesRZ 1996, 70, an, sodass gebundene Rücklagen über diesen Weg in freie Rücklagen umgewandelt werden können. Im Einzelnen siehe Kapitel 1.1 Inhalt der Norm, 31f.

2.3.2 Zweck der Norm

§ 3 Abs 2 Satz 2 SpaltG verfolgt als eigentlichen Zweck, Äquivalent des Summengrundsatzes zu sein.[336] Diesem Anliegen ungeteilt zu entsprechen würde eine Kapitalherabsetzung auf Verkehrswertbasis voraussetzen. Damit würden die Grundprinzipien der Kapitalherabsetzungsregelungen des AktG oder des GmbHG von jenen der Rechnungslegung für den Fall der Spaltung entkoppelt werden. Zu den gemeinsamen Grundprinzipien des Aktien-, GmbH- und Rechnungslegungsrechts gehört das Modell einer Kapitalherabsetzung zu Buchwerten.[337] Dieses Grundprinzip ist generell gültig und ist nach der hier vertretenen Auffassung aus systematischen Überlegungen unabhängig vom Zweck einer vorgenommenen Kapitalherabsetzung zu sehen. Eine Entscheidung einer Kapitalherabsetzung auf Verkehrswertbasis stünde im Wertungswiderspruch zu den Bestimmungen des RLG. Insofern stützt sich eine Kapitalherabsetzung auf Buchwertbasis und stellt damit einen schwächeren Gläubigerschutz gegenüber dem Summengrundsatz dar.

Weil aber das Modell der ordentlichen Kapitalherabsetzung im Falle einer übertragenden GmbH mit einer Sperrfrist von 3 Monaten und im Falle einer übertragenden AG mit einer Sperrfrist von 6 Monaten behaftet ist und zudem mit Befriedigungs- und Sicherstellungsansprüchen verbunden, gelangt in der Praxis ein solches Verfahren im Zuge einer Spaltung primär nicht zur Anwendung.[338]

2.3.3 Abgrenzung des Anwendungsbereichs

2.3.3.1 Spaltung zur Neugründung

2.3.3.1.1 Einhaltung im Fall der Aufspaltung

§ 3 Abs 2 SpaltG ist bei wortgenauer Auslegung auf den Fall der Abspaltung beschränkt. § 3 Abs 1 SpaltG gilt für den Fall der Aufspaltung zur Neugründung, reduzierend interpretiert, als einzige Anwendungsnorm. § 3 Abs 2 SpaltG, logisch nach dem umgründungssteuerrechtlichen System ausgelegt, lässt für den Fall der

[336] Nach den Erläuterungen des JAB, abgedruckt bei Reich-Rohrwig, Johannes: EU-Gesellschaftsrechtsänderungsgesetz, Wien, 1996, 374.
[337] Weil der Gläubigerschutz sich bilanziell nicht auf die stillen Reserven erstreckt, sondern auf die Buchwerte beschränkt. Vgl. hierzu Hirschler, Klaus: Die Spaltung von Kapitalgesellschaften im Handels- und Steuerrecht, Wien 1996, 57, zur Anteilsauskehrung mittels Sachdividende; weiters die Auffassungen zum Vorgehen bei der ordentlichen Kapitalherabsetzung, 49.
[338] Vgl. in diesem Sinn bereits Hirschler, Klaus: Die Spaltung von Kapitalgesellschaften im Handels- und Steuerrecht, Wien 1996, 81.

Nichteinhaltung des § 3 Abs 1 SpaltG auf eine liquidationsrechtliche Betrachtung schließen.[339]

Keine der beiden genannten Interpretationsvarianten greift, wenn bei der Auslegung des § 3 Abs 2 SpaltG von der gesetzlichen Systematik ausgegangen wird. Nach der Rangordnung spaltungsgesetzlicher Normen hat § 1 SpaltG im Grundsatz für § 3 SpaltG zu gelten. § 1 SpaltG, der die Spaltung normiert, verweist für den Fall der Aufspaltung auf einen Vorgang, der die Aufspaltung als „Beendigung ohne Abwicklung" charakterisiert (§ 1 Abs 2 Z 1 SpaltG). Aus dieser Wendung folgt die Nichtanwendung liquidationsrechtlicher aktien- oder GmbH-rechtlicher Bestimmungen. Zurück bleibt § 3 Abs 1 SpaltG mit dem Summengrundsatz und § 3 Abs 2 SpaltG mit dem Teilbereich der ordentlichen Kapitalherabsetzung. Beide Bestimmungen, gekehrt auf den Fall der Aufspaltung, führen zunächst zur Einhaltung des Summengrundsatzes, der, wenn der Wert des Vermögens der übertragenden Gesellschaft nicht ausreicht, durch Einhaltung der Vorschriften über die ordentliche Kapitalherabsetzung ersetzt wird. Ein solches Vorgehen ist alternativ zur Möglichkeit einer gesonderten Mittelzufuhr in die übertragende Gesellschaft zu sehen. In beiden Fällen wird der gesetzlichen Anforderung einer Beendigung ohne Abwicklung (§ 1 Abs 2 Z 1 SpaltG) Rechnung getragen.

Schlagend kann dieses Gebot für den Fall einer Aufspaltung werden, wenn mangels stiller Reserven der übertragenden Gesellschaft die Nennkapitalien der neuen Gesellschaften nicht dem Nennkapital der übertragenden Gesellschaft im Zeitpunkt der Spaltung mindestens entsprechen. Die übertragende Gesellschaft kann die Spaltung mittels Herabsetzung des Nennkapitals nach den Vorschriften über die ordentliche Kapitalherabsetzung oder mittels gesonderter Eigenmittelzufuhr retten.

2.3.3.1.2 Einhaltung im Fall der Abspaltung

§ 3 Abs 2 SpaltG stellt es der übertragenden Gesellschaft frei, die Herabsetzung des Nennkapitals nach den Vorschriften über die ordentliche Kapitalherabsetzung oder bei Einhaltung des Summengrundsatzes schlicht herabzusetzen.

---

[339] Details zu der Frage der Anwendbarkeit liquidationsrechtlicher Bestimmungen für den Fall einer Spaltung nach dem Spaltungsgesetz finden sich in Kapitel 1.3.1.1 Einhaltung im Fall der Aufspaltung, 41ff.

2.3.3.2 Spaltung zur Aufnahme

2.3.3.2.1 Einhaltung im Fall der Aufspaltung

Es ist bereits festgestellt worden, dass die durch das UmgrStG geprägte Entwicklung des SpaltG und die damit verbundene Meinung der analogen Anwendung liquidationsrechtlicher Bestimmungen hier aufgegeben wird. Die Lösung, die hier für den Fall einer geplanten Aufspaltung zur Aufnahme vertreten wird, also einer mit mangelnden Eigenmittelreserven ausgestatteten übertragenden Gesellschaft, ist die Herabsetzung des Nennkapitals nach den Vorschriften über die ordentliche Kapitalherabsetzung, anstelle der Einhaltung des Summengrundsatzes.

2.3.3.2.2 Einhaltung im Fall der Abspaltung

Ebenso wie im Fall der Aufspaltung zur Aufnahme die Kapitalherabsetzung eine Alternative zur Einhaltung des Summengrundsatzes ist, verhält es sich für den Fall einer geplanten Abspaltung zur Aufnahme. Es hat bei Vorliegen einer Unterbilanz, die auch nicht durch andere Maßnahmen ausgeglichen kann, eine Herabsetzung des Nennkapitals zu erfolgen. Die Kapitalherabsetzung hat dabei nach dem Verfahren der ordentlichen Kapitalherabsetzung zu erfolgen. Bei insgesamter Fortführung des herabgesetzten Nennkapitalbetrages und allenfalls verwendete gebundene Rücklagen würde nichts gegen eine vereinfachte Kapitalherabsetzung sprechen. Die zwingende Vorschrift des § 17 Z 3 SpaltG versperrt allerdings diesen Weg.

Für die Praxis ist entscheidend, unabhängig von der Kapitalstruktur der übertragenden Gesellschaft, dass wenn ein Vermögensabgang nicht durch Verwendung eines Bilanzgewinns und/oder durch Auflösung von Rücklagen gedeckt ist, eine Kapitalherabsetzung stattzufinden hat. Die Herabsetzung des Nennkapitals kann nach Einleitung des Spaltungsverfahrens, wenn auch der Summengrundsatz nach Durchführung der Spaltung als eingehalten gilt, nicht vereinfacht erfolgen. Die Herabsetzung hat nach Einleitung des Spaltungsverfahrens zwingend nach den Vorschriften über die ordentliche Kapitalherabsetzung zu erfolgen.

2.3.3.3 Prüfung der Norm

2.3.3.3.1 Vorbemerkung

Die hier vertretene Ansicht der Erweiterung des Kapitalerhaltungsgrundsatzes bei der Spaltung zur Aufnahme durch Übertragung des für die Spaltung zur Neugründung geltenden Summenprinzips von Nennkapital und gebundenen Rücklagen, bei einem sonst nicht begründbaren systematischen Widerspruch, legt im Ergebnis fest, dass § 3 Abs 1 SpaltG für den Fall der Spaltung zur Neugründung als auch für den Fall der Spaltung zur Aufnahme zur Anwendung gelangt. Diese Feststellung ist als Ausgangspunkt einer Planung und in der Folge einer technischen Abwicklung eines Spaltungsverfahrens zu sehen.

Verringert die übertragende Gesellschaft im Rahmen eines Spaltungsverfahrens ihr Nennkapital, stehen ihr für diesen Fall bei einer Abspaltung zur Neugründung zwei Varianten, bei einer Spaltung zur Aufnahme und Aufspaltung zur Neugründung eine Variante zur Verfügung. Eine Nennkapitalherabsetzung hat nach Einleitung des Spaltungsverfahrens bei einer Aufspaltung zur Neugründung und Abspaltung bzw. Aufspaltung zur Aufnahme nach den Vorschriften über die ordentliche Kapitalherabsetzung zu erfolgen. Bei einer Abspaltung zur Neugründung kann sich die übertragende Gesellschaft ebenfalls zu einem solchem Verfahren entschließen; wenn die Gesellschaft ihr Nennkapital vereinfacht herabsetzt, schließt hieran die Pflicht zur Einhaltung des Summengrundsatzes.

Entscheidend ist, wie bei einer Nennkapitalherabsetzung nach § 3 Abs 2 Satz 2 SpaltG für den Fall einer Spaltung zur Neugründung beziehungsweise nach § 17 Z 3 SpaltG für den Fall einer Spaltung zur Aufnahme im Einzelnen zu verfahren ist. Dabei geht es nicht um die Frage, in welchen Fällen eine Kapitalherabsetzung notwendige Voraussetzung des Spaltungsverfahrens ist, die an anderer Stelle dieser Arbeit bereits behandelt wurde.[340] Es geht um die einzelnen Verfahrensschritte, die es einzuhalten gilt. Da das Spaltungsgesetz hierzu nicht Stellung nimmt, soll als Ausgangspunkt der jeweilige Anlassfall einer Spaltung zur Neugründung beziehungsweise Spaltung zur Aufnahme gelten, zu dem dann die einzelnen spaltungsrechtlichen und aktien- bzw. GmbH-rechtlichen Vorschriften zu überlegen sind. In diesem Zusammenhang sei kurz angemerkt, dass die nachfolgenden Überlegungen für den Fall einer übertragenden Gesellschaft ohne Einhaltung des Summengrundsatzes aber Auflösung gebundener Rücklagen sinngemäß gelten. Auch hier sind die Gläubigerschutzvorschriften der ordentlichen Kapitalherabsetzung einzuhalten,[341] wenn auch keine Kapitalherabsetzung stattfindet.

---

[340] Zur Notwendigkeit einer Nennkapitalherabsetzung siehe 109f.

[341] In diesem Sinn Hügel, Hanns F.: Umgründungsbilanzen Handelsrecht und Steuerrecht, Wien 1997, Rz. 6.56; A.A. Hügel, Hanns F.: Aktuelle Probleme des Spaltungsrechts, Zuordnung und Teilung von Vertragsverhältnissen, Squeeze-out-Spaltung, Konzernspaltung, Summengrundsatz, wbl 2001, FN 45.

2.3.3.3.2 Prüfung spaltungsgesetzlicher Bestimmungen

2.3.3.3.2.1 Prüfung nach § 2 Abs 1 Z 4 SpaltG

2.3.3.3.2.1.1. Spaltung zur Neugründung

Es geht um den Fall einer geplanten Abspaltung oder Aufspaltung zur Neugründung, bei der das Nennkapital der übertragenden Gesellschaft über den Weg der ordentlichen Kapitalherabsetzung verringert wird. Zu diesem Zweck ist bei Aufstellung des Spaltungsplans die Vorschrift des § 2 Abs 1 Z 4 SpaltG zu berücksichtigen. Demnach hat der Spaltungsplan die Einzelheiten der Herabsetzung des Nennbetrags bei Nennbetragsaktien oder der Zusammenlegung von Anteilen an der übertragenden Gesellschaft zu enthalten.[342]

2.3.3.3.2.1.2. Spaltung zur Aufnahme

§ 2 Abs 1 Z 4 SpaltG ist für den Fall einer Spaltung zur Neugründung ausdrücklich geregelt. Nach dem Einleitungssatz in § 17 SpaltG gilt die Regelung für den Fall einer Spaltung zur Aufnahme sinngemäß. Die methodologische Hauptströmung lehnt für den Fall der Spaltung zur Aufnahme das Gläubigerschutzkonzept des § 3 SpaltG, auf den in § 2 Abs 1 Z 4 SpaltG verwiesen wird, aber ab.[343] Folgt man dieser Position, würde dies bedeuten, dass der von der übertragenden Gesellschaft zu erstellende Spaltungs- und Übernahmsvertrag keinen Hinweis zwingend darüber zu enthalten hätte, ob das Nennkapital der übertragenden Gesellschaft im Rahmen der Spaltung herabgesetzt wird. Bedenkt man darüber hinaus, dass der Gesetzgeber keinen gesetzlichen Zwang kennt, in der in der Bekanntmachung des Gläubigeraufrufs darauf hinzuweisen ist, aus welchen Gründen die Kapitalherabsetzung erfolgt,[344] kann der Fall eintreten, dass im Rahmen eines Spaltungsverfahrens Gläubiger keine Kenntnis über eine zur Durchführung einer geplanten Spaltung zur Aufnahme notwendigen Kapitalherabsetzung erlangen können. Eine auf diesem Wege gewollte und damit offen stehende Verschleierungstaktik des Gesetzgebers scheint kaum vorstellbar. Allein wegen des entstehenden Widerspruchs zu einer Spaltung zur Neugründung wird wohl auch nach den Befürwortern der herrschenden Lehre, die die Ergebnisse meiner Arbeit nicht teilen, davon

---

[342] Nach Aman, Günther: Einige Gedanken zum Gesellschaftsrechtsänderungsgesetz 1993 unter besonderer Berücksichtigung des Spaltungsgesetzes, RdW 1993, 140, sollte die gesetzliche Regelung dahingehend eine Erweiterung finden, als jene Umstände dargelegt werden sollten, welche gegebenenfalls das Unterbleiben einer Kapitalerhöhung rechtfertigen.

[343] Siehe Kalss, Susanne: Handkommentar zur Verschmelzung, Spaltung und Umwandlung, Wien 1997, § 17 SpaltG, Rz 9.

[344] Darauf hat Doralt, Maria: Management Buyout, Wien 2001, 235f hingewiesen.

auszugehen sein, dass der Spaltungs- und Übernahmsvertrag einen Hinweis über die Höhe und Art der geplanten Herabsetzung des Nennkapitals zu enthalten hat.

2.3.3.3.2.2 Prüfung anhand der vorgesehenen Satzungen (Gesellschaftsverträge)

Es soll an dieser Stelle kurz auf § 2 Abs 1 Z 1 SpaltG verwiesen werden. Im Fall einer Spaltung zur Neugründung haben die in den vorgesehenen Satzungen (Gesellschaftsverträgen) ausgewiesenen Nennkapitalbeträge den Nennkapitalbeträgen der beigefügten Eröffnungsbilanzen beziehungsweise im Fall einer Abspaltung der beigefügten Spaltungsbilanz zu entsprechen. Im Fall einer Spaltung zur Aufnahme gelangt die Überprüfungsregelung eingeschränkt zur Anwendung. Die Übernahmebilanz der jeweils übernehmenden Gesellschaft enthält das übergehende Vermögen, nicht hingegen das gesamte Vermögen der Gesellschaft. Ein Vergleich zwischen dem in der Eröffnungsbilanz ausgewiesenen und dem in der Satzung (Gesellschaftsvertrag) festgehaltenen Nennkapital der einzelnen übernehmenden Gesellschaft entfällt. Die Prüfung der Kapitalerhaltung anhand der vorgesehenen Satzungen (Gesellschaftsverträge) reduziert sich im Fall einer Spaltung zur Aufnahme auf den Fall einer Abspaltung und damit auf die Feststellung, ob das in der Spaltungsbilanz ausgewiesene Nennkapital dem in der Satzung (Gesellschaftsvertrag) festgesetzten Nennkapital der übertragenden Gesellschaft entspricht.

2.3.3.3.3 Prüfung aktien- und GmbH-gesetzlicher Bestimmungen

2.3.3.3.3.1 Fall einer übertragenden GmbH

Für die Herabsetzung des Nennkapitals sind die jeweils geltenden rechtlichen Voraussetzungen des GmbHG und AktG einzuhalten. Ist die abspaltende Kapitalgesellschaft eine GmbH, gelten die Bestimmungen gemäß § 54 GmbHG. Die Herabsetzung der Stammkapitalziffer erfordert zuerst einen satzungsändernden Beschluss, der nur aufgrund ausreichender Mehrheit vorgenommen werden kann. Die Kapitalherabsetzung ist, sofern im Gesellschaftsvertrag keine höhere Mehrheit bestimmt ist, mit Dreiviertelmehrheit zu beschließen.[345] Der Beschluss

[345] Eine Beschlussfassung mit Dreiviertelmehrheit ist auch bei einer verhältniswahrenden Spaltung ausreichend, also wenn die Gesellschafter der spaltenden Kapitalgesellschaft am Vermögen der neuen Gesellschaften im gleichen Verhältnis beteiligt werden, wie vor der Spaltung. Der Beschluss über die Spaltung und die Kapitalherabsetzung sind jedoch zu trennen. Siehe auch OGH 11.03.1999, RDW 1996, 411: Die Eintragung ist erst dann zulässig, wenn die für die Steuerspaltung notwendige Kapitalherabsetzung durchgeführt ist. Anmeldung Spaltung und Anmeldung Kapitalherabsetzung sind zwei getrennte Vorgänge. Es ist das Verfahren zur

muss unter Angabe von Umfang und Zweck der Abspaltung und Art der Durchführung (Rückzahlung von Stammeinlagen an die Gesellschafter, Herabsetzung der Stammeinlagen, oder gänzliche oder teilweise Befreiung von Einlagenverpflichtungen und Haftung der Vormänner) gefasst werden. Zu beachten ist allerdings, dass bei der für den Fall der Abspaltung durchzuführenden Kapitalherabsetzung die gesetzlichen Mindestbeträge für Stammkapital und Stammeinlagen nicht unterschritten werden. Die beabsichtigte Kapitalherabsetzung ist zum Firmenbuch anzumelden und in den Bekanntmachungsblättern zu veröffentlichen.[346] Die Gläubiger, deren Forderungen am Tag der Bekanntmachung bestehen, sind auf das Recht auf Befriedigung oder Sicherstellung hinzuweisen, wenn sie sich innerhalb von drei Monaten ab der Bekanntmachung melden. Bekannte Gläubiger sind persönlich zu verständigen.

2.3.3.3.3.2 Fall einer übertragenden Gesellschaft als AG

Ist die abspaltende Kapitalgesellschaft eine AG, gelten die Regeln gemäß § 175 AktG. So kann das Grundkapital nur aufgrund eines Beschlusses der Hauptversammlung herabgesetzt werden. Der Beschluss bedarf einer Mehrheit von mindestens drei Viertel des vertretenen Grundkapitals sofern die Satzung keine höhere Mehrheit bestimmt. Im Beschluss der Hauptversammlung ist neben dem Zweck der Kapitalherabsetzung auch die Art anzugeben (§ 175 Abs 3 und 4 AktG), da die Herabsetzung durch Verminderung des Nennbetrages als auch durch Zusammenlegung von Aktien möglich ist. Auch hier gilt, dass das Grundkapital nicht unter den gesetzlich zulässigen Mindestnennbetrag herabgesetzt werden kann. Es kann nur dann unter den Mindestnennbetrag herabgesetzt werden, wenn dieser durch eine gleichzeitig beschlossene Kapitalerhöhung – ohne Sacheinlagen – wieder erreicht wird. Der Beschluss über die Herabsetzung ist vom Vorstand und dem Vorsitzenden des Aufsichtsrats beim Firmenbuchgericht zur Eintragung und Bekanntmachung anzumelden (§ 176 AktG). In der Bekanntmachung ist auf das Recht der Gläubiger hinzuweisen, sich binnen sechs Monaten nach der Veröffentlichung bei der AG zu melden; aber auch ohne diesen Hinweis läuft die Frist. Forderungen gegen die AG, die im Zeitpunkt der Bekanntmachung begründet gewesen sind, sind von der

---

Eintragung der angemeldeten Spaltung solange zu unterbrechen, bis die Eintragung der Kapitalherabsetzung erfolgt ist (iSd § 19 FBG zu unterbrechen). Ebenso Terlitza, Bernd: Teilfusionen und Anteilseignerinteressen, Grundlagen, Beschlussfassung, Austrittsrechte und Squeeze-out, Wien 2002, 27: „Soweit ersichtlich sind die Ausstrahlungswirkungen der handelsrechtlichen Bestimmungen auf jene des Steuerrechts größer als dies umgekehrt der Fall ist".

[346] Zu der Frage, ob in der Bekanntmachung die Gläubiger nicht nur auf ihr Recht, sondern auch auf den Zweck der Kapitalherabsetzung hinzuweisen sind, vgl. den Ansatz bei Doralt, Maria: Management Buyout, Wien 2001, 235.

Gesellschaft zu befriedigen; dieses Recht steht aber nur jenen Gläubigern zu, die sich fristgerecht gemeldet haben. Zahlungen an die Aktionäre dürfen erst vorgenommen werden, sobald diese Gläubigerrechte erfüllt sind (178 AktG); bei Verletzung der Gläubigerrechte haften die Aktionäre gemäß § 56 AktG und die Organe gemäß § 84 AktG.

2.3.3.4 Verletzung der Norm und Konsequenzen

Im Vorangegangenen wurde davon ausgegangen, dass der Spaltungsplan einer Spaltung zur Neugründung und der Spaltungs- und Übernahmsvertrag einer Spaltung zur Aufnahme Einzelheiten hinsichtlich der Herabsetzung des Nennkapitals auf Basis einer nach § 3 Abs 2 Z 2 SpaltG oder nach § 17 Z 3 SpaltG durchgeführten Kapitalherabsetzung enthalten.

Eine Verletzung im Sinne des hier behandelten Normsachverhaltes wäre in zwei Fällen gegeben. Zum einen, wenn eine im Spaltungsplan oder Spaltungs- und Übernahmsvertrag vorgesehene Kapitalherabsetzung nicht erfolgt. Zum anderen, wenn zwar eine Kapitalherabsetzung gegeben wäre, aber im Spaltungsplan oder Spaltungs- und Übernahmsvertrag Einzelheiten hinsichtlich der Herabsetzung des Nennkapitals fehlen würden. In beiden Fällen stellt sich die Frage, welche Konsequenzen ein solcher Mangel hat. Den Ausgangspunkt für die Beantwortung dieser Frage bildet mittelbar wiederum die Norm des § 3 Abs 1 SpaltG. Die Norm gilt und wird nur dann ersetzt, wenn die Vorschriften über die ordentliche Kapitalherabsetzung zur Anwendung gelangen. Welche Lösungswege im Einzelnen bei Verletzung dieses Grundsatzes offen stehen, wurde bereits behandelt. Da diese für die Kapitalerhaltungsfrage des Spaltungsverfahrens insgesamt gelten, ist ein nochmaliges Aufzeigen und Wiederholen dieser Lösungsvarianten wenig sachgerecht. Insofern wird für die Beantwortung der hier behandelten Frage auf die sinngemäße Anwendung der in Kapitel 2.2.5 gemachten Ausführungen[347] verwiesen.

3 Die Prüfung nach § 3 Abs 4 zweiter Halbsatz SpaltG

3.1 Inhalt der Norm

§ 3 Abs 4 zweiter Halbsatz iVm Satz 2 SpaltG regelt, dass eine Gründungsprüfung der übertragenden Gesellschaft anzuschließen hat. Rechtstechnisch bedeutet dies, dass nach Beschlussfassung[348] über eine

[347] Kapitel 2.2.5 Verletzung der Norm und Konsequenzen, 97 ff.

[348] Dies ist insoweit zu betonen, weil die Praxis in dieser Vorgehensweise keinesfalls einheitlich ist. Eine geplante Abspaltung, bei der die Gründungsprüfung der übertragenden Gesellschaft ihren Abschluss vor Beschlussfassung über die Spaltung findet, wäre abzulehnen. Nach § 31 Abs 1

Abspaltung zur Aufnahme oder Abspaltung zur Neugründung nach den Vorschriften der aktienrechtlichen Gründungsbestimmungen,[349] und zwar unabhängig von der Rechtsform der übertragenden Gesellschaft,[350] eine Prüfung stattzufinden hat, ob das Nennkapital und etwaige gebundene Rücklagen wertmäßig gedeckt sind (§ 3 Abs 4 SpaltG).[351]

Die Bestimmungen der aktienrechtlichen Gründungsprüfung betreffen vornehmlich die §§ 25 und 26 AktG. Die sinngemäße Anwendung dieser Regelungen bedeutet deren Anwendung unter Berücksichtigung spaltungsgesetzlicher Sonderformulierungen. Zunächst tritt an die Stelle der aktienrechtlichen Prüfung, ob der Wert der Sacheinlagen oder Sachübernahmen den Ausgabebetrag der dafür zu gewährenden Aktien oder den Wert der dafür zu gewährenden Leistungen erreicht, die Prüfung ob „der tatsächliche Wert des verbliebenen Nettoaktivvermögens der übertragenden Gesellschaft wenigstens der Höhe ihres Nennkapitals zuzüglich gebundener Rücklagen nach Durchführung der Spaltung" erreicht (§ 3 Abs 4 SpaltG zweiter Halbsatz). § 3 Abs 4 zweiter Halbsatz SpaltG verdrängt damit den Anwendungsbereich des § 26 Abs 1 AktG. Darüber hinaus entfällt nach § 3 Abs 4 Satz 3 SpaltG der Gründungsbericht gemäß § 24 AktG.[352]

Vorrangige Bedeutung hat die spaltungsgesetzliche Prüfungshandlung im Falle einer geplanten Abspaltung, bei der das Nennkapital der übertragenden Gesellschaft wegen Verluste nicht gedeckt ist oder die Gesellschaft laut den in der Schlussbilanz ausgewiesenen Bilanzwerten überschuldet ist. Die wertmäßige Bestimmung, von der hier die Rede ist, wird nicht durch die Einhaltung des Summengrundsatzes[353] und/oder Herabsetzung des Nennkapitals zur Deckung

AktG hat das Gericht unter anderem zu prüfen, ob die Gesellschaft ordnungsgemäß errichtet ist. Ist dies nicht der Fall, so hat es die Eintragung abzulehnen.

[349] Vgl. aber Nowotny, Christian: Die Spaltung zur Aufnahme - ein neues handelsrechtliches Allzweckinstrument, RdW 1996, 298, zu der Frage, der Bestellung eines Prüfers.

[350] Vgl. Kalss, Susanne: Handkommentar zur Verschmelzung, Spaltung und Umwandlung, Wien 1997, § 3 SpaltG, Rz 11, 377.

[351] Zur Entbehrlichkeit der Restvermögensprüfung bei down-stream-Abspaltung siehe Hügel, Hanns F.: Aktuelle Probleme des Spaltungsrechts, Zuordnung und Teilung von Vertragsverhältnissen, Squeeze-out-Spaltung, Konzernspaltung, Summengrundsatz, wbl 2001, 394f.

[352] Dies wird nach Hirschler, Klaus: Die Spaltung von Kapitalgesellschaften im Handels- und Steuerrecht, Wien 1996,106 damit begründet, dass der Inhalt des Gründungsberichts in dem nach § 4 SpaltG zu erstellenden Spaltungsbericht enthalten ist. Ebenso Aman, Günther: Einige Gedanken zum Gesellschaftsrechtsänderungsgesetz 1993 unter besonderer Berücksichtigung des Spaltungsgesetzes, RdW 1993/5, 143

[353] Insofern unklar Aman in Aman, Günther/ Frotz, Stephan/ Mühlehner, Johann/ Wagner, Martin/ Zöchling, Hans: Das EU-Gesellschaftsrechtsänderungsgesetz, Wien 1996, 115, nach dem die Restvermögensprüfung die Einhaltung des Summengrundsatzes zu erfassen hat; ebenso Kalss,

eines spaltungsbedingten Buchverlustes bestimmt.[354] Nicht entscheidend ist deswegen die Beseitigung eines über die Sachgewinnausschüttung hinaus bestehenden Bilanzverlustes oder einer buchmäßigen Überschuldung,[355] sondern die aktienrechtliche Gründungsprüfung. Dieser obliegt die Feststellung, ob der reale Wert des Eigenkapitals[356] oder - anders formuliert - der Substanzwert der übertragenden Gesellschaft mindestens dem satzungsmäßigen Nennkapital zuzüglich vorhandener gebundener Rücklagen entspricht.[357] An diese Feststellung knüpft die Frage, ob die Restvermögensprüfung einer Unternehmenswertermittlung entspricht, die je nach Art des verbliebenen Restvermögens zusätzlich zum Substanzwert des Vermögens einen Ertragswert als Prüfungsergebnis repräsentiert.

Den Anfang für die Beantwortung der hier gestellten Frage nimmt § 3 Abs 4 SpaltG. Über den Verweis in dieser Vorschrift auf die sinngemäße Anwendung der aktienrechtlichen Gründungsprüfungsvorschriften stellt die Restvermögensprüfung im Kern der Sache eine Gründungsprüfung dar.[358] § 26 Abs 2 AktG bestimmt, dass unter Darlegung der jeweiligen Umstände über die Prüfung schriftlich zu berichten ist. In dem Bericht sind unter anderem die Bewertungsmethoden zu nennen. Setzt nun die sinngemäße Anwendung dieser Regelung auf den Fall einer Abspaltung jeweils eine Unterscheidung des bei der

---

Susanne: Handkommentar zur Verschmelzung, Spaltung und Umwandlung, Wien 1997, § 3 SpaltG, Rz 11, 376.

[354] Kalss, Susanne: Handkommentar zur Verschmelzung, Spaltung und Umwandlung, Wien 1997, § 3 SpaltG, Rz 11.

[355] Ähnlich im Ergebnis Hirschler, Klaus: Die Spaltung von Kapitalgesellschaften im Handels- und Steuerrecht, Wien 1996, 105, FN 270. Insofern anderer Ansicht Hügel, Hanns F.: Aktuelle Probleme des Spaltungsrechts, Zuordnung und Teilung von Vertragsverhältnissen, Squeeze-out-Spaltung, Konzernspaltung, Summengrundsatz, wbl 2001, 389, als dieser im Ergebnis zwar festhält, dass das Vorliegen einer Unterbilanz für eine Abspaltung nicht schadet, dieser aber zulässt, dass eine solche durch den Abspaltungsprozess entsteht. Gerade das ist aber, nach der hier vertretenen Auffassung, nicht zulässig. Es spricht zwar nichts gegen eine Spaltung, bei der die übertragende Gesellschaft vor dem Zeitpunkt der Spaltung eine Unterbilanz besitzt, das heißt aber nicht, dass der Vermögensabgang eine Unterbilanz der Gesellschaft bewirken oder eine solche vergrößern kann.

[356] Nach Aman in Aman, Günther/ Frotz, Stephan/ Mühlehner, Johann/ Wagner, Martin/ Zöchling, Hans: Das EU-Gesellschaftsrechtsänderungsgesetz, Wien 1996, 101, ist der Saldoposten zusätzlich um Steuerlatenzen aus unversteuerten Rücklagen zu bereinigen.

[357] Die Einbindung gebundener Rücklagen in die Prüfungspflicht ist deswegen konsequent, weil sie Bestandteil des Summengrundsatzes sind, so Aman in Aman, Günther/ Frotz, Stephan/ Mühlehner, Johann/ Wagner, Martin/ Zöchling, Hans: Das EU-Gesellschaftsrechtsänderungsgesetz, Wien 1996, 101. Ohne ausdrücklichen Verweis auf gebundene Rücklagen, wie dies in der Erstfassung des § 3 Abs 4 SpaltG 1993 der Fall war, würde sich eine sinngemäße Anwendung der Gründungsprüfungsvorschriften lediglich auf gebundene Kapitalrücklagen beschränken.

[358] Kalss, Susanne: Handkommentar zur Verschmelzung, Spaltung und Umwandlung, Wien 1997, § 3 SpaltG, Rz 11, 376.

übertragenden Gesellschaft verbleibenden Restvermögens voraus, ist bejahendenfalls eine Unterscheidung zwischen Substanzwert- und Ertragswertermittlung zu treffen. Von einer Unternehmenswertermittlung auf Ertragswertbasis ist auszugehen, wenn es sich bei dem bei der übertragenden Gesellschaft verbleibenden Vermögen um einen Betrieb oder Teilbetrieb handelt.[359] Verbleibt hingegen bei der übertragenden Gesellschaft keine selbstständige Erwerbseinheit, so kann ausschließlich von einer substanzrechtlichen Betrachtung ausgegangen werden. Für die Auffassung dieser Fallunterscheidung spricht der Umstand, dass es nur sachlogisch erscheint, den einer Erwerbseinheit zurechenbaren Ertragswert beziehungsweise Firmenwert in die Prüfung mit einzubeziehen. Gegen diese Sichtweise spricht allerdings, dass das SpaltG keine solche Trennung vorsieht. Vielmehr ist aus dem gesetzlichen Wortlaut eine zwingende substanzrechtliche Betrachtung abzuleiten. Die Wortfolge „der tatsächliche Wert des verbliebenen Nettoaktivvermögens" lässt wegen der Begriffswahl „Nettoaktivvermögen" auf eine Einzelbewertung der Vermögensgegenstände zu Verkehrswerten schließen. Eine Prüfung, die die Gesamtbewertung des Unternehmens erfasst, ist aus der wörtlichen Interpretation des § 3 Abs 4 zweiter Halbsatz SpaltG nicht abzuleiten. Folgt man dieser Auffassung, dann ist bei einer Restvermögensprüfung stets von einer substanzrechtlichen Betrachtung auszugehen.[360]

Anders stellt sich die Sache dar, wenn man sich vor Augen hält, dass die Restvermögensprüfung eine Gründungsprüfung darstellt. Damit ist eine ausschließliche Konzentrierung auf eine substanzrechtliche Bewertung bei Vorliegen einer unternehmerischen Einheit in Frage zu stellen. Denn bei einer Gründungsprüfung, deren Gegenstand die Einlage eines Betriebes oder Teilbetriebes ist, richtet sich die Methode der Unternehmensbewertung nach herrschender Auffassung nach dem Ertragswertverfahren.[361] Wenn auch im Fall einer Restvermögensprüfung der Tatbestand einer Einlage fehlt, erfordert die sinngemäße Anwendung einer Gründungsprüfung wohl die Zulässigkeit einer Unterscheidung, ob es sich bei dem verbleibenden Restvermögen um einzelne Vermögensteile oder um eine gesamte Erwerbseinheit handelt. Unterstellt man die Richtigkeit dieser Auffassung, dann hat die Kapitalerhaltung im Rahmen der

---

[359] Vgl. in diesem Sinn bereits Doralt, Peter: Zur Gestaltung handelsrechtlicher Vorschriften über die Spaltung in: Doralt, Peter/ Nowotny, Christian (Hrsg): Kontinuität und Wandel, Beiträge zum Unternehmensrecht, Festschrift für Walther Kastner zum 90. Geburtstag, Wien 1992, 149.

[360] Vgl. in diesem Sinn Kalss, Susanne: Handkommentar zur Verschmelzung, Spaltung und Umwandlung, Wien 1997, § 3 SpaltG, 376.

[361] Koppensteiner, Hans-Georg: GmbH-Gesetz - Kommentar, Wien 1999; § 6a GmbHG, Rz 14, mwN.

Restvermögensprüfung den Ansatz eines allfälligen originären Firmenwerts zu berücksichtigen.[362]

Des Weiteren stellt sich die Frage nach der Art der Prüfungsdurchführung. Das Schrifttum verweist zum Zwecke der Prüfung auf die Spaltungsbilanz.[363] Die Praxis greift auf diese Methode zurück. Eine Folge dieser Auffassung ist, dass Angaben über die Höhe des bei der übertragenden Gesellschaft verbleibenden Restvermögens einzig die Spaltungsbilanz liefert. Dem Erfordernis einer spaltungsrechtlichen Restvermögensprüfung entspricht das aber nicht. Denn die Spaltungsbilanz ist ein buchmäßiges Rechenwerk,[364] wohingegen die Prüfung nach § 3 Abs 4 zweiter Halbsatz SpaltG die tatsächlichen Werte verlangt. Darüber hinaus geht eine Bewertung anhand einer zu Buchwerten erstellten Spaltungsbilanz deswegen nicht, wenn die spaltende Gesellschaft eine Unterbilanz besitzt. Weist beispielsweise eine übertragende AG einen Verlust über die Hälfte des Grundkapitals aus, ist für die Feststellung des tatsächlichen Wertes des verbliebenen Nettoaktivvermögens eine zu Buchwerten erstellte Spaltungsbilanz nicht der geeignete Prüfstein.

Einzig die Aufstellung einer Spaltungsbilanz in Anwendung des § 202 Abs 1 HGB könnte die spaltungsgesetzliche Regelung bilanzrechtlich abbilden. Danach ist der Wert der Leistung im Zeitpunkt der Einlage unter Berücksichtigung der weiteren Nutzungsmöglichkeit im Unternehmen anzusetzen, sofern nach § 202 Abs 2 HGB die Buchwerte nicht fortgeführt werden. Die anzusetzenden Werte können einer Buchwert- oder einer Zeitwertbetrachtung folgen. Um § 3 Abs 4 zweiter Halbsatz SpaltG zu entsprechen, müsste letztere gewählt werden, führt man sich vor Augen, dass die Bestimmung vom „tatsächlichen Wert des verbliebenen Nettoaktivvermögens" spricht. Eine nach § 202 Abs 1 HGB vollzogene Bewertung könnte in der Spaltungsbilanz zu einer vollständigen Aufdeckung stiller Reserven führen. Darüber hinaus würde die wortgetreue Auslegung dieser Vorschrift den Ansatz des Ertragswerts und damit eines originären Firmenwerts erlauben.[365]

---

[362] Eingehend Hügel, Hanns F.: Verschmelzung und Einbringung, Unternehmensübertragung auf verbandsrechtlicher Grundlage im österreichischen und deutschen Gesellschafts-, Bilanz- und Ertragsteuerrecht der Kapitalgesellschaften, Wien 1993, 304ff.

[363] Kalss, Susanne: Handkommentar zur Verschmelzung, Spaltung und Umwandlung, Wien 1997, § 3 SpaltG, Rz 11, 376.

[364] Aman in Aman, Günther/ Frotz, Stephan/ Mühlehner, Johann/ Wagner, Martin/ Zöchling, Hans: Das EU-Gesellschaftsrechtsänderungsgesetz, Wien 1996, 98.

[365] Bejahend Gassner/Lahodny-Karner/Urtz in Straube, Manfred: Kommentar zum Handelsgesetzbuch, Bd 2, Rechnungslegung, 2. Auflage, Wien 2000, § 202 HGB, 10b; Hirschler, Klaus: Die Spaltung von Kapitalgesellschaften im Handels- und Steuerrecht, Wien 1996, 126ff. A. A. Koppensteiner, Hans-Georg: GmbH-Gesetz - Kommentar, Wien 1999, § 6 a, Rz 15, 95.

Die Anwendung der Bestimmung des § 202 Abs 1 HGB setzt allerdings die Qualifizierung der übertragenden Gesellschaft als eine nach der Spaltung neu gegründete Gesellschaft voraus.[366] Das Spaltungsgesetz geht aber nicht davon aus, dass die übertragende Gesellschaft nach der Abspaltung neu entsteht. Eine Abspaltung zur Neugründung hat also nicht zur Konsequenz, dass neben der jeweils neu gegründeten Gesellschaft auch die übertragende Gesellschaft als neu gegründete Gesellschaft entsteht. Zu entnehmen ist dies aus verschiedenen Formulierungen des SpaltG. § 1 Abs 2 Z 2 SpaltG, der den Begriff der Abspaltung regelt, spricht vom Fortbestand der übertragenden Gesellschaft. § 14 Abs 2 Z 2 zweiter Halbsatz SpaltG hält fest, dass mit Eintragung der Abspaltung die vorgesehenen Änderungen der Satzung (des Gesellschaftsvertrages) der übertragenden Gesellschaft wirksam werden. Schließlich spricht auch die Tatsache, dass der Gesetzgeber von einer Spaltungsbilanz anstelle einer Eröffnungsbilanz der übertragenden Gesellschaft spricht[367] (§ 2 Abs 1 Z 12 SpaltG) für den Umstand, dass nur die jeweils neu gegründete(n) Gesellschaft(en), nicht hingegen die übertragende Gesellschaft, unter die Bewertungsregelung des § 202 Abs 1 HGB fällt(fallen).

Im Ergebnis heißt dies, dass Grundlage der Prüfung nicht die Spaltungsbilanz sein kann. Die Spaltungsbilanz ist, wenn man sie auch als Ersatz der bei der Abspaltung fehlenden Eröffnungsbilanz der übertragenden Gesellschaft sieht,[368] mangels Anwendbarkeit des § 202 Abs 1 HGB zu Buchwerten zu erstellen, weil, wenn bei der übertragenden Gesellschaft nicht mit der Unterstellung einer Neugründung gearbeitet wird, das verbleibende Vermögen bei der übertragenden Gesellschaft in der Spaltungsbilanz nicht als Einlage abgebildet werden kann. Dagegen ist die Bewertung des § 3 Abs 4 SpaltG auf tatsächliche Werte gerichtet. Eine auf Buchwerten basierende bilanzrechtliche Abbildung des Vermögens bei der übertragenden Gesellschaft kann daher nicht Prüfungsgrundlage sein. Soll die Prüfung anhand einer Bilanz erfolgen, dann kann dies nur eine aus der Spaltungsbilanz abgeleitete Verkehrswertbilanz sein,[369] die entweder selbst Bestandteil des Prüfberichtes ist oder deren Werte im Prüfbericht enthalten sein müssen.

---

[366] Ähnlich im Ergebnis Strimitzer, Eugen: Abspaltung zur Aufnahme und Kapitalherabsetzung, RdW 2001, 517.

[367] Die Spaltungsbilanz ist damit nicht Eröffnungsbilanz der übertragenden Gesellschaft nach dem Spaltungsstichtag. Da die übertragende Gesellschaft bestehen bleibt, wird diese Spaltungsbilanz idR nur dann in den handelsrechtlichen Jahresabschluss fließen, wenn die Spaltung zum Bilanzstichtag vorgenommen wird. Denkbar wäre grundsätzlich aber auch eine Änderung des Geschäftsjahres. Auf diese Möglichkeit weist Weilinger, Arthur: Die Aufstellung und Feststellung des Jahresabschlusses im Handels- und Gesellschaftsrecht, Wien 1997, Rz 497 hin.

[368] Hügel, Hanns F.: Umgründungsbilanzen Handelsrecht und Steuerrecht, Wien 1997, Rz 6.23.

[369] Vgl. in diesem Sinn Doralt, Maria: Management Buyout, Wien 2001, 292, zum Vorschlag der Schlussbilanz auf Verkehrswertbasis.

3.2 Zweck der Norm

Im Interesse der Gläubiger und des Fortbestandes der übertragenden Gesellschaft hat diese die Mindestvoraussetzungen einer neu gegründeten AG bzw. GmbH weiterhin, auch nach dem Zeitpunkt der Spaltung, zu erfüllen.[370] Nach § 3 Abs 4 SpaltG zweiter Halbsatz erfordert zu diesem Zweck jeder Abspaltungsvorgang die Prüfung über den tatsächlichen Wert des verbliebenen Nettoaktivvermögens, das zur Abdeckung des Nennkapitals zuzüglich gebundener Rücklagen ausreicht. Ein Vermögen, das buchmäßig unter dem Stamm-/Grundkapital liegt oder das gar ein negatives Eigenkapital ausdrückt, ist deswegen kein absolutes Hindernis für die Eintragung der Spaltung,[371] doch ist dem Firmenbuchgericht nachzuweisen, dass die Werthaltigkeit im Sinne der Vorschrift gegeben ist.

3.3 Abgrenzung des Anwendungsbereichs der Norm

Kurz soll an dieser Stelle festgehalten sein, dass § 3 Abs 4 SpaltG zweiter Halbsatz durchgehend für den Fall der Abspaltung zur Neugründung und den Fall der Abspaltung zur Aufnahme zur Anwendung gelangt. Die Formulierung „übertragende Gesellschaft [...] nach Durchführung der Spaltung“ meint den Fall der Abspaltung zur Neugründung ohne ausdrückliche Nennung. Darüber hinaus gilt die Regelung für den Fall der Abspaltung zur Aufnahme.[372] § 17 SpaltG enthält keine abweichende Bestimmung.

3.4 Prüfung der Norm

3.4.1 Vorbemerkung

Das zuständige Firmenbuchgericht der übertragenden Gesellschaft hat die Anmeldung der Spaltung auf ihre Gesetzmäßigkeit hin zu prüfen (§ 15 Abs 1 FBG iVm § 12 Abs 1 SpaltG).[373] Festzustellen ist daher auch, ob die

---

[370] Doralt, Peter: Zur Gestaltung handelsrechtlicher Vorschriften über die Spaltung in: Doralt, Peter/ Nowotny, Christian (Hrsg): Kontinuität und Wandel, Beiträge zum Unternehmensrecht, Festschrift für Walther Kastner zum 90. Geburtstag, Wien 1992, 149; Kalss, Susanne: Handkommentar zur Verschmelzung, Spaltung und Umwandlung, Wien 1997, § 3 SpaltG, Rz 11, 376.

[371] Hirschler, Klaus: Die Spaltung von Kapitalgesellschaften im Handels- und Steuerrecht, Wien 1996, FN 207; Kalss, Susanne: Handkommentar zur Verschmelzung, Spaltung und Umwandlung, Wien 1997, § 3 SpaltG, Rz 11 376.

[372] Aman in Aman, Günther/ Frotz, Stephan/ Mühlehner, Johann/ Wagner, Martin/ Zöchling, Hans: Das EU-Gesellschaftsrechtsänderungsgesetz, Wien 1996, 117; Kalss, Susanne: Handkommentar zur Verschmelzung, Spaltung und Umwandlung, Wien 1997, § 17 SpaltG, Rz 10.

[373] Zur Argumentation, weshalb die Prüfung nicht auch am Sitz der neu gegründeten beziehungsweise übernehmenden Gesellschaft zu erfolgen hat vgl. Doralt, Peter: Zur Gestaltung handelsrechtlicher Vorschriften über die Spaltung in: Doralt, Peter/ Nowotny, Christian (Hrsg):

Kapitalerhaltung der übertragenden Gesellschaft in Übereinstimmung mit § 3 Abs 4 SpaltG eingehalten wurde. Die Vorschrift umfasst im zweiten Halbsatz des ersten Satzes iVm dem zweiten Satz die Pflicht zur Restvermögensprüfung in sinngemäßer Anwendung der aktienrechtlichen Gründungsvorschriften. Zu prüfen ist, ob die aktienrechtlichen Bestimmungen seitens der übertragenden Gesellschaft als eingehalten gelten.

3.4.2 Prüfung der Einhaltung der aktienrechtlichen Bestimmungen

§ 3 Abs 4 SpaltG verweist auf die sinngemäße Anwendung aktienrechtlicher Bestimmungen mit Ausnahme der Verpflichtung zur Erstellung eines Gründungsberichtes gemäß § 24 AktG. Für den Fall einer Abspaltung zur Neugründung oder Abspaltung zur Aufnahme sind für die übertragende GmbH oder AG vorrangig die Bestimmungen von § 25 Abs 3 bis 5 AktG und § 26 AktG relevant. Danach ist ein geeigneter Gründungsprüfer vom Gericht zu bestellen,[374] der zu beurteilen hat, ob die Angaben laut Satzung beziehungsweise Gesellschaftsvertrag richtig und vollständig sind (vgl. § 25 Abs 3 AktG, § 26 Abs 1 Z 1 AktG). Zusätzlich hat dieser die Feststellung zu treffen, ob der tatsächliche Wert des verbleibenden Vermögens den Wert des Nennkapitals und der gebundenen Rücklagen erreicht. Über das Ergebnis ist schriftlich zu berichten, wobei nach dem Bericht auch die Bewertungsmethoden zu nennen sind (§ 26 Abs 2 AktG). Eine unbedingte Notwendigkeit, das Prüfungsresultat als Beilage der Anmeldung der Spaltung beizuschließen, besteht nach dem SpaltG nicht. Dies ist insofern stimmig, weil nach § 26 Abs 3 AktG die Einreichung des Prüfberichts beim zuständigen Firmenbuchgericht seitens des Gründungsprüfers gesondert zu erfolgen hat.[375] Dieser hat nach Abschluss der Prüfung je ein Berichtsexemplar

Kontinuität und Wandel, Beiträge zum Unternehmensrecht, Festschrift für Walther Kastner zum 90. Geburtstag, Wien 1992, 137.

374 Nowotny, Christian: Prüfungen im EU-GesRÄG Verschmelzung-Spaltung-Umwandlung, in: Festschrift Egger, 1997, 544; Kalss, Susanne: Handkommentar zur Verschmelzung, Spaltung und Umwandlung, Wien 1997, § 3 SpaltG, Rz 11; § 17 SpaltG, Rz 10; a.A. Aman, Günther/ Frotz, Stephan/ Mühlehner, Johann/ Wagner, Martin/ Zöchling, Hans: Das EU-Gesellschaftsrechtsänderungsgesetz, Wien 1996, 117, nach dem die Bestellung eines Prüfers nur für den Fall zu erfolgen hat, wenn das Gericht einen besonderen Nachweis für erforderlich hält.

375 A. A. Aman in Aman, Günther/ Frotz, Stephan/ Mühlehner, Johann/ Wagner, Martin/ Zöchling, Hans: Das EU-Gesellschaftsrechtsänderungsgesetz, Wien 1996, 115, der darauf hinweist, dass die Beilagenliste im neuen SpaltG lückenhaft scheint und deswegen empfiehlt, den Bericht der Prüfung der Anmeldung beizufügen. Diese Auffassung stützt sich auf die Tatsache, dass in der Ursprungsfassung des SpaltG vom Jahr 1993, der Anmeldung der Bericht über die Restvermögensprüfung beizulegen war (§ 8 Z 3 SpaltG).

beim Firmenbuchgericht und beim Vorstand der übertragenden Gesellschaft einzureichen.[376]

3.4.3 Prüfung des Zeitpunkts der Prüfung

Ein sehr häufig in der Praxis vorkommendes Phänomen ist das Faktum, dass Restvermögensprüfungen vor Beschlussfassung über die jeweilige Abspaltung zur Neugründung oder Abspaltung zur Aufnahme ihren Abschluss finden. Gegenstand der Restvermögensprüfung ist dann der Spaltungsplan und/oder der Spaltungs- und Übernahmsvertrag im Entwurfsstadium. Ein solches Vorgehen ist zu bejahen für den Fall einer Prüfung nach § 5 SpaltG, ebenso für den Fall der Erstellung eines Spaltungsberichts (§ 4 SpaltG) oder im Fall der Prüfung der beabsichtigten Spaltung durch den Aufsichtsrat (§ 6 SpaltG). In diesen Fällen besteht sogar die Pflicht zur Prüfung der Unterlagen im Entwurfsstadium. Zu schließen ist dies aus dem in den Bestimmungen der §§ 4 bis 6 SpaltG durchgängig verwendeten Begriff „Spaltungsplan“ und des weiteren durch die Regelung über die Pflicht, Spaltungsbericht, Prüfungsbericht und Bericht des Aufsichtsrats am Sitz der übertragenden Gesellschaft zur Einsicht der Aktionäre mindestens während eines Monats vor dem Tag der Hauptversammlung, die über die Zustimmung zur Spaltung beschließen soll, aufzulegen (§ 7 Abs 2 Z 4 bis 6).

Das Prinzip der Prüfung von Entwürfen gilt nicht für die Restvermögensprüfung. § 3 Abs 4 SpaltG zielt auf den beschlossenen Spaltungsplan ab. Zu schließen ist dies aus der Formulierung der Vorschrift und zudem aus der Tatsache, dass der Prüfbericht nicht Gegenstand der zur Einsicht für die Aktionäre aufzulegenden Unterlagen (vgl. § 7 Abs 2 SpaltG) und nicht inhaltlicher Bestandteil des Spaltungsplanes ist (vgl. § 2 Abs 1 SpaltG). Darüber hinaus ergibt sich dies aus der sinngemäßen Anwendung der aktienrechtlichen Gründungsvorschriften. Die Prüfung des Hergangs der Gründung durch Vorstand, Aufsichtsrat und die Gründungsprüfung durch einen Prüfer setzen die Feststellung der Satzung und die Übernahme der Aktien durch die Gründer und die Bestellung des Aufsichtsrats und des Vorstands voraus. Die aktienrechtliche Abfolge analog auf die Spaltung bezogen heißt, dass die Gründungsprüfung nach Feststellung der Satzung der übertragenden Gesellschaft über die Abspaltung zu erfolgen hat. Die Feststellung der Satzung der übertragenden Gesellschaft erfolgt mit Beschlussfassung über die Spaltung, weshalb die Prüfung des Restvermögens erst nach diesem Zeitpunkt enden kann.

[376] Siehe ebenso Kalss, Susanne: Handkommentar zur Verschmelzung, Spaltung und Umwandlung, Wien 1997, § 3 SpaltG, Rz 11, 377.

3.4.4 Prüfung des Berichtstestats

Ergänzend soll an dieser Stelle noch darauf hingewiesen werden, dass, wenn die Restvermögensprüfung mit dem Ergebnis schließt, dass die Werthaltigkeit des verbliebenen Vermögens nicht dem Nennkapital und den gebundenen Rücklagen entspricht, die Spaltung gerettet werden kann, wenn in Höhe des Differenzbetrages entweder eine Kapitalherabsetzung vorgenommen wird oder der Gesellschaft Eigenmittel in dieser Höhe zugeführt werden.

3.5 Verletzung der Norm und Konsequenzen

3.5.1 Nach Anmeldung der Spaltung

Die Prüfung der Einhaltung der Regelung des § 3 Abs 4 SpaltG knüpft an die Frage an, welche Konsequenzen es hat, wenn für den Fall einer Abspaltung eine Restvermögensprüfung nicht stattfindet oder der Prüfungsbericht beim zuständigen Firmenbuchgericht nicht eingereicht wird oder die stattgefundene Restvermögensprüfung mit dem Testat schließt, dass die vom Gesetz vorgeschriebene Deckung als nicht eingehalten gilt. Nach der Wertung des Gesetzgebers liegt in diesen Fällen eine Verletzung der Norm vor. Ob die Spaltung scheitert oder nicht, hängt von der Möglichkeit der Beseitigung des festgestellten Mangels ab. Ist dies der Fall, hat das Gericht die Art der Beseitigung dem Antragsteller aufzutragen (§ 17 Abs 1 FBG).

Bei den hier genannten Normverletzungen könnte hinsichtlich des Eintragungsverfahrens wie im Folgenden genannt verfahren werden. Wenn im Zeitpunkt der Anmeldung der Spaltung die Prüfung des Restvermögens noch nicht stattgefunden hat, hat das Firmenbuchbericht einen Gründungsprüfer zu ernennen und die Durchführung der Restvermögensprüfung zu beauftragen. Dies wird dazu führen, dass das Firmenbuchgericht in Anwendung des § 19 FBG das Verfahren unterbricht. Ebenso ist zu verfahren, wenn der Prüfungsbericht auf Basis von Entwürfen erstellt ist. Wurde lediglich der schriftliche Bericht über die Prüfung nicht eingereicht, gilt der Mangel bei Nachreichung als behoben (§ 17 Abs 1 FBG).

Für den Fall, dass die Restvermögensprüfung mit dem Ergebnis schließt, dass die Werthaltigkeit des verbliebenen Vermögens nicht dem Nennkapital und den gebundenen Rücklagen entspricht, kann angedacht werden, in Höhe des fehlenden Differenzbetrages eine Kapitalherabsetzung vorzunehmen oder der Gesellschaft Eigenmittel in dieser Höhe zuzuführen. Eine Kapitalherabsetzung kann im Fall einer Abspaltung zur Neugründung bei Einhaltung des Summengrundsatzes vereinfacht erfolgen. Im Fall einer Abspaltung zur Aufnahme hat eine

Kapitalherabsetzung stets nach den Vorschriften über die ordentliche Kapitalherabsetzung zu erfolgen.

3.5.2 Nach Eintragung der Spaltung

Durch die sinngemäße Anwendung der aktienrechtlichen Vorschriften über die Gründungsprüfung soll sichergestellt werden, dass der tatsächliche Wert des verbliebenen Vermögens bei der übertragenden Gesellschaft ihrem ausgewiesenen Nennkapital und allenfalls vorhandenen gebundenen Rücklagen entspricht. Stellt sich nach Eintragung der Spaltung eine diesbezügliche Normenverletzung heraus, bleibt die Eintragung der Spaltung von diesen Mängeln unberührt (§ 14 Abs 3 Satz 1 SpaltG). Die Gesellschafter der spaltenden Gesellschaft trifft allerdings, wenn die Werthaltigkeit des Vermögens der Gesellschaft nicht dem Nennkapital und den gebundenen Rücklagen entspricht, die Differenzhaftung für den nicht gedeckten Teil des Kapitals (§ 39 AktG). Zusätzlich haften die Organe der spaltenden Gesellschaft nach den sinngemäß anwendbaren Gründungsvorschriften.

II. Teil: Kapitalerhaltung der neu gegründeten Gesellschaft

1 Die Gründungsvorschriften nach § 3 Abs 3 SpaltG

1.1 Inhalt der Norm

Nach § 3 Abs 3 Satz 1 SpaltG sind auf die neuen Gesellschaften die für deren Rechtsform geltenden Gründungsvorschriften anzuwenden. Ohne Notwendigkeit der Nennung der einzelgesetzlichen Bestimmungen ergibt sich aus der Formulierung der gesetzlichen Bestimmung, dass für den Fall einer geplanten neu zu gründenden GmbH die Errichtungsbestimmungen der §§ 1 bis 12 GmbHG sowie für den Fall einer geplanten neu zu gründenden AG die der §§ 16 bis 47 AktG gelten, sofern die spaltungsgesetzlichen Bestimmungen nicht etwas anderes vorsehen.[377]

Nach den aktien- und GmbH-rechtlichen Vorschriften ist zunächst sicherzustellen, dass das gesetzlich vorgesehene Mindestkapital (Grund- oder Stammkapital) oder ein darüber hinausgehend vereinbartes Kapital durch das übergehende Nettovermögen gedeckt ist. Nach der spaltungsgesetzlichen Bestimmung des § 3 Abs 1 SpaltG ist ferner sicherzustellen, dass die gewählten Nennkapitalien der durch Auf- oder Abspaltung entstehenden neuen Gesellschaften in ihrer Summe dem Nennkapitalbetrag der übertragenden Gesellschaft vor Spaltung mindestens entsprechen. Der Verkehrswert des jeweiligen übergehenden Vermögens muss dabei mindestens den Nominalwert der neu geschaffenen Anteile erreichen. Ist der Nominalwert ein geringerer als der Wert des übergehenden Vermögens (das ist der das Nennkapital übersteigende Betrag des Nettobuchwerts), ist der Differenzbetrag als Rücklage gemäß § 229 Abs 2 Z 1 HGB einzustellen. Diese ist gemäß § 130 AktG und § 23 GmbHG in der AG und in der großen GmbH gebunden. Da auf die neuen Gesellschaften § 221 Abs 4 Z 2 HGB anzuwenden ist, wonach die Rechtsfolgen der Größenmerkmale erst in dem der Spaltung folgenden Jahr eintreten,[378] ist die Kapitalrücklage in der GmbH nicht (sofort) gebunden.[379] Nicht notwendig ist hingegen die Erstellung eines Gründungsberichts nach § 24 AktG. Dies hält § 3 Abs 4 letzter Satz SpaltG ausdrücklich fest.

§ 3 Abs 3 Satz 2 SpaltG fügt hinzu, dass als Gründer die übertragende Gesellschaft anzusehen ist. Aus der Gleichstellung der übertragenden Gesellschaft

---

[377] Siehe Kalss, Susanne: Handkommentar zur Verschmelzung, Spaltung und Umwandlung, Wien 1997, § 3 SpaltG, Rz 10.
[378] Nowotny, Christian/ Maximilian, Tichy in Straube, Manfred: Kommentar zum Handelsgesetzbuch, 2. Auflage, Wien 2000, § 221 Rz 31.
[379] Hügel, Umgründungsbilanzen, 1997, Rz 6.47; Kalss, Handkommentar zur Verschmelzung – Spaltung – Umwandlung, 1997, § 3 SpaltG Rz 4, 372.

als Gründungsgesellschaft folgt, dass eine Ein-Mann-Gründung zulässig ist.[380] Die Gründung einer GmbH durch eine Person ist generell gemäß § 1 Abs 1 GmbHG zulässig. Eine Abweichung stellt damit die Zulassung der Gründung einer AG durch eine Person dar.[381] Des Weiteren folgt aus der Eigenschaft der übertragenden Gesellschaft als Gründer, dass diese, vertreten durch den Vorstand (bei Neugründung einer AG den ersten Aufsichtsrat, bei Neugründung einer GmbH deren Vorstand), allenfalls auch deren ersten Aufsichtsrat zu bestellen hat. Bei einer GmbH wäre es bei Bestellung von Gesellschaftergeschäftsführern auch möglich, dass die Bestellung des Geschäftsführers im jeweiligen Gesellschaftsvertrag auch Bestandteil des Spaltungsplanes wird (vgl. § 2 Abs 1 Z 1 SpaltG).

1.2 Zweck der Norm

§ 3 Abs 3 SpaltG ist die eigentliche Vorschrift, die die Durchführung einer Spaltung zur Neugründung aus Sicht der neuen Gesellschaft ermöglicht. Hätte der Gesetzgeber nicht auf das Gründungsrecht verwiesen, hätte dieser die Vorschriften über den Gründungshergang selbst normieren müssen. Der Zweck der Norm liegt in der Übereinstimmung mit den aktien- und GmbH-gesetzlichen Regelungen über die Gründung einer Kapitalgesellschaft und in der Beibehaltung dieser damit als leitende Strukturen für den Vorgang der Spaltung.

1.3 Prüfung der Norm

Damit der Normzweck als erfüllt gilt, ist zu prüfen, ob die dem Spaltungsplan beigefügten Satzungen (Gesellschaftsverträge) und die jeweiligen aktien- bzw. GmbH-gesetzlichen Regelungen über die Gründung einer Gesellschaft als eingehalten gelten. Allerdings ist darauf zu achten, dass der Gesetzgeber das Gründungsverfahren einer Gesellschaft in das Spaltungsverfahren integriert hat. Die im Einzelfall auf diese Weise verbundenen Antinomien, wie beispielsweise die Bestimmungen der §§ 19 und 20 AktG, sind durch materielle Derogation zu lösen.[382] Diese Lösung hat der Gesetzgeber auch über die Errichtung einer gesonderten Derogationsklausel gesichert. Der zweite Halbsatz in § 3 Abs 3 Satz 1 SpaltG hält mit den Worten „[...] soweit sich aus diesem Bundesgesetz nichts anderes ergibt“ die zu verwendende Auflösungsregel eines (scheinbaren) Widerspruchs fest.

---

[380] Aman in Aman, Günther/ Frotz, Stephan/ Mühlehner, Johann/ Wagner, Martin/ Zöchling, Hans: Das EU-Gesellschaftsrechtsänderungsgesetz, Wien 1996, 100.

[381] Vgl. Kalss, Susanne: Handkommentar zur Verschmelzung, Spaltung und Umwandlung, Wien 1997, § 3 SpaltG, Rz 10.

[382] Vgl. Kalss, Susanne: Handkommentar zur Verschmelzung, Spaltung und Umwandlung, Wien 1997, § 3 SpaltG, Rz 10, 375.

2 Die Gründungsprüfung nach § 3 Abs 4 SpaltG

2.1 Inhalt der Norm

Notwendige gesetzliche Folge einer durch Sachgründung errichteten neuen Kapitalgesellschaft ist deren Gründungsprüfung. Ist die neu gegründete Gesellschaft eine AG, greifen nach dem AktG unter anderem die Regelungen der §§ 25 und 26 AktG. Bei Gründung einer GmbH gelten diese Bestimmungen über den Verweis in § 6a Abs 4 GmbHG sinngemäß, im letztgenannten Fall auch dann, wenn die GmbH rein durch Bargründung entsteht.[383] Das Spaltungsgesetz trifft keine Unterscheidung, ob es sich bei der neu gegründeten Gesellschaft um die Rechtsform einer GmbH oder AG handelt. § 3 Abs 4 erster Halbsatz SpaltG bestimmt, dass der Hergang der neuen Gesellschaften einer Prüfung zu unterziehen ist. Dem folgt die Ausführung, dass die aktienrechtlichen Bestimmungen über die Gründungsprüfung sinngemäß gelten (§ 3 Abs 4 Satz 2 SpaltG). Damit legt das Spaltungsgesetz fest, dass eine Gründungsprüfung ohne Ausnahme zu erfolgen hat und dass diese Prüfung den aktienrechtlichen Bestimmungen zu folgen hat.

Die strengere Regelung des SpaltG im Vergleich zur GmbH-gesetzlichen Rechtslage kann damit begründet werden, dass die Gleichbehandlung von den an der Spaltung beteiligten Gesellschaften sichergestellt werden soll. Ferner kann durch diese Fassung die Restvermögens- und Gründungsprüfung in einem Schritt erfolgen. Nach dem gesetzlichen Wortlaut des § 3 Abs 4 SpaltG ist eine Gründungsprüfung bei der übertragenden Gesellschaft im Fall einer Abspaltung und bei den neu gegründeten Gesellschaften vorzunehmen. Abwicklungstechnisch kann dies in der Art erfolgen, dass über das Ergebnis der Prüfungen jeweils gesondert Bericht erstattet wird, oder dass alle Prüfungsschritte in einem einzigen Prüfbericht vereint sind. Die wortgenaue Interpretation des § 3 Abs 4 SpaltG lässt beide Gestaltungsvarianten eindeutig zu.

Unabhängig davon, ob das Ergebnis der Prüfung in einem einzigen Bericht mündet oder ob die Restvermögensprüfung und die Gründungsprüfungen jeweils mit gesonderten Berichtstestaten schließen, soll angemerkt werden, dass das Datum des Berichtstestats nicht vor dem Datum der Beschlussfassung liegen kann. Es spricht zwar nichts dagegen, Vorprüfungshandlungen bereits vor Beschlussfassung über die Spaltung zu setzen, es widerspricht aber dem Zweck einer Gründungsprüfung, diese vor Beschlussfassung über den eigentlich zu prüfenden gesellschaftsrechtlichen Akt zu beenden. Dies gilt unabhängig davon, ob es sich um eine Gründungsprüfung über das Restvermögen bei der

---

[383] Kalss, Susanne: Handkommentar zur Verschmelzung, Spaltung und Umwandlung, Wien 1997, § 3 SpaltG, Rz 11.

verbleibenden übertragenden Gesellschaft oder über die übertragene Sacheinlage handelt.

Das Wesen der Spaltung als „Sacheinlage" aus Sicht der neu gegründeten Gesellschaft[384] stellt den Rechtsanwender vor die Notwendigkeit der Durchführung einer Bewertungsprüfung. Nach § 26 Abs 2 AktG ist über den Gegenstand der Sacheinlage und die angewendeten Bewertungsmethoden schriftlich zu berichten. Zu der Frage, ob der aktienrechtliche Prüfbericht den wirklichen Wert der einzubringenden Sache auszuweisen hat, schweigt die Bestimmung. Versucht man die Sache anhand der GmbH- und aktienrechtlichen Gründungsvorschriften zu lösen, wird man nicht fündig. Weder dem Aktien- noch GmbH-Recht ist ein Hinweis zu dieser Frage zu entnehmen. Das Aktiengesetz hält nur fest, dass der Prüfbericht die Bewertungsmethoden zu nennen hat (§ 26 Abs 2 AktG).

Einen Anhaltspunkt liefert § 202 HGB. Nach dieser Vorschrift sind Einlagen mit dem Wert anzusetzen, der ihnen im Zeitpunkt ihrer Leistung beizulegen ist, soweit sich nicht aus der Nutzungsmöglichkeit im Unternehmen ein geringerer Wert ergibt (§ 202 Abs 1 Satz 1 HGB). Erfolgt die Einlage aufgrund einer Umgründung, wie dies im Falle einer Spaltung zutrifft, dürfen auch die Buchwerte der übertragenden Gesellschaft fortgeführt werden (§ 202 Abs 2 Z 1 HGB). Diese Ausführungen gelten sowohl für Bar- als auch Sacheinlagen.[385] Bewertungsfragen können allerdings nur bei Sacheinlagen auftreten, weil bei Barleistungen das Nominalwertprinzip gilt.[386] Das dann Entscheidende ist, ob einzelne Vermögenswerte oder Sachgesamtheiten Gegenstand einer Einlage sind. Werden einzelne Vermögenswerte eingelegt, ist das Ergebnis der Bewertung nach § 202 Abs 1 Satz 1 HGB der Saldo aus Buchwert und stillen Reserven und/oder Lasten des eingebrachten Vermögens. Werden hingegen Sachgesamtheiten, wie Betriebe oder Teilbetriebe eingelegt, tritt als weiterer „Bewertungsbaustein" des handelsrechtlichen Regelungsprinzips der Firmenwert dieser Sachgesamtheit.[387] Dieser kann handelsrechtlich durch Ansatz in der Bilanz zunächst erfolgsneutral oder durch Ausweis in der Gewinn- und Verlustrechnung sofort aufwandswirksam behandelt werden (§ 202 Abs 1 Satz 2 HGB iVm § 203 Abs 5 HGB).

---

[384] Hirschler, Klaus: Die Spaltung von Kapitalgesellschaften im Handels- und Steuerrecht, Wien 1996, 117ff.

[385] Gassner/Lahodny-Karner/Urtz in Straube, Manfred: Kommentar zum Handelsgesetzbuch, Bd 2, Rechnungslegung, 2. Auflage, Wien 2000, § 202, Rz 3.

[386] Gassner/Lahodny-Karner/Urtz in Straube, Manfred: Kommentar zum Handelsgesetzbuch, Bd 2, Rechnungslegung, 2. Auflage, Wien 2000, § 202, Rz 3.

[387] Zum Ansatz des Firmenwertes ohne Gegenleistung Gassner/Lahodny-Karner/Urtz in Straube, Manfred: Kommentar zum Handelsgesetzbuch, Bd 2, Rechnungslegung, 2. Auflage, Wien 2000, § 202, Rz 10b mwN.

Begreiflicherweise kann mit dieser handelsrechtlichen Bewertungsregelung jede Sacheinlage über die Position des Eigenkapitals abgebildet werden. Die Praxis bedient sich gerne dieses Weges. Die Vorgehensweise ist dabei keine andere, als die Abbildung der in der Eröffnungsbilanz der jeweils neu gegründeten Gesellschaft vorzufindenden Eigenkapitalpositionen zu tatsächlichen Werten. Bei der Einlage von einzelnen Vermögenswerten kommt es damit zur Abbildung des Substanzwertes. Im Falle der Einlage von Sachgesamtheiten, wie es Betriebe oder Teilbetriebe darstellen, kann, folgt man dem handelsrechtlichen Tenor des § 202 Abs 1 HGB iVm § 203 Abs 5 HGB, zusätzlich der Ertragswert der jeweils eingelegten Sachgesamtheit als Firmenwert in der Bilanz ausgewiesen werden.[388]

Liegt, wie hier dargestellt, eine Gründungsprüfung vor, ist ein allfälliger Firmenwert jedenfalls zu berücksichtigen. Das Argument dieser Auffassung ergibt sich aus § 26 Abs 2 AktG. Folgt man dem Zweck der aktienrechtlichen Gründungsprüfung, so verfolgt dieser den wirklichen Wert der Einlagen zu ermitteln.[389] Werden nun Betriebe oder Teilbetriebe übertragen, umfasst die Ermittlung des wahren Wertes nicht einzig den Substanzwert, sondern darüber hinaus den Ertragswert der gesellschaftsrechtlichen Einheit. Dies gilt es im Kontext mit § 3 Abs 4 SpaltG zu berücksichtigen. Aus diesem Grund hat ein Bericht über die Prüfung einer durch Betriebs- oder Teilbetriebsübertragung entstandenen neuen Gesellschaft, dessen Prüfungsgrundlage die Eröffnungsbilanz der Gesellschaft ist, nicht nur den Substanzwert, sondern auch den Ertragswert der Gesellschaft zu beinhalten. Praktisch kann die Umsetzung auf zwei Arten erfolgen. Ein Weg besteht darin, die Werte insgesamt über § 202 Abs 1 HGB in der Bilanz abzubilden. Eine Alternative stellt es gerade für den Fall einer Buchwertfortführung dar, die stillen Reserven und den Ertragswert im Prüfbericht gesondert zahlenmäßig zu erfassen.

2.2 Zweck der Norm

Der Zweck einer Gründungsprüfung wird allgemein in dem Verbot der Überbewertung von Sacheinlagen gesehen.[390] Dieser Grundsatz gilt über den Verweis in § 3 Abs 3 SpaltG auf die jeweils geltenden Gründungsvorschriften entsprechend der Rechtsform der neuen Gesellschaften ebenso im Spaltungsrecht.

---

[388] Bejahend Gassner/Lahodny-Karner/Urtz in Straube, Manfred: Kommentar zum Handelsgesetzbuch, Bd 2, Rechnungslegung, 2. Auflage, Wien 2000, § 202, Rz 10b mwN; a.A. Koppensteiner, Hans-Georg: GmbH-Gesetz - Kommentar, Wien 1999, § 6 a, Rz 15.

[389] Ausführlich Hirschler, Klaus: Die Spaltung von Kapitalgesellschaften im Handels- und Steuerrecht, Wien 1996, 119. Ebenso Koppensteiner, Hans-Georg: GmbH-Gesetz - Kommentar, Wien 1999, § 6a GmbHG, Rz 6 mwN.

[390] Jabornegg in Schiemer, Karl/Jabornegg, Peter/Strasser, Rudolf: Kommentar zum Aktiengesetz, Wien 1993, § 26, Rz 1; Koppensteiner, Hans-Georg: GmbH-Gesetz - Kommentar, Wien 1999, § 6a, Z 2.

Diese Bestimmung ist letztlich auch in Verbindung mit der Verpflichtung zur Durchführung einer Restvermögensprüfung zu sehen, da auf diese Weise sowohl auf Seiten der übertragenden Gesellschaft als auch bei den neu gegründeten Gesellschaften die Kapitalerhaltung mittels Prüfungen durch Sachverständige gewährleistet wird.[391]

2.3 Abgrenzung des Anwendungsbereichs

2.3.1 Zwingende Einhaltung für den Fall der Spaltung zur Neugründung

Die Gründungsprüfung ist zwingend für Gesellschaften, die im Zuge einer Spaltung zur Neugründung entstehen. Das Gesetz selbst trifft keine Unterscheidung zwischen einer neu gegründeten GmbH oder AG. Damit wird die Einheitlichkeit des Vorgehens gewahrt.

2.3.2 Zur sinngleichen Anwendung für den Fall der Spaltung zur Aufnahme

Soweit eine Spaltung zur Aufnahme von einer Kapitalerhöhung der übernehmenden Gesellschaft begleitet wird, liegen darin die Voraussetzungen für eine Sacheinlage, da dann originäre Anteilsrechte gewährt werden.[392] Für diesen Fall bestimmt § 17 Z 3 SpaltG, dass eine Prüfung durch einen oder mehrere Prüfer stattzufinden hat, unter sinngemäßer Anwendung der §§ 25 Abs 3 bis 5, 26, 27, 42 und 44 AktG. Durch den Wortlaut des Gesetzgebers, die Gründungsprüfung auf die Erhöhung des Nennkapitals zu beschränken, kann diese durch Anwendung des Regelungsbereichs des § 224 AktG umgangen werden. Dies scheint insofern bedenklich, als es damit zu einer Verletzung als auch Umgehung des Grundsatzes der Kapitalerhaltung kommen kann. Die Verschiedenheit, mit der das Gesetz die Spaltung zur Neugründung und die Spaltung zur Aufnahme in dieser Frage ausgestattet hat, führt zu dem Ergebnis, dass eine Spaltung zur Neugründung einer strengeren Regelung unterliegt als eine Spaltung zur Aufnahme.

In vielen Fällen wird sich daher anbieten, das Ergebnis einer geplanten Spaltung zur Neugründung über den leichteren Weg einer Spaltung zur Aufnahme zu erreichen. Eine dieser Art geplante Spaltung zur Aufnahme setzt zunächst die Gründung einer neuen Gesellschaft voraus. Liegt eine Bargründung einer GmbH

---

[391] Vgl. Aman in Aman, Günther/ Frotz, Stephan/ Mühlehner, Johann/ Wagner, Martin/ Zöchling, Hans: Das EU-Gesellschaftsrechtsänderungsgesetz, Wien 1996, 118.

[392] Angermayer, Birgit: Die Prüfung von Sacheinlagen im neuen Umwandlungsrecht, Die Wirtschaftsprüfung, 1995, 688.

vor, entfällt bereits auf diesem Weg die Gründungsprüfung. Auf die neue Gesellschaft sind dann die Vermögenswerte zu übertragen. Wird dann unter Berufung auf § 224 AktG das Nennkapital der übernehmenden Gesellschaft nicht erhöht, entfällt die Gründungsprüfung insgesamt. Ein endgültiger Vorteil dieser Variante gegenüber einer Spaltung zur Neugründung wird bei Nichteinhaltung der Summengrundsatzregelung erzielt. Diese ist nach herrschender Ansicht[393] im Fall einer Spaltung zur Aufnahme nicht zu beachten.

Sinn und Zweck der Gesetzgebung ist es allerdings nicht, das Kapitalerhaltungsprinzip auf diese Weise zu umgehen. Die rechtstechnische Erleichterung der nicht verpflichtenden Durchführung einer Gründungsprüfung bei Nichtgewähr von Anteilen scheint aus Gläubigerschutzgesichtspunkten nur dann unbedenklich, wenn insgesamt ein positives Vermögen zu Verkehrswerten[394] auf die übernehmende Gesellschaft übertragen wird und das Nennkapital sowie gebundene Rücklagen der übertragenden Gesellschaft nicht geschmälert werden, sofern bei der übertragenden Gesellschaft nicht die Vorschriften über die ordentliche Kapitalherabsetzung zur Anwendung gelangen. Ob ein positives Vermögen übertragen wird, kann allerdings nur über den Weg einer Gründungsprüfung festgestellt werden. Mangels gesetzlicher Regelung wird in Zweifelsfällen über die Werthaltigkeit des übertragenen Vermögens die Bestellung eines Gründungsprüfers notwendig sein. Diese wäre insofern systematisch, als dann bei allen an der Spaltung beteiligten Gesellschaften die Kapitalerhaltung mittels Prüfungen durch Sachverständige gewährleistet wäre.[395]

2.4 Prüfung der Norm

Das Gericht hat zu prüfen, ob die Gesellschaft ordnungsgemäß errichtet und angemeldet ist. Festzustellen ist daher, ob die Vorschriften über die Gründungsprüfung eingehalten sind. Gegenstand der Prüfung ist namentlich die Richtigkeit und Vollständigkeit des seitens des Gründungprüfers erstellten Gründungsprüfungsberichts, die Korrektheit des Satzungsinhaltes beziehungsweise des Gesellschaftsvertrages und die Frage, ob der Wert der Sacheinlagen den

[393] z.B. Kalss, Susanne: Handkommentar zur Verschmelzung, Spaltung und Umwandlung, Wien 1997, § 17 Rz 10; § 3 Rz 9, 374; Strimitzer, Eugen: Abspaltung zur Aufnahme und Kapitalherabsetzung, RdW 2001, 514; Aman in Aman, Günther/ Frotz, Stephan/ Mühlehner, Johann/ Wagner, Martin/ Zöchling, Hans: Das EU-Gesellschaftsrechtsänderungsgesetz, Wien 1996, 102; Schwarzinger, Walter/Wiesner, Werner: Umgründungssteuer-Leitfaden, Bd II, Wien 1997, 1288; Reich-Rohrwig, Johannes: EU-Gesellschaftsrechtsänderungsgesetz, Wien, 1996, 65.

[394] Im Sinne verschmelzungsrechtlicher Grundsätze zu verstehen. Vgl. diesbezüglich Nowotny, Christian: Kapitalerhaltung bei Verschmelzungen und Spaltungen, RWZ 4/2000, 97.

[395] Vgl. Aman in Aman, Günther/ Frotz, Stephan/ Mühlehner, Johann/ Wagner, Martin/ Zöchling, Hans: Das EU-Gesellschaftsrechtsänderungsgesetz, Wien 1996, 118, für den Fall der Spaltung zur Aufnahme bei Erhöhung des Nennkapitals.

Ausgabebetrag (Nominale zuzüglich Aufgeld) der dafür zu gewährenden Geschäftsanteile oder Aktien erreicht.

3 Verletzung der Normen und Konsequenzen

3.1 Nach Anmeldung der Spaltung

Zeitgleich mit der Anmeldung der Spaltung erfolgt die Anmeldung der aus der Spaltung jeweils neu gegründeten Gesellschaften. Diese Feststellung folgt aus der Tatsache, dass Bestandteil des Spaltungsplans die Satzungen beziehungsweise Gesellschaftsverträge zukünftiger Gesellschaften sind. Weiters ergibt sich dies aus § 13 Z 4 SpaltG, wonach der Anmeldung die nach den Gründungsvorschriften für die Eintragung der neuen Gesellschaften erforderlichen weiteren Urkunden beizulegen sind.[396] Eine Verletzung gründungsrechtlicher Normen kann materieller oder formeller Natur sein. Ohne im Einzelnen welche zu nennen, ist in beiden Fällen bei Behebbarkeit der festgestellten Mängel im Verbesserungsverfahren grundsätzlich davon auszugehen, dass die Spaltung deswegen nicht scheitert.

3.2 Nach Eintragung der Spaltung

Welche Konsequenzen zu erwarten sind, wenn nach Eintragung der Spaltung feststeht, dass der Kapitalerhaltungsgrundsatz als nicht eingehalten gilt, wurde für den Fall einer Spaltung zur Neugründung aus Sicht der übertragenden Gesellschaft bereits diskutiert. Das hierzu festgestellte Ergebnis, dass § 14 Abs 3 SpaltG zur Anwendung gelangt, gilt für Spaltungen zur Neugründung uneingeschränkt und erstreckt sich damit auch auf die Eintragung der neu gegründeten Gesellschaft.

Als Entschädigung der versperrten Möglichkeit einer Rückabwicklung stehen die Haftungsregelungen des AktG und des SpaltG zur Verfügung. Nach der aktienrechtlichen Regelung des § 39 Abs 2 AktG besteht die Gründerhaftung für die Werthaltigkeit von Einlagen. Ist diese nicht gegeben, trifft die spaltende Gesellschaft als Gründerin die Differenzhaftung für den nicht gedeckten Teil des Kapitals.[397] Diese Differenzhaftung ist wiederum eine Verbindlichkeit, die im Spaltungsplan keiner Gesellschaft zugeordnet wurde und daher der Auffangregelung des § 2 Abs 1 Z 11 SpaltG unterliegt, für die deshalb die an der

---

[396] Im Einzelnen angeführt bei Kalss, Susanne: Handkommentar zur Verschmelzung, Spaltung und Umwandlung, Wien 1997, § 13 SpaltG, Rz 2, 454f.

[397] Vgl. in diesem Sinn Stern, Elisabeth: Die sechste gesellschaftsrechtliche Richtlinie (Spaltungsrichtlinie) in: Doralt, Peter/ Nowotny, Christian (Hrsg): Der EG-rechtliche Anpassungsbedarf im österreichischen Gesellschaftsrecht, Wien 1993, 181, FN 203.

Spaltung beteiligten Gesellschaften solidarisch haften.[398] Zusätzlich haften nach § 3 Abs 5 Satz 1 SpaltG iVm § 41 AktG die Organe der übertragenden Gesellschaft sinngemäß. Die Mitglieder des Vorstands und des Aufsichtsrats der übertragenden Gesellschaft haben, wenn diese hinsichtlich der Gründungsprüfung ihre Sorgfaltspflicht außer Acht gelassen haben, den an der Spaltung beteiligten Gesellschaften für den daraus entstandenen Schaden als Gesamtschuldner einzustehen (§ 41 AktG).[399]

[398] Stern, Elisabeth: Die sechste gesellschaftsrechtliche Richtlinie (Spaltungsrichtlinie) in: Doralt, Peter/ Nowotny Christian (Hrsg): Der EG-rechtliche Anpassungsbedarf im österreichischen Gesellschaftsrecht, Wien 1993, 181, FN 203.

[399] Kalss, Susanne: Handkommentar zur Verschmelzung, Spaltung und Umwandlung, Wien 1997, § 3 SpaltG, Rz 12; Aman in Aman, Günther/ Frotz, Stephan/ Mühlehner, Johann/ Wagner, Martin/ Zöchling, Hans: Das EU-Gesellschaftsrechtsänderungsgesetz, Wien 1996, 101.

III. Teil:
Kapitalerhaltung der übernehmenden Gesellschaft

1 Der Summengrundsatz nach § 3 Abs 1 SpaltG

1.1 Die Anwendung auf den Fall der übernehmenden Gesellschaft

1.1.1 Ausgangslage

1.1.1.1 Herrschende Auffassung

Jeder Spaltung zur Aufnahme ist nach herrschender Auffassung gemeinsam, dass § 3 Abs 1 SpaltG nicht zur Anwendung gelangt.[400] Ausgehend von der Prämisse eines gleichförmigen Gläubigerschutzkonzeptes gelangen anstelle des Summengrundsatzes äquivalente Regelungen zur Anwendung. Der Gläubigerschutz des Spaltungsgesetzes für die übertragende und in der Folge der übernehmenden Gesellschaft enthält gesonderte Regelungen, wodurch das Bindungskonzept des Summengrundsatzes für den Fall einer Spaltung zur Aufnahme zwar aufgeschnürt wird, aber bei Zusammenfügung der einzelnen Gläubigerschutzkonzeptionen der übertragenden und übernehmenden Gesellschaft ein einheitliches, dem Summengrundsatz gleichwertiges Gläubigerschutzmodell ergibt.

In der Folge wird die Richtigkeit dieser Grundkonzeption unterstellt, obwohl gewichtige Gründe dagegen sprechen. Das Schrifttum folgt dieser Ansicht seit Einführung des Spaltungsgesetzes 1996[401] stets, ohne wenn und aber. Die kritische Prüfung dieser Haltung im Wege juristischer Auslegungsmethoden führt aber keineswegs zu dieser Darstellung, sondern zeichnet ein anderes Bild. Nach dem hier vertretenen Rechtsverständnis ist der Summengrundsatz von der Textierung des § 17 Z 3 SpaltG erfasst, sodass dieser sehr wohl zur Anwendung gelangt.

Vorweg ist allerdings die herrschende Auffassung als Ausgangspunkt zu nehmen. Den Beginn der Erörterung nimmt § 17 SpaltG. Nach dieser Regelung gelten die §§ 2 bis 16 SpaltG sinngemäß, sofern das Gesetz nichts anderes bestimmt. Für die Kapitalerhaltung der übernehmenden Gesellschaft ist, neben den Regelungen der Spaltung zur Neugründung, § 17 Z 3 SpaltG entscheidend. Die Bestimmung enthält neben der Anordnung, wie vorzugehen ist, wenn die übertragende

[400] Vgl. Nowotny, Christian: Kapitalerhaltung bei Verschmelzungen und Spaltungen, RWZ 4/2000, 100; Kalss, Susanne: Handkommentar zur Verschmelzung, Spaltung und Umwandlung, Wien 1997, § 17 Rz 10, § 3 Rz 9, 374, m.w.N.; Strimitzer, Eugen: Abspaltung zur Aufnahme und Kapitalherabsetzung, RdW 2001, 514.
[401] BGBl.Nr. 304/1996.

Gesellschaft ihr Nennkapital herabsetzt (§ 17 Z 3 Satz 1 SpaltG), den Verfahrensverweis, wenn die übernehmende Gesellschaft ihr Nennkapital erhöht (§ 17 Z 3 Satz 2 SpaltG). Nach Einleitung des Spaltungsverfahrens hat eine Nennkapitalherabsetzung der übertragenden Gesellschaft nach den Vorschriften über die ordentliche Kapitalherabsetzung, und eine Nennkapitalerhöhung der übernehmenden Gesellschaft nach den aktienrechtlichen Gründungsprüfungsvorschriften des § 25 Abs 3 bis 5 sowie der §§ 26, 27, 42 und 44 AktG zu erfolgen. Findet bei der zuletzt genannten Gesellschaft eine Erhöhung des Nennkapitals nicht statt, ist zu prüfen, ob ein Verstoß gegen das Verbot der Einlagenrückgewähr vorliegt. Zu schließen ist dies mittelbar aus den zum Verschmelzungsrecht ergangenen Erkenntnissen des Obersten Gerichtshofes zu dieser Frage.[402] Auch das jüngere Schrifttum lässt darauf schließen.[403] Die Textierung des § 17 Z 5 SpaltG beginnt zwar mit den Worten „im übrigen", verweist dann auf die entsprechende Anwendung der Vorschriften über Verschmelzung zur Aufnahme, allerdings gelten, der Entwicklung nach (Judikatur[404] und Schrifttum[405] folgend), zusätzlich die Kapitalerhaltungsbestimmungen des AktG und GmbHG.

Im Lichte dieser Tatsache ergibt sich, dass für den Fall einer übernehmenden AG § 52 AktG und für den einer übernehmenden GmbH § 82 Abs 1 GmbHG zu berücksichtigen ist. Diese Maxime gilt, wenn der Summengrundsatz nicht zur Anwendung gelangt. Diese Meinung soll, wie eingangs genannt, im Folgenden als Faktum hingenommen werden. Für das hier zu untersuchende Problem, dass Wertungswidersprüche innerhalb des Spaltungsgesetzes entstehen, die sich nach heutiger Rechtsanschauung nicht (mehr) rechtfertigen lassen, ist dies erforderlich. Zum Teil wurde die Problematik bereits behandelt. Der eingeschlagene Weg soll an dieser Stelle vertieft werden. Es geht darum, jene Probleme und Widersprüche zu identifizieren, die zwischen dem Spaltungsgesetz und dem allgemeinen

---

402 Beispielsweise OGH 11.11.1999, 6 Ob 4/99b, für den Fall einer Verschmelzung down-stream.

403 Bejahend ausdrücklich für den Fall einer Abspaltung down-stream Doralt, Maria: Management Buyout, Wien 2001, 200f.

404 OGH 11.11.1999, 6 Ob 4/99b, für den Fall einer Verschmelzung down-stream; OGH 11.03.1999, 6 Ob 5/99z, für den Fall einer Steuerspaltung; OGH 10.06.1999, 6 Ob 6/99x, für den Fall einer Steuerspaltung.

405 Nowotny, Christian: Kapitalerhaltung bei Verschmelzungen und Spaltungen, RWZ 4/2000, 99f; Karollus, Martin: OGH: Einlagenrückgewähr bei der Einbringung – Äquivalenzverhältnis, Der Wirtschaftstreuhänder 2000, 14-16; Karollus, Martin/Lauss, Wolfgang und Kutos, Anna: Kapitalerhaltung und Verbot der Einlagenrückgewähr im Spaltungsgesetz, Grundsätzliche Zulässigkeit der Spaltung up-stream und ihre Grenzen, SWK 2000, 368-370; Doralt, Maria: Management Buyout, Wien 2001, 199ff; Ton, Manfred: Verbotene Einlagenrückgewähr bei der Abspaltung zur Aufnahme im Konzern, ecolex 1999, 172 - 176.

Kapitalgesellschaftsrecht erwachsen. Den Ausgangspunkt nimmt vorab die Kapitalherabsetzung bei der übertragenden Gesellschaft.[406]

1.1.1.2 Probleme der Kapitalerhaltung

1.1.1.2.1 Übertragende, übernehmende, neue und übernehmende Gesellschaft

1.1.1.2.1.1 Übertragende Gesellschaft

Ein dem Summengrundsatz gleichwertiges Gläubigerschutzkonzept setzt bei der übertragenden Gesellschaft eine Kapitalherabsetzung zu Verkehrswerten voraus. Zu begründen ist dies ausgehend von § 52 AktG bzw. dem ähnlich lautenden § 82 Abs 1 GmbHG. Beide Bestimmungen enthalten das Verbot der Rückgewähr von Einlagen, welches nach herrschender Meinung ebenso die im Gesellschaftsvermögen vorhandenen stillen Reserven umfasst und nur aufgrund der im Gesetz genannten Ausnahmen[407] durchbrochen werden darf. Nach dem gibt es bei Fortbestand der jeweiligen GmbH oder AG zwei Möglichkeiten, diesem Axiom zu entsprechen. Zum einen, bei Berücksichtigung der Regelung des § 3 Abs 1 SpaltG, zum anderen, wenn die Vorschriften über die ordentliche Kapitalherabsetzung zur Anwendung gelangen und bei dieser die Vermögensauskehr die stillen Reserven umfasst.[408] Bei beiden Varianten kann insofern jeweils von einem gleichwertigen Gläubigerschutzkonzept anstelle des anderen gesprochen werden.

Erfolgt eine vermögensauskehrende Kapitalherabsetzung nicht zu tatsächlichen Werten, liegt ein Verstoß gegen § 52 AktG und § 82 Abs 1 GmbHG vor.[409] Dies bedeutet, dass, bei sonstiger Haftung der Organe und der Empfänger, bei einer Kapitalherabsetzung die Sachauskehr nicht wertvoller sein darf als der

---

406 Siehe hierzu bereits auch die Ausführungen in Kapitel 2 Die Herabsetzung des Nennkapitals nach § 3 Abs 2 SpaltG, 84ff.

407 Vgl. auch Bachner, Thomas: Anmerkungen zur Übernahme der vereinfachten Kapitalherabsetzung in das GmbH-Recht, GesRZ 1998, 2

408 Vgl. Doralt, Peter: Zur Gestaltung handelsrechtlicher Vorschriften über die Spaltung in: Doralt, Peter/ Nowotny, Christian (Hrsg): Kontinuität und Wandel, Beiträge zum Unternehmensrecht, Festschrift für Walther Kastner zum 90. Geburtstag, Wien 1992, 130; Hügel, Hanns F.: Das neue Spaltungsgesetz und die Reform des Umgründungsrechts, ecolex 1996, 529; Aman, Günther: "Down Stream Fusion" Verbot der Einlagenrückgewähr, Gläubigerschutz und Minderheitenrechte, RdW 1995/8, 292

409 Doralt, Peter: Zur Gestaltung handelsrechtlicher Vorschriften über die Spaltung in: Doralt, Peter/ Nowotny, Christian (Hrsg): Kontinuität und Wandel, Beiträge zum Unternehmensrecht, Festschrift für Walther Kastner zum 90. Geburtstag, Wien 1992, 130; Hügel, Hanns F.: Das neue Spaltungsgesetz und die Reform des Umgründungsrechts, ecolex 1996, 529.

herabgesetzte Nennbetrag.[410] Bei konsequenter Verfolgung dieser Sichtweise müsste dies auch Gültigkeit für den Fall einer Spaltung zur Aufnahme haben (§ 17 Z 3 SpaltG). Gerade für den speziellen Fall einer Spaltung soll diese Betrachtung allerdings nicht gelten.[411] Stattdessen hat eine ordentliche Kapitalherabsetzung in Höhe des Buchwertes des übertragenen Vermögensteils zu erfolgen. Argumentiert wird dies damit, dass anders als bei einer gewöhnlichen Kapitalherabsetzung und einer Gewinnausschüttung, bei einer Spaltung damit zu rechnen ist, dass stille Reserven verlagert werden.[412] Es ist allerdings fraglich, ob dies allein als Argument für die Nichtherabsetzung in Höhe des tatsächlichen Wertes ausreicht. Es kann bei einer Herabsetzung zu Buchwerten im Rahmen der spaltungsgesetzlichen Gestaltungsvarianten iVm § 224 AktG zu einer Ausschüttung stiller Reserven kommen. Die Gläubiger der übertragenden Gesellschaft sind zwar durch die Regelung des § 15 Abs 1 SpaltG geschützt, da die an der Spaltung beteiligten Gesellschaften bis zur Höhe des ihnen jeweils zugeordneten Nettoaktivvermögens als Gesamtschuldner haften. Der Anwendungsbereich dieser Regelung gilt allerdings stets, unabhängig von der Einhaltung des Summengrundsatzes.

Tragendes Argument, weshalb eine Kapitalherabsetzung nicht in Verkehrswerthöhe vorgenommen werden kann, ist die Verbindung des Kapitalgesellschaftsrechts mit dem handelsrechtlichen Rechnungslegungsprinzip. Der Regelungszusammenhang zwischen AktG, GmbHG und Rechnungslegungsgesetz verlangt eine Herabsetzung des Nennkapitals zu Buchwerten.[413] Dies wurde bereits für den Fall der Spaltung zur Neugründung festgestellt[414] und gilt auch für den Fall der Spaltung zur Aufnahme.

---

[410] Doralt, Peter: Zur Gestaltung handelsrechtlicher Vorschriften über die Spaltung in: Doralt, Peter/ Nowotny, Christian (Hrsg): Kontinuität und Wandel, Beiträge zum Unternehmensrecht, Festschrift für Walther Kastner zum 90. Geburtstag, Wien 1992, 130.

[411] Hügel, Hanns F.: Das neue Spaltungsgesetz und die Reform des Umgründungsrechts, ecolex 1996, 529.

[412] Hügel, Hanns F.: Das neue Spaltungsgesetz und die Reform des Umgründungsrechts, ecolex 1996, 530. Ähnlich im Ergebnis Karollus, Martin/Lauss, Wolfgang und Kutos, Anna: Kapitalerhaltung und Verbot der Einlagenrückgewähr im Spaltungsgesetz, Grundsätzliche Zulässigkeit der Spaltung up-stream und ihre Grenzen, SWK 2000, 370.

[413] Ähnlich im Ergebnis Hirschler, Klaus: Die Spaltung von Kapitalgesellschaften im Handels- und Steuerrecht, Wien 1996, 53f. Ebenso Bertl/Hirschler in Bertl, Romuald/Mandl, Dieter (Hrsg): Handbuch zum Rechnungslegungsgesetz, Rechnungslegung, Prüfung und Offenlegung, Wien 2003, 492f. A. A. Hügel, Hanns F.: Das neue Spaltungsgesetz und die Reform des Umgründungsrechts, ecolex 1996, 529, FN 16.

[414] Siehe dazu die Ausführungen in Kapitel 2.1 Vorüberlegungen zur Ausgangsnorm nach § 3 Abs 2 SpaltG, 84ff.

Prekär ist, und das ist der hier festgestellte Widerspruch des Spaltungsgesetzes, dass der Summengrundsatz nur die Verlagerung der stillen Reserven auf andere an der Spaltung beteiligte Gesellschaften erlaubt, wohingegen das Gläubigerschutzmodell der ordentlichen Kapitalherabsetzung die Verlagerung stiller Reserven auf Gesellschafterebene legitimiert, weil die Kapitalherabsetzung nicht in Höhe des Verkehrswertes erfolgt und dies auch nach derzeitiger Rechtslage aus dem genannten Regelungszusammenhang zwischen Bilanz- und Kapitalgesellschaftsrecht nicht erfolgen kann. Wenn dies der Fall wäre, müssten in konsequenter Fortführung dieses Gedankens nicht nur die stillen Reserven bilanzrechtlich aufgedeckt und den jeweiligen Vermögensgegenständen zugeordnet werden, sondern stille Lasten, Verbindlichkeiten und darüber hinaus ein Firmenwert, somit der gesamte Unternehmenswert der Gesellschaft, bilanzrechtlich zugeordnet und abgebildet werden.

Die Problematik wird verschärft durch die Auffassung, dass § 17 Z 3 Satz 1 SpaltG ferner so zu interpretieren ist, dass der durch die Spaltung bewirkte buchmäßige Abgang durch Auflösung (neben freien Rücklagen) auch von gebundenen Rücklagen bei der abspaltenden Kapitalgesellschaft bilanzmäßig abgedeckt werden kann, ohne dass die Vorschriften über die Kapitalherabsetzung zu beachten sind. Evident ist, dass eine solche Interpretation nicht dem gesetzlichen Wortlaut zu entnehmen ist. Daraus folgt, dass wenn nicht die Vorschriften über die ordentliche Kapitalherabsetzung zur Anwendung gelangen, beziehungsweise wenn keine Auflösungsvoraussetzung des § 130 Abs 4 AktG gegeben ist, diese Auslegung gegen ein zwingendes gesetzliches Verbot verstößt.

Ferner besteht durch diese Interpretation nicht nur eine Disparität zu den aktien- beziehungsweise GmbH-rechtlichen Bestimmungen, sondern auch zum Summengrundsatz. Für den Fall einer Spaltung zur Neugründung wird festgelegt, dass die im Zeitpunkt der Spaltung bestehenden gebundenen Rücklagen nur deswegen aufgelöst werden können, weil diese im Spaltungskreis zwingend der Höhe nach mindestens erhalten bleiben müssen und daher nur verschoben werden können. Für den Fall der Spaltung zur Aufnahme soll aber gelten, dass diese ohne weiteres aufgelöst werden können.[415] Dass eine solche Anschauung weder einer sinngemäßen Auslegung des Spaltungsgesetzes noch einer systemkonformen Auslegung der aktienrechtlichen Bestimmungen hinsichtlich des Gläubigerschutzes darstellt, scheint offenkundig.

Aus der einfachen Wertung des Gesetzgebers, Gleiches gleich zu behandeln, unterliegen die gebundenen Rücklagen bei Nichtanwendung des Summengrundsatzes einem Auflösungsverbot, bei sonstiger Haftung der Organe der über-

---

[415] Vgl. in diesem Sinn bereits Aman, Günther/ Frotz, Stephan/ Mühlehner, Johann/ Wagner, Martin/ Zöchling, Hans: Das EU-Gesellschaftsrechtsänderungsgesetz, Wien 1996, 103.

tragenden Gesellschaft, sofern nicht eine Auflösung nach § 130 Abs 4 AktG erfolgt oder die Vorschriften über die ordentliche Kapitalherabsetzung erfüllt sind.[416] Andernfalls könnten gebundene Rücklagen der übertragenden Gesellschaft über diesen Weg reduziert und letztlich frei werden.[417]

1.1.1.2.1.2 Übernehmende Gesellschaft

Heikel sind Spaltungsfälle, bei denen eine Kapitalerhöhung bei der übernehmenden Gesellschaft unterbleibt. § 17 Z 3 SpaltG hält zwar fest, dass eine Nennkapitalerhöhung der übernehmenden Gesellschaft nach den aktienrechtlichen Gründungsprüfungsvorschriften des § 25 Abs 3 bis 5 AktG sowie der §§ 26, 27, 42 und 44 AktG zu erfolgen hat, allerdings ist dieser Grundsatz nicht ausnahmslos. § 17 Z 5 SpaltG, der auf die sinngemäße Anwendung der Vorschriften über die Verschmelzung durch Aufnahme verweist, gestattet über § 224 AktG das Unterbleiben der Gewährung von Aktien.

§ 224 AktG regelt im Kern fünf Fallkonstellationen. Nach diesen sind Gesellschafter der übertragenden Gesellschaft nicht durch Anteilsrechte der übernehmenden Gesellschaft zu entschädigen. Endergebnis von allen Fällen ist, dass eine Nennkapitalerhöhung bei der übernehmenden Gesellschaft unterbleibt. Das Problem eines solchen Vorgehens ist allerdings ein möglicher Verstoß gegen § 52 AktG beziehungsweise den gleichlautenden § 82 Abs 1 GmbHG.[418] Dies gilt es auch im Fall einer Spaltung zur Aufnahme zu berücksichtigen. Über den Verweis in § 17 Z 5 SpaltG gelangt § 224 AktG für den Fall einer Spaltung zur Aufnahme sinngemäß zur Anwendung. In welchen Konstellationen sich dieses Problem stellen kann, gilt es zu untersuchen. Dem gleichgestellt ist die Frage, welche bilanzrechtlichen Auswirkungen sich aus der Anwendung des § 224 AktG ergeben. Dabei soll entsprechend der Systematik der aktienrechtlichen Bestimmung in § 224 AktG die Untersuchung fallbezogen auf Basis eines einheitlichen Ausgangssachverhalts erfolgen. Dieser ist der Fall einer Spaltung zur Aufnahme, bei der die übertragende Gesellschaft auf die übernehmende

---

[416] Zur Argumentation siehe Kapitel 1.3.1.2
Einhaltung im Fall der Abspaltung, 48f.

[417] Ähnlich Aman in Aman, Günther/ Frotz, Stephan/ Mühlehner, Johann/ Wagner, Martin/ Zöchling, Hans: Das EU-Gesellschaftsrechtsänderungsgesetz, Wien 1996, 103, für den Fall der Abspaltung zur Aufnahme: „Es kann sohin bei der Spaltung zur Aufnahme insgesamt betrachtet durchaus zu einer Verringerung von gebundenen Rücklagen kommen." Der Gläubigerschutz wird in dem Fall durch andere Maßnahmen (§ 15 SpaltG) gewährleistet.

[418] Vgl. dazu bereits Doralt, Peter: Zur Gestaltung handelsrechtlicher Vorschriften über die Spaltung in: Doralt, Peter/ Nowotny, Christian (Hrsg): Kontinuität und Wandel, Beiträge zum Unternehmensrecht, Festschrift für Walther Kastner zum 90. Geburtstag, Wien 1992, 125, für die Fälle der Verschmelzung und Einbringung. Ebenfalls Aman, Günther: Nochmals: Down Stream Fusion - verbotene Einlagenrückgewähr und Gläubigerschutz, RdW 1996, 465-468.

Gesellschaft buch- und verkehrswertmäßig positives Vermögen überträgt. Vor diesem Unterfangen scheint es allerdings für die Gewinnung eines selbständigen kritischen Urteils sinnvoll, vorab kurz den Spezialfall einer Spaltung zur Neugründung in Kombination mit einer Spaltung zur Aufnahme up- und down-stream anzusprechen.

1.1.1.2.1.3 Neue und übernehmende Gesellschaft

§ 1 Abs 3 SpaltG lässt die Kombination einer Spaltung zur Neugründung und einer Spaltung zur Aufnahme in einem einzigen Spaltungsvorgang unmittelbar zu.[419] Die übertragende Gesellschaft kann gleichzeitig Vermögen auf neue und bereits bestehende Gesellschaften übertragen. Der übernehmenden Gesellschaft steht es frei, ihr Nennkapital unverändert fortzuführen. Ein solches Vorgehen ist bei einer Fallgestaltung, die unter die taxative Aufzählung des § 224 AktG fällt,[420] der eine Anteilsgewähr nicht zulässt oder nach dem auf eine solche verzichtet werden kann, möglich.

Als unzulässig wird die Begebung neuer Anteile im Fall einer Spaltung up-stream (§ 224 Abs 1 Z 1 AktG) und darüber hinaus im Fall einer Spaltung down-stream (§ 224 Abs 3 AktG) erachtet (im letztgenannten Fall soweit das übergehende Vermögen Anteile an der Tochtergesellschaft enthält). Bei einer Spaltung down-stream wird ein positiver Unterschiedsbetrag aus Aktiva und Passiva des übergehenden Vermögens bei der übernehmenden Tochtergesellschaft als Gesellschafterzuschuss[421] und im Fall einer Spaltung up-stream bei der übernehmenden Muttergesellschaft als außerordentlicher Ertrag[422] qualifiziert. Beiden Fällen ist wegen der fehlenden Gegenleistung der jeweils übernehmenden Tochter- beziehungsweise Muttergesellschaft die mögliche Dividende dieser Beträge gemeinsam. Hinzu kommt im Falle einer Spaltung up-stream die Möglichkeit der Ausschüttung stiller Reserven, wenn die übernehmende Gesellschaft das übernommene Vermögen zu tatsächlichen Werten ansetzt (§ 201 Abs 1 HGB).[423]

---

[419] Kalss, Susanne: Handkommentar zur Verschmelzung, Spaltung und Umwandlung, Wien 1997, § 1 SpaltG, Rz 7.

[420] Vgl. hierzu im Einzelnen Kapitel 1.1.1.2.2 Übernehmende Gesellschaft iVm § 224 AktG, 148ff.

[421] Vgl. Tichy, Maximilian: Verschmelzungsdifferenzen, Entstehung, Systematisierung, Bilanzierung, 1994, 83; Hofians in Straube, Manfred: Kommentar zum Handelsgesetzbuch, Bd 2, Rechnungslegung, 2. Auflage, Wien 2000, § 229, Rz 20.

[422] Tichy, Maximilian: Verschmelzungsdifferenzen, Entstehung, Systematisierung, Bilanzierung, 1994, 71.

[423] Nach dem Wortlaut des § 235 Z 3 HGB unterliegt der Fall einer Spaltung up-stream nicht der Ausschüttungssperre.

Die neu gegründete Gesellschaft hat hingegen mit der übertragenden Gesellschaft den Summengrundsatz zu erfüllen.[424] Liegt der Fall einer Aufspaltung auf eine neu gegründete Gesellschaft und eine oder mehrere übernehmende Gesellschaften in Kombination vor, trägt einzig die neu gegründete Gesellschaft die Pflicht zur Einhaltung des Summengrundsatzes, wohingegen die jeweils übernehmenden Gesellschaften einen positiven Unterschiedsbetrag aus Aktiva und Passiva des ihnen zugedachten Vermögens ausschütten können. Dieser Fall zeigt nicht nur deutlich eine Ungleichbehandlung im Gläubigerschutz, sondern eine gesetzliche Legitimierung, wie sich der Rechtsanwender über das Verbot der Einlagenrückgewähr mittels Umgründungstechnik, wie es die Spaltung zur Aufnahme ist, hinwegsetzen kann.[425]

1.1.1.2.2 Übernehmende Gesellschaft iVm § 224 AktG

1.1.1.2.2.1 Spaltung up-stream nach § 224 Abs 1 Z 1 AktG

Als „Unterbleiben der Gewährung von Aktien" titelt das Aktiengesetz die Überschrift des § 224 AktG. Der Paragraph beginnt in Abs 1 Z 1 mit den Worten, dass die übernehmende Gesellschaft keine Aktien gewähren darf, soweit sie Aktien der übertragenden Gesellschaft besitzt.[426] Die Ausführung bezieht sich auf den Fall einer up-stream-Verschmelzung.[427] Nach § 17 Z 5 SpaltG ist diese auch für den Fall einer up-stream Spaltung zu beachten.[428]

Zwei Fragen sollen an dieser Stelle behandelt werden. Zum einen, wie im Fall einer Spaltung up-stream das Verbot der Anteilsgewährung mit dem Grundsatz der Kapitalerhaltung vereint werden kann.[429] Zum anderen, ob es zulässig ist, dass

---

[424] Kalss, Susanne: Handkommentar zur Verschmelzung, Spaltung und Umwandlung, Wien 1997, § 17, Rz 16.

[425] Zum Problem Aufspaltung up-stream und Neugründung siehe auch Karollus, Martin/Lauss, Wolfgang und Kutos, Anna: Kapitalerhaltung und Verbot der Einlagenrückgewähr im Spaltungsgesetz, Grundsätzliche Zulässigkeit der Spaltung up-stream und ihre Grenzen, SWK 2000, 370.

[426] Mit dem GesRÄG 1993 wurde § 224 Abs 1 AktG in ein Gebot umgewandelt. Siehe Aman, Günther: Einige Gedanken zum Gesellschaftsrechtsänderungsgesetz 1993 unter besonderer Berücksichtigung des Spaltungsgesetzes, RdW 1993, 144.

[427] Zur Diskussion der Anteilsgewähr und des Kapitalschutzes vor dem GesRÄG 1993 vgl. Hügel, Hanns F.: Verschmelzung und Einbringung, Unternehmensübertragung auf verbandsrechtlicher Grundlage im österreichischen und deutschen Gesellschafts-, Bilanz- und Ertragsteuerrecht der Kapitalgesellschaften, Wien 1993, 524 ff.

[428] Karollus, Martin/Lauss, Wolfgang und Kutos, Anna: Kapitalerhaltung und Verbot der Einlagenrückgewähr im Spaltungsgesetz, SWK 2000, 369.

[429] Vgl. in diesem Sinn bereits Karollus, Martin/Lauss, Wolfgang und Kutos, Anna: Kapitalerhaltung und Verbot der Einlagenrückgewähr im Spaltungsgesetz, SWK 2000, 369.

das im Zuge der Spaltung übernommene Vermögen - abzüglich dem anteilsmäßigen Wert des Beteiligungsansatzes - insgesamt ausschüttungsfähig ist. Diese Frage ist im Fall einer Spaltung up-stream sowohl für den Fall einer Buchwertübernahme als auch im Fall einer Übernahme des Vermögens unter Ansatz der tatsächlichen Werte relevant. Im Fall einer Übernahme zu Buchwerten besteht die Gefahr der Ausschüttung des vor der Spaltung gebundenen Vermögens. Im Fall einer Übernahme des Vermögens unter dem Ansatz des beizulegenden Wertes gemäß § 202 Abs 2 Z 1 HGB können darüber hinaus stille Reserven zur Ausschüttung gelangen. In beiden Fällen greift die Ausschüttungssperre des § 235 Z 3 HGB nicht.[430]

Als Ausgangpunkt für die Beantwortung der hier gestellten Fragen dient der Fall einer Abspaltung von einer Tochtergesellschaft in ihre 100%ige Muttergesellschaft.[431] Spaltungsgegenstand ist insgesamt ein positives Vermögen zu Verkehrswerten. Die übernehmende Gesellschaft, die 100% der Anteile an der übertragenden Gesellschaft besitzt, darf nach § 224 Abs 1 Z 1 AktG keine Anteile gewähren. Die Regel ist problematisch, als nach herrschender Ansicht damit ein Verbot zur Kapitalerhöhung bestimmt wird.[432] Obwohl § 224 AktG nicht die Frage der Kapitalerhöhung,[433] sondern der „entschädigungslosen Verschmelzung“[434] regelt, wird mit diesem gleichzeitig ein Verbot zur Kapitalerhöhung verbunden. Der Grund dieser Auffassung mag in dem Kernproblem liegen, dass der Vermögensübergang in dieser Konstellation seitens des Gesellschafters keine Einlage darstellt. Das Vermögen einer Gesellschaft geht auf ihren Gesellschafter über. Aus diesem Grund wird keine Kapitalerhöhung durchgeführt. Die handelsrechtliche Qualifizierung als Agio entfällt.[435] Es handelt sich um einen außerordentlichen Ertrag, der im Zuge der spaltungsbedingten

---

Unklar ist allerdings, weshalb der Kapitalschutz ausschließlich auf den Fall der übernehmenden Gesellschaft beschränkt sein soll. So aber Karollus, Martin/Lauss, Wolfgang und Kutos, Anna: Kapitalerhaltung und Verbot der Einlagenrückgewähr im Spaltungsgesetz, SWK 2000, 370. Ebenfalls kritisch dieser Auffassung gegenüberstehend Doralt, Maria: Management Buyout, Wien 2001, 201.

[430] Vgl. Göth in Straube, Manfred: Kommentar zum Handelsgesetzbuch, Bd 2, Rechnungslegung, 2. Auflage, Wien 2000, § 235, Rz 11.

[431] Zum Verbot der Benachteiligung der Muttergesellschaft vgl. Karollus, Martin/Lauss, Wolfgang und Kutos, Anna: Kapitalerhaltung und Verbot der Einlagenrückgewähr im Spaltungsgesetz, SWK 2000, 370.

[432] Kalss, Susanne: Handkommentar zur Verschmelzung, Spaltung und Umwandlung, Wien 1997, 224 AktG, Rz 3.

[433] Vgl. bereits Kastner, Walther: Gesellschafts- und Unternehmensrecht, Gesammelte Aufsätze 1946-1981, Wien 1982, 380.

[434] Kastner, Walther: Gesellschafts- und Unternehmensrecht, Gesammelte Aufsätze 1946-1981, Wien 1982, 385.

[435] Tichy, Maximilian: Verschmelzungsdifferenzen, Entstehung, Systematisierung, Bilanzierung, 1994, 69.

Verschmelzung außerhalb der gewöhnlichen Geschäftstätigkeit realisiert wird.[436] Dieser Ertrag ist bei der übernehmenden Gesellschaft mangels Vorliegens konkreter gesetzlicher Bestimmungen ausschüttungsfähig.[437]

Führt bei einer Abspaltung von der Tochter- auf die Muttergesellschaft, letztere die Buchwerte des übernommenen Vermögens fort und entspricht der Wertverlust in der Tochtergesellschaft derselben Höhe, wird der aus der Buchwertübernahme realisierte außerordentliche Ertrag durch die Pflicht zur Beteiligungsabschreibung, die sich aus § 204 Abs 2 HGB ergibt, in derselben Höhe neutralisiert, sodass die Ausschüttungsmöglichkeit wieder auf 0,00 reduziert wird.

Zur Realisierung eines tatsächlich ausschüttbaren außerordentlichen Ertrages kann es dagegen kommen, wenn im Fall der Übernahme von positiven Buchwerten der Beteiligungsansatz an der Tochtergesellschaft der Höhe nach unverändert bleibt. Dies ist dann der Fall, wenn der Unternehmenswert der Tochtergesellschaft trotz eines eintretenden Vermögensverlustes bei dieser keine Änderung erfährt. Eine Pflicht zur Beteiligungsabschreibung iSd § 204 Abs 2 HGB ergibt sich, wenn der Wert des Tochterunternehmens durch den Vermögensabgang eine voraussichtliche dauerhafte Wertminderung erfährt und der (in Höhe der Anschaffungskosten ausgewiesene) buchmäßige Beteiligungsansatz höher als der tatsächliche ist. Im Regelfall wird eine Abschreibung allerdings nur erforderlich sein, wenn es zu einer Aushöhlung der Tochtergesellschaft kommt. Das Faktum, dass weder das Handels- noch das Kapitalgesellschaftsrecht Unternehmensbewertungsmethoden gesetzlich regeln, eröffnet für den Bereich der Unternehmensbewertung eine breite Methodenvielfalt,[438] sodass selbst bei höheren Vermögensverlusten die Wahrscheinlichkeit zur Pflicht zur Beteiligungsabschreibung als gering eingestuft werden kann. Dem ungeachtet kann selbst bei einer eintretenden Verpflichtung zur Beteiligungsabschreibung iSd § 204 Abs 2 HGB bei Neubewertung des übernommenen Vermögens nach § 202 Abs 1 HGB die Aufdeckung stiller Reserven zu einem außerordentlichen Ertrag führen, der mangels Gültigkeit des § 235 Z 3 HGB für Ausschüttungen nicht gesperrt ist.

Beiden vorangegangenen Beispielen ist die Ausschüttungsmöglichkeit von vor der Spaltung gebundenem gesellschaftsrechtlichen Vermögen gemeinsam. Wegen des strengen Kapitalerhaltungsprinzips scheint dies allerdings bedenklich. Aus der Wertung des Gesetzgebers und der einfachen Tatsache, dass es kein Argument

---

[436] Vgl. Schwarzinger, Walter/Wiesner, Werner: Umgründungssteuer-Leitfaden, Bd II, Wien 1997, 1286.

[437] Tichy, Maximilian: Verschmelzungsdifferenzen, Entstehung, Systematisierung, Bilanzierung, 1994, 70; Hügel, Hanns F.: Umgründungsbilanzen Handelsrecht und Steuerrecht, Wien 1997, 33.

[438] Eingehend vgl. etwa Mandl, Gerwald/Rabel, Klaus: Unternehmensbewertung, eine praxisorientierte Einführung, Wien 1997.

gibt, weshalb der Kapitalschutz bei einer Spaltung zur Aufnahme ein schwächerer sein sollte, als bei einer Spaltung zur Neugründung, kann das ausschüttungsgesperrte Kapital durch den Vorgang einer Spaltung nicht einfach frei werden.

Eine Spaltung bei Nichterhöhung des Nennkapitals bei der übernehmenden Gesellschaft unter Berufung auf § 224 AktG ist ferner problematisch, weil eine Gründungprüfung entfällt. Nun ist aber die Gründungsprüfung gleichzeitig eine Prüfung der Werthaltigkeit des übergehenden Vermögens. Aus dem Verschmelzungsrecht ist abzuleiten, dass sowohl die übertragende als auch die übernehmende Gesellschaft über ein positives Vermögen zu Verkehrswerten verfügen muss.[439] Bezogen auf den Fall der Spaltung reduziert sich dieses Erfordernis auf den Vermögenswert des Spaltungsgegenstandes und der übernehmenden Gesellschaft. Findet keine Kapitalerhöhung statt, ist weder eine Prüfung der Werthaltigkeit des übergehenden Vermögens noch des Vermögens der übernehmenden Gesellschaft gegeben.

Verglichen mit dem Fall einer Spaltung zur Neugründung scheint eine solche Vorgehensweise wenig sachgerecht. Zum einen hat bei einer Spaltung zur Neugründung über die Aufbringung des Gründungskapitals eine Anteilsgewährung und eine Gründungsprüfung nach den allgemein aktienrechtlichen Bestimmungen stets zu erfolgen. Zum anderen sichert die Einhaltung des Summengrundsatzes, dass es zu keiner Ausschüttung von stillen Reserven oder von vorher gebundenem Vermögen kommt. Eine Abweichung besteht nur für den Fall, wenn die Vorschriften über die ordentliche Kapitalherabsetzung zur Anwendung gelangen. Es ist daher zu überlegen, wie das Kapital der übertragenden Gesellschaft erhalten werden kann, wenn die Methode des Summengrundsatzes nicht zur Anwendung gelangt.

Ein geeigneter Lösungsansatz scheint in der Sache nur die Erhöhung des Nennkapitals zu sein.[440] Die Kapitalbindung könnte zwar auch ohne Erhöhung des Nennkapitals weitgehend erhalten werden, bei Behandlung des bilanziellen Reinvermögens wie Aufgeld,[441] und damit die Dotierung des Vermögenssaldos als gebundene Kapitalrücklage. Eine derartige Verpflichtung bestünde nach geltender Rechtslage allerdings nur für den Fall einer nennkapitalerhöhenden großen GmbH oder AG. Findet keine Erhöhung des Nennkapitals statt, ist ein

---

[439] Nowotny, Christian: Kapitalerhaltung bei Verschmelzungen und Spaltungen, RWZ 2000, 97.

[440] In diesem Sinn Nowotny, Georg: Verschmelzungen nach der Down-Stream-Merger-E (II), ecolex 2000, 802f, für den Fall einer Verschmelzung down-stream, nach dessen Ansicht diese Variante „sogar auf up-stream-Verschmelzungen anwendbar ist".

[441] Stern, Elisabeth: Die sechste gesellschaftsrechtliche Richtlinie (Spaltungsrichtlinie) in: Doralt, Peter/ Nowotny, Christian (Hrsg): Der EG-rechtliche Anpassungsbedarf im österreichischen Gesellschaftsrecht, Wien 1993,190.

positiver Differenzbetrag zwischen dem Buchwert des übertragenen Vermögens in eine freie Kapitalrücklage einzustellen.[442]

Der Umstand, dass eine Nennkapitalerhöhung mit einer Anteilsgewähr verbunden ist, führt im speziellen Fall einer Spaltung up-stream allerdings zu dem Problem, dass die übernehmende Gesellschaft nach dem Wortlaut des § 224 Abs 1 AktG keine Aktien gewähren darf. Nach der Semantik dieser Vorschrift würde die Möglichkeit einer Kapitalerhöhung damit verdrängt. Dagegen spricht, dass § 224 AktG als Endglied einer gesetzlichen Regelungskette zu sehen ist. § 224 AktG fußt auf § 223 AktG, der wiederum der Systematik des Regelungsbereichs des § 219 AktG entspringt. Der in letztgenannter Bestimmung enthaltene Grundsatz besagt, dass den Aktionären der übertragenden Gesellschaft als Gegenleistung für die Vermögensübertragung Aktien der übernehmenden Gesellschaft zu gewähren sind.[443] Angewendet auf Verschmelzungsfälle, bei denen Beteiligungsidentität besteht, würde der Regelungsbereich des § 219 AktG dazu führen, dass die übernehmende Gesellschaft das übernommene Vermögen erhält und sich als Gesellschafter der übertragenden Gesellschaft selbst Aktien zu gewähren hätte. Dass ein solcher Weg nicht gangbar ist, normiert die gesetzliche Bestimmung des § 224 AktG, weil andernfalls unzulässigerweise eigene Aktien geschaffen werden würden.[444] Das Verbot der Aktiengewähr ist in diesem Fall als Verbot der Gewährung von Aktien an die Aktionäre der übertragenden Gesellschaft zu sehen. Zwei Grundregeln sind hieraus ableitbar. Zum einen, dass durch eine verschmelzungsbedingte Kapitalerhöhung keine eigenen Aktien geschaffen werden dürfen. Zum anderen, dass die im Rahmen einer verschmelzungsbedingten Kapitalerhöhung bewirkte Anteilsgewähr an andere Rechtspersonen sehr wohl zulässig sein muss.

Die Anerkennung dieser Dialektik hat auf den hier behandelten Fall einer Spaltung up-stream folgende Wirkung: Der in § 2 Abs 1 Z 2 SpaltG geregelte Grundsatz wird durch § 224 Abs 1 Z 1 AktG verdrängt. Die Gewährung von Aktien an die übernehmende Gesellschaft wäre unerlaubt, weil unzulässigerweise eigene Aktien geschaffen werden würden.[445] Wenn auch eine „verschmelzungs-

---

[442] Kalss, Susanne: Handkommentar zur Verschmelzung, Spaltung und Umwandlung, Wien 1997, § 224 AktG, Rz 6, mwN.

[443] Kalss, Susanne: Handkommentar zur Verschmelzung, Spaltung und Umwandlung, Wien 1997, § 224 AktG, Rz 2; Strasser in Schiemer, Karl/Jabornegg, Peter/Strasser, Rudolf: Kommentar zum Aktiengesetz, 3. Auflage, Wien 1993, § 219 AktG, Rz 21f.

[444] Kalss, Susanne: Handkommentar zur Verschmelzung, Spaltung und Umwandlung, Wien 1997, § 224 AktG, Rz 3, 5.

[445] Kalss, Susanne: Handkommentar zur Verschmelzung, Spaltung und Umwandlung, Wien 1997, § 224 AktG, Rz 5.

rechtliche Anteilsgewähr"[446] unzulässig ist, kann die übernehmende Gesellschaft ihr Nennkapital erhöhen.[447] Ein Verstoß gegen § 224 Abs 1 Z 1 AktG liegt nicht vor, wenn die Aktien den Gesellschaftern der Muttergesellschaft gewährt werden.

Eine in diesem Sinne bewirkte Kapitalerhöhung hätte einen dem Summengrundsatz nahezu gleichwertigen Effekt. Nach Festlegung des Erhöhungsbetrages wäre ein allfälliger Differenzbetrag als gebundene Kapitalrücklage auszuweisen.[448] Ohne sondergesetzliche Vorschrift, wie § 3 Abs 1 SpaltG es vorsieht, würde diese Verpflichtung allerdings für die kleine und mittelgroße GmbH nicht gelten. Ein äquivalentes Gläubigerschutzkonzept bietet nur der Summengrundsatz, der im Fall einer Spaltung zur Aufnahme darüber hinaus den Fall einer mittelgroßen GmbH zu umfassen hat.

1.1.1.2.2.2 Spaltung bei eigenen Aktien nach § 224 Abs 1 Z 2 AktG

Nach § 224 Abs 1 Z 2 AktG darf die übernehmende Gesellschaft ferner keine Aktien gewähren, wenn die übertragende Gesellschaft eigene Aktien besitzt. Damit kann auch für diesen Fall die Kapitalerhaltungsfrage relevant werden. Dem Wortlaut des Gesetzes nach würde dieses Verbot uneingeschränkt für den Fall einer Spaltung zur Aufnahme gelten. Da allerdings nicht das gesamte Vermögen auf die übernehmende Gesellschaft übergeht, ist in sinngemäßer Anwendung der Bestimmung zu differenzieren, was Gegenstand des Spaltungs- und Übernahmsvertrages ist.[449]

Wenn die übertragende Gesellschaft eigene Aktien besitzt und wenn diese Aktien nach dem Spaltungs- und Übernahmsvertrag der übernehmenden Gesellschaft zugeordnet werden, gilt das Verbot der Anteilsgewähr.[450] Enthält der Spaltungs- und Übernahmsvertrag keine derartige Bestimmung, verbleiben also die eigenen Aktien der übertragenden Gesellschaft bei dieser, gelangt § 224 Abs 1 Z 2 AktG nicht zur Anwendung, sodass eine Nennkapitalerhöhung bei der übernehmenden

---

[446] Kalss, Susanne: Handkommentar zur Verschmelzung, Spaltung und Umwandlung, Wien 1997, § 224 AktG, Rz 7.

[447] Bejahend Nowotny, Georg: Verschmelzungen nach der Down-Stream-Merger-E (II), ecolex 2000, 802f; a.A. für den Fall eines up-streams Koppensteiner, Hans-Georg: Verschmelzung und Vermögensbindung, wbl, 13/1999, 336.

[448] Nowotny, Georg: Verschmelzungen nach der Down-Stream-Merger-E (II), ecolex 2000, 802, FN 9, mit Verweis auf Kalss, Susanne: Handkommentar zur Verschmelzung, Spaltung und Umwandlung, Wien 1997, § 224 AktG, Rz 10.

[449] Vgl. in diesem Sinn Kalss, Susanne: Eigene Anteile in der Spaltung, RdW 2000, 137.

[450] Vgl. Kalss, Susanne: Handkommentar zur Verschmelzung, Spaltung und Umwandlung, Wien 1997, § 17 SpaltG, Rz 29, 519; Kalss, Susanne: Eigene Anteile in der Spaltung, RdW 2000, 138. Vgl. auch Aman, Günther: Einige Gedanken zum Gesellschaftsrechtsänderungsgesetz 1993 unter besonderer Berücksichtigung des Spaltungsgesetzes, RdW 1993/5, 144.

Gesellschaft zu einem Anspruch der Anteilsgewähr der Gesellschafter der übertragenden Gesellschaft führt.[451]

1.1.1.2.2.3 Spaltung bei Verzicht nach § 224 Abs 2 Z 2 AktG

Die Kapitalerhöhung ist bei der übernehmenden Gesellschaft, wie das Gründungskapital der neu gegründeten Gesellschaft im Fall einer Spaltung zur Neugründung, als Maßnahme der Kapitalerhaltung zu betrachten.[452] Eine Erhöhung des Nennkapitals bei einer übernehmenden Gesellschaft berührt das Vorhaben einer entschädigungslosen Spaltung zur Aufnahme nicht. Die Gewährung von Gesellschaftsrechten an die Gesellschafter der übertragenden Gesellschaft ist kein notwendiges Wesensmerkmal einer Verschmelzung[453] und somit auch nicht einer Spaltung zur Aufnahme. Erhöht die übernehmende Gesellschaft ihr Nennkapital, bei der die Gesellschafter der übertragenden Gesellschaft unter Berufung auf § 224 Abs 2 Z 2 AktG auf die Gewährung von Anteilen verzichten, sind die über die Kapitalerhöhung neu geschaffenen Anteile anderen Rechtspersonen zu gewähren.

1.1.1.2.2.4 Spaltung bei gleichem Verhältnis nach § 224 Abs 2 Z 1 AktG

Bei konsequenter Fortführung des Gedankens, die Kapitalerhöhung im Falle der Spaltung als Maßnahme der Kapitalerhaltung zu sehen, wäre auch die Anwendung der Regelung des § 224 Abs 2 Z 1 AktG für den Fall einer Spaltung zur Aufnahme mit einer solchen verbunden.[454]

Nach § 224 Abs 2 Z 1 AktG darf die übernehmende Gesellschaft von der Gewährung von Aktien absehen, soweit die Gesellschafter sowohl an der übernehmenden als auch an der übertragenden Gesellschaft im gleichen Verhältnis unmittelbar oder mittelbar beteiligt sind. Eine Anteilsgewährung an die

---

[451] So im Ergebnis ebenfalls Kalss, Susanne: Eigene Anteile in der Spaltung, RdW 2000, 139.

[452] Vgl. bereits die Überlegung bei Stern, Elisabeth: Die sechste gesellschaftsrechtliche Richtlinie (Spaltungsrichtlinie) in: Doralt, Peter/ Nowotny Christian (Hrsg): Der EG-rechtliche Anpassungsbedarf im österreichischen Gesellschaftsrecht, Wien 1993, 191.

[453] Kastner, Walther: Gesellschafts- und Unternehmensrecht, Gesammelte Aufsätze 1946-1981, Wien 1982, 387.

[454] In diesem Sinn ist wohl auch Stern, Elisabeth: Die sechste gesellschaftsrechtliche Richtlinie (Spaltungsrichtlinie) in: Doralt, Peter/ Nowotny, Christian (Hrsg): Der EG-rechtliche Anpassungsbedarf im österreichischen Gesellschaftsrecht, Wien 1993, 191 zu verstehen, die darauf verweist, dass wenn man bei der Spaltung die Kapitalerhöhung als Maßnahme der Kapitalerhaltung anordnet, sie auch im Fall einer bereits bestehenden verhältnismäßigen Beteiligung notwendig ist.

Gesellschafter der übertragenden Gesellschaft hat aber jedenfalls dann zu erfolgen, wenn es dem Verbot der Rückgewähr oder der Befreiung von Einlagenverpflichtungen widerspricht.[455] Bedenklich ist beispielsweise die Abspaltung von einer übertragenden Schwestergesellschaft auf eine andere, bei der eine Anteilsgewährung an ihre Muttergesellschaft unterbleibt, weil die Anteilsrechte an der übertragenden und an der übernehmenden Gesellschaft in einer Hand vereinigt sind.[456] Wenn beide Schwestergesellschaften zwei verschiedene Muttergesellschaften aber eine gemeinsame Großmuttergesellschaft besitzen, kommt es zu einer Schmälerung des Gesellschaftsvermögens der Muttergesellschaft der übertragenden Tochtergesellschaft, auch wenn dies bei der Großmuttergesellschaft nicht der Fall sein sollte.[457]

Für den Fall einer Verschmelzung wird die Ansicht vertreten, dass bei einer unter Berufung auf eine nach § 224 Abs 2 Z 1 AktG durchgeführten Verschmelzung die Vermögensverschiebung durch die Ausschüttung freier Rücklagen oder durch eine Kapitalherabsetzung um den tatsächlichen Wert auszugleichen ist.[458] Die Bezugnahme auf die tatsächlichen Werte wird damit begründet, dass die Vermögensbindung des § 82 Abs 1 GmbHG bzw. § 52 AktG nicht nur die Buchwerte sondern auch die tatsächlichen Werte umfasst. Konsequenterweise müsste dieser Grundsatz auch für den Fall einer Spaltung zur Aufnahme gelten. Dies ist, folgt man einschlägigen Kommentaren zu dieser Frage, gerade eben nicht der Fall. Die Argumentation stützt sich auf die Tatsache, dass bei einer Spaltung stille Reserven verlagert werden können.[459]

---

[455] Vgl. hierzu bereits die Gedanken von Doralt, Peter: Zur Gestaltung handelsrechtlicher Vorschriften über die Spaltung in: Doralt, Peter/ Nowotny, Christian (Hrsg): Kontinuität und Wandel, Beiträge zum Unternehmensrecht, Festschrift für Walther Kastner zum 90. Geburtstag, Wien 1992, 123.

[456] Auf die Problematik hat, soweit ersichtlich, als erster Kastner, Walther: Gesellschafts- und Unternehmensrecht, Gesammelte Aufsätze 1946-1981, Wien 1982, 382, für den Fall der Verschmelzung hingewiesen.

[457] Ebenfalls problematisch ist der Fall der Spaltung der Enkel- auf die Muttergesellschaft wie Nowotny, Christian: Umgründungen (Fusion-Spaltung) auf den Alleingesellschafter, RdW 1998, 445, anführt.

[458] Seit OGH 11.11.1999, 6 Ob 4/99b höchstgerichtlich bestätigt. Zuvor dieser Ansicht Doralt, Peter: Zur Gestaltung handelsrechtlicher Vorschriften über die Spaltung in: Doralt, Peter/ Nowotny, Christian (Hrsg): Kontinuität und Wandel, Beiträge zum Unternehmensrecht, Festschrift für Walther Kastner zum 90. Geburtstag, Wien 1992, 126. Ähnlich Reich-Rohrwig, Johannes: Spaltung von Kapitalgesellschaften, ecolex 1992, 701f. Siehe ebenso Kalss, Susanne: Handkommentar zur Verschmelzung, Spaltung und Umwandlung, Wien 1997, § 224 AktG, Rz 7, 106 mwN.

[459] Hügel, Hanns F.: Das neue Spaltungsgesetz und die Reform des Umgründungsrechts, ecolex 1996, 530.

Die Gegenüberstellung einer Verschmelzung mit dem Fall einer Spaltung zur Aufnahme zeigt, dass im erstgenannten Fall eine vermögensauskehrende Kapitalherabsetzung zu tatsächlichen Werten, im zweitgenannten Fall einer Spaltung hingegen diese zu Buchwerten zu erfolgen hat.[460] Der auf diese Weise zwischen den beiden Rechtsinstituten entstehende Widerspruch wird wohl in Kauf genommen. Anders ausgedrückt, wird das Verbot der Einlagenrückgewähr im Fall einer Abspaltung zur Aufnahme toleriert. Nach der hier vertretenen Darstellung spricht nur dann nichts gegen eine solche Vorgehensweise, wenn unter Anwendung der Regelung des § 224 Abs 2 Z 1 AktG, bei Vorliegen eines Vermögensüberhanges bei der übernehmenden Gesellschaft, gleichzeitig eine Kapitalerhöhung stattfindet. Damit bestünde die Ausschüttungsgefahr von vor dem Spaltungsakt gebundenem Vermögen nicht.

Dieser Lösungsansatz ist mit dem Makel behaftet, dass die Bindung des Kapitals von der Größe der übernehmenden Gesellschaft abhängt. Ist die übernehmende Gesellschaft eine kleine oder mittelgroße GmbH, käme die Einstellung des übernommenen Vermögens als gebundene Kapitalrücklage nicht in Betracht. Im Ansatz bleibt für die praktische Umsetzung des Kapitalerhaltungsgrundsatzes im Spaltungskreis wiederum nur die Anwendung des Summengrundsatzes als befriedigende Lösung.

1.1.1.2.2.5 Spaltung down-stream nach § 224 Abs 3 AktG

Einen weiteren eigenen Fall normiert § 224 Abs 3 AktG. Es handelt es sich hierbei um den umgekehrten Vorgang einer Verschmelzung up-stream.[461] Der juristische Sprachgebrauch bezeichnet diese Gestaltungsvariante als Verschmelzung down-stream. Die Regelung geht auf den Ansatz zurück, dass wenn die übernehmende Gesellschaft durch den Verschmelzungsvorgang eigene Aktien erwirbt, diese zur Durchführung der Verschmelzung zu verwenden sind.[462] Analog gilt diese Regelung für den Fall einer geplanten Spaltung down-stream.

Ist eine Spaltung down-stream geplant, ist primär zu prüfen, ob das übergehende Vermögen die Beteiligung oder einen Teil dieser an der übernehmenden

---

[460] Hügel, Hanns F.: Das neue Spaltungsgesetz und die Reform des Umgründungsrechts, ecolex 1996, 529f.

[461] Für die wirtschaftliche Gleichbehandlung von Verschmelzung up-stream und down-stream Aman, Günther: "Down Stream Fusion" Verbot der Einlagenrückgewähr, Gläubigerschutz und Minderheitenrechte, RdW 1995, 295.

[462] Vgl. Kastner, Walther/Doralt, Peter/Nowotny, Christian: Grundriß des österreichischen Gesellschaftsrechts, 5. Auflage, Wien 1990, 3275. Die Frage wurde allerdings bis zum GesRÄG 1993 unterschiedlich beantwortet. Siehe Strasser in Schiemer, Karl/Jabornegg, Peter/Strasser, Rudolf: Kommentar zum Aktiengesetz, 3. Auflage, Wien 1993, § 224, Rz 4a mwN.

Tochtergesellschaft enthält. Ist dies der Fall, darf die Tochtergesellschaft hinsichtlich der im Zuge der Spaltung down-stream übernommenen eigenen Beteiligung keine (neuen) Aktien gewähren.[463] An die Stelle der übernommenen Beteiligung treten eigene Anteile. Entscheidend ist, dass die übernehmende Gesellschaft die erworbenen eigenen Anteile nicht behält.[464] Dies ist durch eine noch vor dem Vermögensübergang zu begründende Verpflichtung sicherzustellen. Aus diesem Grund ist der Durchgangserwerb im Spaltungs- und Übernahmsvertrag zu verankern, da andernfalls sowohl dieser als auch der Verschmelzungsbeschluss nichtig sind (§§ 65 Abs 3 AktG und § 81 Abs 1 GmbHG).[465]

Enthält das übergehende Vermögen keinen Beteiligungsanteil an der übernehmenden Tochtergesellschaft, ist eine neue Anteilsgewähr an die Gesellschafter der übertragenden Gesellschaft zulässig. Eine Pflicht zur Anteilsgewähr besteht wegen des § 224 Abs 2 AktG allerdings nicht.

In beiden Fällen kann wegen des strengen Kapitalerhaltungsprinzips aber eine Pflicht zur Erhöhung des Nennkapitals bestehen. Ist der Saldo des übernommenen Vermögens positiv, ist dieser als Zuwendung einer gesellschaftsrechtlich veranlassten Zuzahlung nach § 229 Abs 2 Z 5 HGB zu qualifizieren.[466] Insgesamt betrachtet kann dies dazu führen, dass vor der Spaltung gebundenes Kapital nach der Spaltung zu freiem wird. Der Grund eines solchen gesetzlich gedeckten Widerspruchs liegt in der Ausnahme des § 224 AktG vom Prinzip der Anteilsgewähr. Werden keine Aktien gewährt, hat die übernehmende Gesellschaft das zu Buchwerten oder tatsächlichen Werten übernommene Vermögen als Kapitalrücklage nach § 229 Abs 2 Z 5 HGB auszuweisen. Ob die Kapitalrücklage gebunden oder ungebunden ist, geht aus der Vorschrift nicht hervor. Diese Einstufung folgt aus § 130 AktG. Die durch das Rechnungslegungsgesetz zum Großteil neugefasste Bestimmung[467] regelt in den ersten drei Absätzen den Umfang und im vierten Absatz die zulässige Verwendung der sogenannten gebundenen Rücklagen. § 130 Abs 2 AktG hält im ersten Satz fest, dass in die

---

[463] Vgl. Ludwig, Christian/Walter, Thomas: Down-stream-Abspaltung der Beteiligung an der Tochtergesellschaft in die Tochtergesellschaft, RdW 2002, 380.

[464] Kalss, Susanne: Handkommentar zur Verschmelzung, Spaltung und Umwandlung, Wien 1997, § 224, Rz 8; Aman, Günther: "Down Stream Fusion" Verbot der Einlagenrückgewähr, Gläubigerschutz und Minderheitenrechte, RdW 1995/8, 292.

[465] Aman, Günther: "Down Stream Fusion" Verbot der Einlagenrückgewähr, Gläubigerschutz und Minderheitenrechte, RdW 1995/8, 292; Hügel, Hanns F.: Verschmelzung und Einbringung, Unternehmensübertragung auf verbandsrechtlicher Grundlage im österreichischen und deutschen Gesellschafts-, Bilanz- und Ertragsteuerrecht der Kapitalgesellschaften, Wien 1993, 631.

[466] Tichy, Maximilian: Verschmelzungsdifferenzen, Entstehung, Systematisierung, Bilanzierung, 1994, 83; Kalss, Susanne: Fragen zur Spaltung im Konzern, GesRZ 1998, 144.

[467] Strasser in Schiemer, Karl/Jabornegg, Peter/Strasser, Rudolf: Kommentar zum Aktiengesetz, 3. Auflage, Wien 1993, § 130 AktG, Rz 1.

gebundene Kapitalrücklage die im § 229 Abs 2 Z 1 bis 4 HGB genannten Beträge einzustellen sind. Von § 130 AktG nicht erfasst ist die Z 5 des § 229 Abs 2 HGB.

Aus dem Zusammenspiel zwischen § 229 HGB und § 130 AktG folgt, dass es wie im Fall einer Spaltung up-stream, bei einer Spaltung down-stream zu einer Ausschüttung von vor dem Spaltungsakt gebundenem Vermögen kommen kann.[468] Bei Übergang des Vermögens zu Buchwerten kann die gebildete Kapitalrücklage[469] im gleichen Geschäftsjahr wieder aufgelöst beziehungsweise über Ausschüttungen wieder zurückgezahlt werden. Eine Verwendungsbindung fehlt.[470] Nur eine Anwendungsregelung wie die des Summengrundsatzes läge eine derartige fest.

1.1.2 Die These der Anwendung des Summengrundsatzes

1.1.2.1 Festlegung der These

Das hier untersuchte Problem der spaltungsrechtlichen Kapitalerhaltung gewendet auf die Fallkonstellation einer Spaltung zur Aufnahme unter Anwendung der Regelungen des § 224 AktG schließt mit dem Ergebnis, dass es kein dem Summengrundsatz ebenbürtiges Gläubigerschutzkonzept gibt. Einzig die verpflichtende Einstellung des übernommenen Vermögens als gebundene Kapitalrücklage wäre ein dem Bindungskonzept des Summengrundsatzes äquivalentes Gläubigerschutzkonzept. Eine solche Einstellung darf erst nach Auflösung sämtlicher anderer Rücklagen angegriffen werden.[471] Diese Methode käme nach derzeitiger Rechtslage - wenn überhaupt - nur im Fall einer AG oder großen GmbH in Betracht.

---

[468] A.A. Aman, Günther: "Down Stream Fusion" Verbot der Einlagenrückgewähr, Gläubigerschutz und Minderheitenrechte, RdW 1995/8, 294, nach dessen Ansicht es bei Fusionen von Gesellschaften, deren Anteile unmittelbar in einer Hand vereinigt sind, es niemals zu einer verbotenen Einlagenrückgewähr kommen kann, da den Gläubigern der Muttergesellschaft derselbe Haftungsfonds in Form der Beteiligung an der übernehmenden Gesellschaft zur Verfügung steht. Relativierend Aman, Günther: Nochmals: Down Stream Fusion - verbotene Einlagenrückgewähr und Gläubigerschutz, RdW 1996/10, 466; danach kann es bei einer Verschmelzung down-stream nur insofern zu einer verbotenen Einlagenrückgewähr kommen, als die übertragende Gesellschaft einen negativen Wert aufweist und dieser infolge als negative Einlage zu qualifizierender Wert nicht durch frei verwendbares Eigenkapital der übernehmenden Gesellschaft gedeckt ist.

[469] Vgl. Hofians in Straube, Manfred: Kommentar zum Handelsgesetzbuch, Bd 2, Rechnungslegung, 2. Auflage, Wien 2000, § 229 HGB, Rz 14, der anführt, dass es durch Umgründungen zur Dotierung gebundener Kapitalrücklagen kommen kann. Dies ist richtig bei Umgründungen mit originärer Anteilsgewähr.

[470] Hofians in Straube, Manfred: Kommentar zum Handelsgesetzbuch, Bd 2, Rechnungslegung, 2. Auflage, Wien 2000, § 229 Rz 20.

[471] Nowotny, Christian: Gebundene Rücklagen, GesRZ 1996, 78.

Nach der herrschenden Lehre hat je nach Spaltungsrichtung die übernehmende Mutter- oder Tochtergesellschaft unter Anwendung des § 224 AktG einen allfälligen positiven Differenzbetrag entweder als ungebundene Kapitalrücklage oder als Ertrag zu qualifizieren. Beiden Varianten ist die mögliche „Dividende" stiller Reserven von Nennkapital und gebundenen Rücklagen gemeinsam. Dass derartige Mängel ferner im Fall einer Spaltung side-stream beziehungsweise grundsätzlich bei Unterlassen einer Anteilsgewähr auftreten können, haben die bisherigen Überlegungen deutlich gezeigt.

Die zentrale Frage lautet, aufgrund welchen Argumentes bei einer Spaltung zur Aufnahme die Verschiebung stiller Reserven und letztlich die Ausschüttung dieser und/oder gebundenen Vermögens möglich sein soll.[472] Es ist für den einfachen Rechtsanwender nicht verständlich, weshalb im Falle einer Spaltung zur Neugründung die Beschränkung gelten soll, wenn im anderen Fall durch Anwendung des § 224 AktG diese ohne weiteres umgangen werden kann.

Dasselbe zeigt sich auch, wenn man die Historie dieser Frage betrachtet. Der Gesetzgeber hatte mit Einführung der Spaltung zur Aufnahme 1996 keine Ungleichheit vor Augen. Die gesetzlichen Materialien des Spaltungsgesetzes gehen von der Gleichwertigkeit des Gläubigerschutzes sowohl für den Fall der Spaltung zur Neugründung als auch für den Fall der Spaltung zur Aufnahme aus. Dass der objektive Normzweck des § 17 Z 3 Satz 1 SpaltG daher kein anderer sein kann, als der des § 3 Abs 1 SpaltG, wurde im ersten Teil dieser Arbeit gezeigt. Wenn eine Gleichwertigkeit zwischen den gesetzlich vorgesehenen Spaltungsarten bestehen soll, kann diese nur bei uneingeschränkter Berücksichtigung des § 3 Abs 1 SpaltG gegeben sein. Die Auffassung der Nichtanwendung des Summengrundsatzes ist notwendigerweise zu korrigieren: Der Summengrundsatz gelangt auch im Falle der Spaltung zur Aufnahme zur Anwendung.[473]

---

[472] Vgl. in diesem Sinn ähnlich Terlitza, Bernd: Teilfusionen und Anteilseignerinteressen, Grundlagen, Beschlussfassung, Austrittsrechte und Squeeze-out, Wien 2002, 32: „Dennoch ist davon auszugehen, dass sich Auf- und Abspaltung nur aufgrund dieses unterschiedlichen Schicksals der Spaltgesellschaft nicht so stark voneinander unterscheiden, dass es erforderlich wäre, sie in Hinsicht auf wesentliche Regelungen wie beispielsweise den Gläubiger- oder Anteilseignerschutz von einander abweichend zu reglementieren."

[473] Der Theorie der Aufweichung des Kapitalerhaltungsgrundsatzes im Konzern wird in dieser Arbeit nicht gefolgt. Zu diesem Ansatz vgl. auch die Anmerkungen von Doralt, Maria: Management Buyout, Wien 2001, 132ff.

1.1.2.2 Vertiefte Begründung

Folgt man dem bisherigen Gang der Untersuchung, zeigt dieser, dass nach juristischen Auslegungsmethoden der Wortlautinterpretation, der logisch-systematischen sowie der subjektiv-teleologischen Interpretation der Summengrundsatz zur Anwendung gelangt. Dem entspricht die bisherige Darstellung. Zudem wurde der Versuch unternommen, die Auslegung anhand objektiv-teleologischer Kriterien zu bestimmen. Im Kern beschränkte sich die Argumentation auf das Leitziel der Vermeidung von Wertungswidersprüchen innerhalb der spaltungsgesetzlichen Rechtsordnung. Dieser Grundsatz „Gleichbehandlung des Gleichartigen" rückt umso mehr in den Vordergrund als die Rechtsprechung ähnlich verwandter Gesetze zeigt, dass der Kapitalerhaltungsgrundsatz nicht durch spezielle ‚anderwärtige' Gläubigerschutz-vorschriften substituiert werden kann.

Berühmtes Beispiel ist die höchstgerichtliche Entscheidung des OGH, 6 Ob 4/99 b, vom 11.11.1999, in dem der OGH wörtlich festhält: „Die §§ 226 ff AktG verdrängen die Kapitalerhaltungsregeln nicht."[474] Als eine für die Umgründungspraxis wegweisende Entscheidung soll diese für den speziellen Bereich der Kapitalerhaltung als Mittel rechtsvergleichender Auslegung für den Fall der Spaltung zur Aufnahme herangezogen werden. Insofern kann von einer „analogieartigen" Auslegung[475] gesprochen werden, die dem Rechtsprinzip des Kapitalerhaltungsgrundsatzes folgt. Allerdings ist diese Auslegung von der wirklichen Analogie im Sinne der juristischen Methodenlehre zu unterscheiden. Es handelt sich nicht um eine ergänzende Rechtsfortbildung durch Lückenfüllung, sondern um eine Auslegung bestehender Normen im Rahmen eines übergeordneten Gesamtsystems.[476] Die Legitimität dieser Auslegung beruht darauf, dass ein nicht zureichend durch Unterschiede im betroffenen Sachverhalt begründeter Wechsel des Wertungsstandpunktes zwischen einer Spaltung zur Neugründung und einer Spaltung zur Aufnahme bei der Gesetzgebung nicht zu vermuten ist.[477] Dies ist den gesetzgebenden Personen sogar durch den Grundsatz der Gerechtigkeitsgleichheit verwehrt.[478]

In der zitierten höchstgerichtlichen Entscheidung ging es darum, dass eine Muttergesellschaft mit einem Stammkapital von ATS 160.000.000,00 mit Stichtag

---

[474] Der Meinung des OGH folgend Doralt, Maria: Management Buyout, Wien 2001, 201, 205ff; Nowotny, Georg: Umgründungsrecht wohin? Oder Der Hilferuf eines Firmenbuchrichters, ecolex 2000, 118.

[475] Bydlinski, Franz: Juristische Methodenlehre und Rechtsbegriff, Wien 1991, 454.

[476] Bydlinski, Franz: Juristische Methodenlehre und Rechtsbegriff, Wien 1991, 455.

[477] Ebenso dieser Meinung folgend Doralt, Maria: Management Buyout, Wien 2001, 200.

[478] Bydlinski, Franz: Juristische Methodenlehre und Rechtsbegriff, Wien 1991, 455.

31.12.1997 auf ihre 100%ige Tochtergesellschaft mit einem Stammkapital von ATS 25.000.000,00 hätte verschmolzen werden sollen. Zudem hatte die Muttergesellschaft in der vorgelegten Bilanz gebundene Kapitalrücklagen in Höhe von ATS 23.347.691,17 enthalten. Die Problematik einer solchen Konstruktion liegt im Verbot der Einlagenrückgewähr. Im gegebenen Fall war § 82 Abs 1 GmbHG angesprochen. Dieser Vorgang böte nach Eintragung der Verschmelzung ein Ausschüttungspotential von vor der Verschmelzung gebundenem Kapital in der Höhe von ATS 158.347.691,17. Damit würde eine Ausschüttung in Höhe des vorher gebundenen Kapitals legitimiert und damit nicht gegen das Verbot der Einlagenrückgewähr verstoßen. Dass ein solches Vorgehen für Gläubiger der übertragenden Gesellschaft, als auch der übernehmenden Gesellschaft nachteilig sein kann, ist klar erkennbar. Die Gesellschafter der übernehmenden Gesellschaft können zwar gebundene Rücklagen beschließen, allerdings ist dies nicht zwingend erforderlich.[479]

Wenn der Kapitalerhaltungsgrundsatz in den Vordergrund zu stellen ist, dann gelten bei einer Verschmelzung die allgemeinen aktien- bzw. GmbH-gesetzlichen[480] und bei einer Spaltung zur Aufnahme die spaltungsgesetzlichen Kapitalerhaltungsgrundsätze. Im letzten Fall verweist § 17 SpaltG auf die Regelungen der §§ 2 bis 16 SpaltG der Spaltung zur Neugründung. Nach einer Regelung, wie sie § 3 Abs 1 SpaltG vorsieht und die als Ersatz der aktien- und GmbH-gesetzlichen Regelung zu werten ist, liegt es auf der Hand, dass auch im Fall einer Spaltung zur Aufnahme der Summengrundsatz zur Anwendung gelangt. Dieses Ergebnis ist mittelbar auch dem vorliegenden Spruch des OGH zu gewinnen. Dieser spricht konkret die Frage an, ob die „[...] gesetzlichen Kapitalerhaltungsregeln, also der Summengrundsatz des § 3 SpaltG auf Verschmelzungsfälle anwendbar [...] ist“.[481] Dafür würde die Schaffung und damit einheitliche Einhaltung des Kapitalerhaltungsgrundsatzes für Umgründungsfälle mit Gesamtrechtsnachfolge sprechen. Gegen diese Auffassung spricht, dass die Ausstrahlungswirkung des SpaltG nicht so weit gehen kann, dass damit die Bestimmungen des Aktien- und GmbH-Rechts verdrängt werden. Denn das SpaltG setzt auf den letztgenannten Bestimmungen auf, weshalb eine Verdrängung dieser Bestimmungen nicht möglich ist. Der OGH schließt mit dem Ergebnis, dass aus den Kapitalerhaltungsvorschriften des AktG und des GmbHG

479 Kalss, Susanne: Handkommentar zur Verschmelzung, Spaltung und Umwandlung, Wien 1997, § 224, Rz 6 mwN.

480 Damböck, Andreas/Hecht, Michael: OGH: Allgemeine Kapitalerhaltungsgrundsätze gelten bei Verschmelzung!, RdW 1/2000, 1ff. Zur Auswirkung der Entscheidung auf den Fall der Spaltung zur Aufnahme Nowotny, Christian: Kapitalerhaltung bei Verschmelzungen und Spaltungen, RWZ 4/2000, 99f; Karollus, Martin/Lauss, Wolfgang und Kutos, Anna: Kapitalerhaltung und Verbot der Einlagenrückgewähr im Spaltungsgesetz, Grundsätzliche Zulässigkeit der Spaltung up-stream und ihre Grenzen, SWK 2000, 368-370.

481 OGH 11.11.1999, 6 Ob 4/99b

zu schließen ist, dass die Kapitalbindung erhalten bleiben muss. Dies gilt allerdings nicht im Sinne des Summengrundsatzes, da mangels gesetzlicher Regelungen dieser für den reinen Fall einer Verschmelzung nicht gelten kann, sondern in dem Sinne, dass die übernehmende Gesellschaft mindestens die Nennkapitalbindung der übertragenden Gesellschaft im gleichen Ausmaß zu besitzen hat. Konsequenterweise kann nach den aktien- und GmbH-gesetzlichen Reglungen davon abgewichen werden, wenn die Vorschriften über die ordentliche Kapitalherabsetzung zur Anwendung gelangen können.[482]

Eine Auseinandersetzung mit weiteren zu dieser Entscheidung ergangenen Möglichkeiten,[483] die den kapitalerhaltungsrechtlichen Gläubigerschutzgedanken Rechnung tragen, scheint nicht geboten. Denn die aus diesem Erkenntnis gewonnene Primäraussage, dass der Grundsatz der Kapitalerhaltung ein unverrückbarer Bestandteil des Kapitalgesellschaftsrechts ist, muss berücksichtigt werden und kann daher nur im Rahmen der jeweils vom Gesetzgeber vorgesehenen Möglichkeiten geändert werden.

Gewendet auf den speziellen Fall einer Spaltung zur Aufnahme hat dies die uneingeschränkte Eigenberücksichtigung spaltungsgesetzlicher Kapitalerhaltungsregelungen zur Konsequenz. Wegen des eigenen Regelungskreises der Kapitalerhaltung im Spaltungsgesetz heißt dies, dass die aktien- und GmbH-gesetzlichen Bestimmungen nicht greifen, es sei denn, das Spaltungsgesetz bestimmt dies. Danach haben das Nennkapital und die gebundenen Rücklagen der übertragenden Gesellschaft insgesamt erhalten zu bleiben. Eine Ausnahme besteht nur, wenn bei der übertragenden Gesellschaft die Vorschriften über die ordentliche Kapitalherabsetzung zur Anwendung gelangen.

1.1.3 Konsequenzen sinngemäßer Anwendung des Summengrundsatzes

1.1.3.1 Anwendung außerhalb des Konzernbereichs

Ohne Schwierigkeit wendet sich der Summengrundsatz auf Spaltungen an, bei denen § 224 AktG nicht zur Anwendung gelangt. In der Sache handelt es sich dabei um Konzentrationsspaltungen. Sofern die übernehmende Gesellschaft nicht

---

482 Kritisch Nowotny, Christian: Kapitalerhaltung bei Verschmelzungen und Spaltungen, RWZ 4/2000, 97. Dieser Meinung folgend Nowotny, Georg: Verschmelzungen nach der Down-Stream-Merger-E (II), ecolex 2000, 801. Vgl. aber auch Nowotny, Georg: Verschmelzungen nach der Down-Stream-Merger-E (I), ecolex 2000, 724.

483 Zu praktischen Gestaltungsmöglichkeiten vgl. Nowotny, Christian: Kapitalerhaltung bei Verschmelzungen und Spaltungen, RWZ 4/2000, 97ff; ebenso eingehend Nowotny, Georg: Verschmelzungen nach der Down-Stream-Merger-E (II), ecolex 2000, 800-803.

in ausreichendem Maße über eigene Aktien verfügt, oder solche durch die Vermögensübertragung im Wege der Gesamtrechtsnachfolge erlangt, muss diese ihr Nennkapital erhöhen und die Anteile an die Gesellschafter der übertragenden Gesellschaft gewähren.[484] Eine Nennkapitalerhöhung ist bei Konzentrationsspaltungen die Regel, sodass der Unterschied zu einer Spaltung zur Neugründung nur darin besteht, dass der Nennkapitalbetrag auf eine übernehmende Gesellschaft anstelle einer neu gegründeten Gesellschaft transferiert wird.

1.1.3.2 Anwendung innerhalb des Konzernbereichs

Schwieriger ist hingegen der Fall einer Konzernspaltung zu beurteilen. Die eigentliche Problematik bei der Umsetzung des Summengrundsatzes besteht in diesem Fall in Korrelation mit der jeweiligen Bestimmung des § 224 AktG. Nach der gesetzlichen Systematik dieser Bestimmung ist eine Fallunterscheidung zu treffen zwischen Spaltungen, nach denen eine Anteilsgewährung an die Gesellschafter der übertragenden Gesellschaft untersagt ist, und solchen, nach denen eine Anteilsgewährung unterbleiben kann. Für die Überlegungen über die Einhaltung des Summengrundsatzes ist die erstgenannte Fallgruppe maßgeblich. Nur diese bedarf eines lösungsorientierten Ansatzes.

Probleme entstehen, wenn nach der Anwendungsregelung des Summengrundsatzes das Nennkapital bei der übernehmenden Gesellschaft zu erhöhen, allerdings nach § 224 AktG eine Anteilsgewährung wegen Beteiligungsidentität oder Besitz eigener Aktien nicht möglich ist. Davon betroffen können Fälle einer Spaltung in Verbindung mit § 224 Abs 1 Z 1, Z 2 oder Abs 3 AktG sein. Wenn die übertragende Gesellschaft vor der Spaltung eigene Anteile besitzt, die übernehmende Gesellschaft durch den Spaltungsvorgang solche erwirbt, oder die übernehmende Gesellschaft vor der Spaltung Aktien der übertragenden Gesellschaft besitzt, ist nach der Formulierung des § 224 AktG eine Anteilsgewährung unzulässig. Bei Eintreffen einer solchen Fallkonstellation kann die Ansicht vertreten werden, dass im Rahmen des laufenden Spaltungsverfahrens eine Kapitalerhöhung generell unzulässig ist. Es liegt auf der Hand, dass eine streng positivistische Auffassung zu dem Ergebnis führt, dass keine dieser hier genannten Gestaltungsvarianten gangbar ist. Ins Treffen für diese Sichtweise kann der gesetzliche Wortlaut des § 224 AktG geführt werden. Dagegen spricht, dass der Zweck des § 224 AktG nicht im Verbot einer Kapitalerhöhung, sondern im Verbot der Schaffung eigener Anteile liegt, um den Kapital- und Gläubigerschutz

[484] Kalss, Susanne: Handkommentar zur Verschmelzung, Spaltung und Umwandlung, Wien 1997, § 224 AktG, Rz 2.

zu erhalten.[485] § 224 AktG schließt eine Kapitalerhöhung nicht aus, womit die technische Umsetzung der Anwendung des Summengrundsatzes ermöglicht ist.

Die Anwendung des Summengrundsatzes in den Spaltungsbereich einer Spaltung zur Aufnahme transferiert, schließt den Kreis eines einheitlichen, in sich geschlossenen Gesamtsystems der Kapitalerhaltung spaltungsgesetzlicher Normen. Wenn man an dieser Regel festhält, ist eine Kapitalerhöhung auch im Fall einer Spaltung zur Aufnahme durchzuführen. Dies ist allerdings nicht so zu verstehen, dass stets eine Kapitalerhöhung zu erfolgen hat. § 224 AktG wird durch § 3 Abs 1 SpaltG materiell nicht derogiert. Eine Kapitalerhöhung hat bei der übernehmenden Gesellschaft nur dann zu erfolgen, wenn es darum geht, den Summengrundsatz einzuhalten. Im ersten Schritt ist daher bei jeder übernehmenden Gesellschaft festzustellen, ob eine Kapitalerhöhung zu erfolgen hat. Bejahendenfalls ist zu prüfen, ob der geplante Spaltungsvorgang unter eine Bestimmung des § 224 AktG fällt.

Wie im Rahmen einer Spaltung unter Anwendung des § 224 AktG vorgegangen werden kann, zeigen nachfolgende Fallüberlegungen. Gemeinsamer Ansatz ist der Fall einer Spaltung zur Aufnahme, deren übergehendes Vermögen stille Reserven besitzt, bei der je nach Spaltungsart das Nennkapital der übernehmenden Gesellschaft zum Zwecke der Einhaltung des Summengrundsatzes zu erhöhen ist.

1.1.3.3 Falllösungen zu § 224 AktG

1.1.3.3.1 Spaltung up-stream nach § 224 Abs 1 Z 1 AktG

Spaltet die übertragende Gesellschaft gesellschaftsrechtliches Vermögen unter Anwendung des § 224 Abs 1 Z 1 AktG ab, ist der Summengrundsatz eingehalten, wenn der Vermögensabgang durch Auflösung freier Rücklagen und eines allfälligen Bilanzgewinns gedeckt ist. Nicht einzuhalten ist der Summengrundsatz, wenn die übertragende Gesellschaft ihr Nennkapital nach den Vorschriften über die ordentliche Kapitalherabsetzung herabsetzt.

Ein abweichendes Bild bietet sich für den Fall einer Aufspaltung. In diesem Fall hat mindestens eine übernehmende Gesellschaft eine Kapitalerhöhung zwingend vorzunehmen. Die Regel lautet, dass bei den jeweils übernehmenden Gesellschaften in Summe das Nennkapital um den Betrag der übertragenden Gesellschaft zu erhöhen ist. Denkbar ist daher auch der Fall, dass nur eine einzige

[485] So zu finden auch bei Kalss, Susanne: Handkommentar zur Verschmelzung, Spaltung und Umwandlung, Wien 1997, § 224 AktG, Rz 1, 102.

übernehmende Gesellschaft ihr Nennkapital erhöht, wohingegen die übrigen an der Spaltung beteiligten Gesellschaften ihr Nennkapital unverändert lassen.

Bei Erhöhung des Nennkapitals, sind die dafür neu geschaffenen Anteile an andere Gesellschaften als an die der übertragenden Gesellschaft zu gewähren. Zusätzlich sind die bestehenden gebundenen Rücklagen der übertragenden Gesellschaft im Zeitpunkt der Spaltung auf die jeweils übernehmenden Gesellschaften zu übertragen.

1.1.3.3.2 Spaltung bei eigenen Aktien nach 224 Abs 1 Z 2 AktG

Komplizierter ist der Fall einer Spaltung bei eigenen Aktien nach § 224 Abs 1 Z 2 AktG. Zunächst ist von folgenden Grundsätzen auszugehen: Spaltet die übertragende Gesellschaft gesellschaftsrechtliches Vermögen ab, gilt der Summengrundsatz als eingehalten, wenn der Vermögensabgang durch Auflösung freier Rücklagen und eines allfälligen Bilanzgewinns gedeckt ist. Nicht einzuhalten ist der Summengrundsatz, wenn die übertragende Gesellschaft ihr Nennkapital nach den Vorschriften über die ordentliche Kapitalherabsetzung herabsetzt.

Spaltet sich die übertragende Gesellschaft auf, hat mindestens eine übernehmende Gesellschaft eine Kapitalerhöhung zwingend vorzunehmen.

Bei Erhöhung des Nennkapitals ist für die Anteilsgewährung entscheidend, ob der Übergang eigener Aktien der übertragenden Gesellschaft Gegenstand des Spaltungs- und Übernahmsvertrags ist. Bejahendenfalls trifft § 224 Abs 1 Z 2 AktG zu. Die für den Fall einer Spaltung up-stream angedachte Lösung ist nicht notwendigerweise eins zu eins übertragbar. Da § 17 SpaltG von der sinngemäßen Anwendung spricht, ist in diesem Fall die weitere Unterscheidung zu treffen, ob der Fall einer Aufspaltung oder Abspaltung vorliegt.

Beinhaltet der Spaltungs- und Übernahmsvertrag im Fall einer Abspaltung einer übertragenden Gesellschaft eigene Anteile dieser, hält die übernehmende Gesellschaft nach Vollzug der Spaltung eine Beteiligung an der übertragenden Gesellschaft. Findet bei der übernehmenden Gesellschaft eine Kapitalerhöhung statt, so hat nach § 1 Abs 2 Z 2 SpaltG die Anteilsgewähr an die Gesellschafter der übertragenden Gesellschaft zu erfolgen. § 224 Abs 1 Z 2 AktG verbietet allerdings die Anteilsgewähr an die Gesellschafter der übertragenden Gesellschaft, sodass die Anteile an die Gesellschafter der übernehmenden

Gesellschaft zu gewähren sind.[486] Die Frage ist nur, ob § 224 Abs 1 Z 2 AktG in jedem Fall wirklich schlagend wird.

Im Fall einer Verschmelzung geht die übertragende Gesellschaft unter. Die übernehmende Gesellschaft kann daher gar keine Aktien für die eigenen Anteile einer untergehenden Gesellschaft gewähren.[487] Im Fall einer Abspaltung zur Aufnahme bleibt die übertragende Gesellschaft allerdings bestehen. Die eigenen Anteile dieser Gesellschaft gehen nicht unter, sondern werden an eine andere Gesellschaft weitergereicht. Liegt der Fall einer Abspaltung zur Aufnahme von nicht miteinander verbundenen Gesellschaften vor, fordert die sinngemäße Anwendung spaltungsgesetzlicher Regelungen, dass § 224 Abs 1 Z 2 AktG nicht zur Anwendung gelangt, sodass die Gesellschafter der übertragenden Gesellschaft Anspruch auf die neu geschaffenen Anteile besitzen.

Ein anderes Ergebnis stellt sich im Fall einer Abspaltung unter Berücksichtigung des § 224 Abs 1 Z 1 AktG dar. Im Fall einer Spaltung up-stream erhöht sich mit dem Übergang eigener Anteile von dem Tochterunternehmen auf das Mutterunternehmen der prozentuelle Anteil der von der Muttergesellschaft gehaltenen Beteiligung. Damit führt eine Kapitalerhöhung bei der übernehmenden Gesellschaft dazu, dass § 224 Abs 1 Z 2 AktG zu beachten ist, sodass die Anteile an die Gesellschafter des Mutterunternehmens zu gewähren sind.

Die Lösung der Kapitalerhöhung mit Anteilsgewähr an die Gesellschafter der kapitalerhöhenden Gesellschaft ist ferner für den Fall anzudenken, wenn sich die übertragende Gesellschaft aufspaltet. Die eigenen Anteile der übertragenden Gesellschaft besitzen aufgrund des Untergangs dieser Gesellschaft nach Eintragung der Spaltung keinen Wert mehr.[488] Wie im Fall einer Verschmelzung ist daher die Regelung des § 224 Abs 1 Z 2 AktG zu beachten. Zusätzlich sind bestehende gebundene Rücklagen der übertragenden Gesellschaft im Zeitpunkt der Spaltung auf die jeweils übernehmenden Gesellschaften zu übertragen.

1.1.3.3.3 Spaltung down-stream nach § 224 Abs 3 AktG

Für den Fall einer Spaltung down-stream ist für die Frage, ob § 224 Abs 3 AktG zur Anwendung gelangt, entscheidend, ob Gegenstand des Spaltungs- und Übernahmsvertrags die Beteiligung der übertragenden Gesellschaft an der übernehmenden Gesellschaft ist.

---

[486] Kalss, Susanne: Eigene Anteile in der Spaltung, RdW 2000, 138.

[487] Vgl. Kalss, Susanne: Handkommentar zur Verschmelzung, Spaltung und Umwandlung, Wien 1997, § 224 AktG, Rz 4.

[488] Kalss, Susanne: Eigene Anteile in der Spaltung, RdW 2000, 137.

Ist Gegenstand des Spaltungs- und Übernahmsvertrags der Übergang der Beteiligung der übertragenden Gesellschaft auf die übernehmende Gesellschaft, dürfen an die Gesellschafter der übertragenden Gesellschaft hierfür keine neuen Anteile gewährt werden. Diese sind nach § 224 Abs 3 AktG zwingend an die Gesellschafter der übertragenden Muttergesellschaft auszukehren.[489] Eine Kapitalerhöhung bei der übernehmenden Tochtergesellschaft ist ohne zusätzliche Übernahme von Vermögen nicht möglich. Ist dies der Fall, muss die übertragende Gesellschaft mangels Möglichkeit zur Einhaltung des Summengrundsatzes zwingend eine Kapitalherabsetzung nach den Vorschriften über die ordentliche Kapitalherabsetzung durchführen.

Ist Gegenstand des Spaltungs- und Übernahmsvertrags nicht die Beteiligung der Muttergesellschaft an der Tochtergesellschaft, somit sonstiges Vermögen, gelangt § 224 Abs 3 AktG nicht zur Anwendung. Danach ist, wenn die übertragende Gesellschaft gesellschaftsrechtliches Vermögen abspaltet, der Summengrundsatz eingehalten, wenn der Vermögensabgang durch Auflösung freier Rücklagen und eines allfälligen Bilanzgewinns gedeckt ist. Werden gebundene Rücklagen aufgelöst, müssen diese insgesamt erhalten bleiben. Andernfalls hat die übertragende Gesellschaft bei Verwendung gebundener Rücklagen die Vorschriften über die ordentliche Kapitalherabsetzung einzuhalten. Wird das Nennkapital durch die Sachgewinnausschüttung angegriffen, ist dieses um den fehlenden Differenzbetrag zu reduzieren.

Spaltet sich die übertragende Gesellschaft auf, hat mindestens eine übernehmende Gesellschaft eine Kapitalerhöhung zwingend vorzunehmen. § 224 Abs 3 AktG gelangt nicht zur Anwendung, wenn Gegenstand des Spaltungs- und Übernahmsvertrags nicht die Beteiligung der Muttergesellschaft an der Tochtergesellschaft, sondern sonstiges Vermögen ist. Die Anteilsgewährung erfolgt daher an die Anteilsinhaber der übertragenden Gesellschaft.

1.1.3.3.4 Spaltung bei gleichem Verhältnis nach § 224 Abs 2 Z 1 AktG

Spaltet die übertragende Gesellschaft gesellschaftsrechtliches Vermögen unter Anwendung des § 224 Abs 2 Z 1 AktG ab, ist der Summengrundsatz eingehalten, wenn der Vermögensabgang durch Auflösung freier Rücklagen und eines allfälligen Bilanzgewinns gedeckt ist. Werden gebundene Rücklagen aufgelöst,

---

[489] Kastner, Walther/Doralt, Peter/Nowotny, Christian: Grundriß des österreichischen Gesellschaftsrechts, 5. Auflage, Wien 1990, 327; Ludwig, Christian/Walter, Thomas: Down-stream-Abspaltung der Beteiligung an der Tochtergesellschaft in die Tochtergesellschaft, RdW 2002, 380; Kalss, Susanne: Handkommentar zur Verschmelzung, Spaltung und Umwandlung, Wien 1997, § 224, Rz 8.

müssen diese insgesamt erhalten bleiben. Zwingend ist die Kapitalerhöhung im Fall einer Aufspaltung für mindestens eine übernehmende Gesellschaft. Die Gewährung von Anteilen erfolgt an die Anteilsinhaber der übertragenden Gesellschaft. Dies gilt nicht, wenn bei der übertragenden Gesellschaft die Vorschriften über die ordentliche Kapitalherabsetzung zur Anwendung gelangen.

1.1.3.3.5 Spaltung bei Verzicht nach § 224 Abs 2 Z 2 AktG

Ergänzend sei darauf hingewiesen, dass, wenn sich die Pflicht zur Kapitalerhöhung ergibt und die Gesellschafter der übertragenden Gesellschaft auf die Gewährung von Aktien verzichten (§ 224 Abs 2 Z 2 AktG), die Anteilsgewährung nicht verhältniswahrend zu erfolgen hat (§ 8 Abs 3 SpaltG).

1.1.4 Ergebnis und weiterer Gang der Untersuchung

Die Verwirklichung des Summengrundsatzes für den Fall einer Spaltung zur Aufnahme unter Anwendung des § 224 AktG ist ein komplexeres Unterfangen. Gestalterische Schwierigkeiten bestehen für Fälle, in denen das Nennkapital zur Einhaltung des Summengrundsatzes zu erhöhen ist und die Anteilsgewähr nach § 224 AktG an die Anteilsinhaber der übertragenden Gesellschaft verboten ist. Als systematischer Lösungsweg bietet sich für solche Fälle die Anteilsgewähr an die Gesellschafter der nennkapitalerhöhenden Gesellschaft an. In diesen Fällen liegt eine nicht verhältniswahrende Spaltung nach § 8 Abs 3 SpaltG vor. In allen anderen Fällen führt die Nennkapitalerhöhung im Rahmen des laufenden Spaltungsverfahrens zum Anspruch der Anteilsgewähr an die Anteilsinhaber der übertragenden Gesellschaft (§ 1 Abs 2 Z 2 SpaltG).

Von dieser Ansicht ausgehend interessiert im Folgenden, welche Konsequenzen für die Umsetzung im praktischen Fall zu erwarten wären. Dies zu beantworten ist Gegenstand der nachstehenden Ausführungen. Dabei orientieren sich diese an der bisherigen Gliederungssystematik der beschriebenen Kapitalerhaltung bei der übertragenden Gesellschaft. Den Beginn nimmt die Abgrenzung des Anwendungsbereichs der Norm.

1.2 Abgrenzung des Anwendungsbereichs der Norm

1.2.1 Einhaltung für den Fall der Aufspaltung

Festgestellt wurde, dass im Fall einer Aufspaltung, sofern nicht die Vorschriften über die ordentliche Kapitalherabsetzung zur Anwendung gelangen, der Summengrundsatz zwingend zur Anwendung gelangt. Für den Fall einer Spaltung zur Neugründung folgt aus dieser Feststellung die Pflicht zur Gewährung von

Anteilen durch das Gründungskapital.[490] Für den Fall der Spaltung zur Aufnahme ergibt sich die Pflicht zur Gewährung von Anteilen durch den Kapitalerhöhungsbetrag.[491]

Die übernehmende Gesellschaft kann bis zur Höhe des übernommenen Wertes des Vermögens ihr Nennkapital erhöhen.[492] Die tatsächlich beschlossene Erhöhung des Nennkapitals hängt vom jeweiligen Einzelfall ab. Wichtig ist nur, dass das Nennkapital und allfällige gebundene Rücklagen der übertragenden Gesellschaft vor der Spaltung nicht insgesamt geschmälert werden.

Gelangen die Vorschriften über die ordentliche Kapitalherabsetzung zur Anwendung, greift der Summengrundsatz nicht. Dabei muss nicht notwendigerweise das Nennkapital herabgesetzt werden. Eine solche Sichtweise, gestattet auch die Durchführung einer down-stream Aufspaltung einer reinen Beteiligungsholding. Bei Aufspaltung einer reinen Beteiligungsholding, wo die Anteile an den übernehmenden Gesellschaften an die Gesellschafter der übertragenden Gesellschaft durchzuschleusen sind, besteht das Problem, dass letztlich kein Vermögen an die übernehmenden Gesellschaften übertragen wird. Wenn in letzter Konsequenz kein zusätzliches Vermögen auf die jeweils übernehmende Gesellschaft übergeht, kann auch keine Kapitalerhöhung stattfinden. Damit besteht aber auch nicht die Gefahr einer Ausschüttung von vor der Spaltung gebundenem Vermögen. Aus Gläubigerschutzgesichtspunkten ist in diesem Fall die Einhaltung der Vorschriften über die ordentliche Kapitalherabsetzung ausreichend.

1.2.2 Einhaltung für den Fall der Abspaltung

§ 17 Z 3 Satz 1 SpaltG, als Verweisungsnorm kapitalerhaltungsrechtlicher Bestimmungen einer Spaltung zur Neugründung interpretiert, bietet eine systemkonforme Interpretation der Bestimmungen des § 3 Abs 1 und Abs 2 SpaltG. Dem Grundsatz, Gleiches gleich zu behandeln, wird für den Fall der Abspaltung entsprochen. Dies gilt bis auf den Punkt, dass wenn die übertragende Gesellschaft ihr Nennkapital herabsetzt, sie das nach den Vorschriften über die ordentliche Kapitalherabsetzung zu tun hat.

[490] Kalss, Susanne: Handkommentar zur Verschmelzung, Spaltung und Umwandlung, Wien 1997, § 1 SpaltG, Rz 4.
[491] Kalss, Susanne: Handkommentar zur Verschmelzung, Spaltung und Umwandlung, Wien 1997, § 1 SpaltG, Rz 4.
[492] Kalss, Susanne: Handkommentar zur Verschmelzung, Spaltung und Umwandlung, Wien 1997, § 223 AktG, Rz 2, 90.

Im Fall einer Abspaltung zur Aufnahme hat die übertragende Gesellschaft grundsätzlich ebenso das Entscheidungsrecht über die Art der Kapitalerhaltung, wie im Fall einer Abspaltung zur Neugründung. Faktisch hat aber die Bestimmung des § 3 Abs 1 SpaltG für die praktische Umsetzung einer Abspaltung zur Aufnahme keine Auswirkung. Ist der Vermögensabgang bei der übertragenden Gesellschaft über Bilanzgewinn, freie Rücklagen oder sonstige Eigenmittelzufuhr gedeckt, ist der Summengrundsatz automatisch eingehalten. Werden gebundene Rücklagen verwendet, müssen diese insgesamt erhalten bleiben. Kann eine Sachgewinnausschüttung über diese Wege nicht finanziert werden, gelangen die Vorschriften über die ordentliche Kapitalherabsetzung zur Anwendung. Wird das Nennkapital der übertragenden Gesellschaft infolgedessen herabgesetzt, besteht keine Ausgleichsverpflichtung in der Höhe des herabgesetzten Betrages durch Erhöhung des Nennkapitals bei der übernehmenden Gesellschaft wegen § 3 Abs 2 Satz 2 SpaltG.

1.3 Prüfung der Norm

1.3.1 Vorbemerkung

Das zuständige Firmenbuchgericht hat bei Anmeldung einer Spaltung zur Aufnahme oder einer Spaltung zur Aufnahme mit gleichzeitiger Neugründung einer oder mehrerer Gesellschaften die Einhaltung der Kapitalerhaltung zu prüfen. Festzustellen ist, ob die Kapitalerhaltung der übernehmenden Gesellschaft und/oder übernehmenden und neu gegründeten Gesellschaft in Übereinstimmung mit § 17 Z 3 SpaltG in Verbindung mit § 3 Abs 1 SpaltG erfolgt.

Wegen der Überlappungsregelung des § 17 Z 3 SpaltG mit der aktienrechtlichen Bestimmung des § 224 AktG und der Regelung des § 3 Abs 1 SpaltG ist eine Fallunterscheidung zu treffen zwischen Spaltungen mit Kapitalerhöhung und Anteilsgewähr und solchen ohne Kapitalerhöhung und Anteilsgewähr. Eine solche Unterscheidung ist bei einer Spaltung zur Neugründung nicht erforderlich, weil infolge des Gründungskapitals stets Anteile zu gewähren sind.

1.3.2 Prüfung bei Erhöhung des Nennkapitals

1.3.2.1 Prüfung der Einhaltung spaltungsgesetzlicher Bestimmungen

In der Textierung einer bilanzrechtlichen Verfassung bedeutet der Summengrundsatz für den Fall einer Spaltung zur Aufnahme, dass der Sollsaldo aus Nennkapital und gebundenen Rücklagen der übertragenden Gesellschaft insgesamt mindestens dem Habensaldo des Kapitalerhöhungsbetrages und den gebundenen Rücklagen der jeweils übernehmenden Gesellschaft nach Spaltung zu entsprechen hat.

Für die Prüfung des Falls einer Spaltung zur Aufnahme unter Erhöhung des Nennkapitals wird auf die Erkenntnisse der Spaltung zur Neugründung verwiesen. Die dort getroffenen Feststellungen gelten sinngemäß. Der Unterschied einer Kapitalerhaltungsprüfung des § 3 Abs 1 SpaltG unter Beteilung einer übernehmenden Gesellschaft zu einer neu gegründeten Gesellschaft ist lediglich, dass im erstgenannten Fall anstelle des Gründungskapitals der Kapitalerhöhungsbetrag tritt. Die Berechnungsformel des Summengrundsatzes wird insofern nur formell, aber nicht inhaltlich geändert. Der Gleichheitsgrundsatz gilt auch für den Spezialfall einer Spaltung unter Beteiligung einer bestehenden und einer neu gegründeten Gesellschaft. Der Fall erfüllt alle Tatbestandsmerkmale einer Spaltung zur Neugründung und zusätzlich wird der Kapitalerhöhungsbetrag in die Additionsregel mit einbezogen.

Technisch hat die Eintragung der Kapitalerhöhung vor Eintragung der Spaltung zu erfolgen. In der Praxis bedeutet dies, dass die Kapitalerhöhung zuerst vom Firmenbuchgericht der übernehmenden Gesellschaft vorzunehmen ist.[493] Darauf hat das Gericht dem Firmenbuchgericht der übertragenden Gesellschaft die Eintragung der Kapitalerhöhung mitzuteilen, ehe dieses die Eintragung der Kapitalerhöhung vornehmen kann.[494]

1.3.2.2 Prüfung der Einhaltung der aktien- und GmbH-gesetzlichen Bestimmungen

1.3.2.2.1 Fall einer übernehmenden AG

Mit der Anmeldung der Kapitalerhöhung ist gleichzeitig ein Bericht über die Prüfung der Kapitalerhöhung einzureichen. Dieses Erfordernis ergibt sich aus § 17 Z 3 Satz 2 SpaltG, der auf die §§ 26, 27, 42 und 44 AktG verweist. Auch ohne diesen spaltungsgesetzlichen Verweis würde sich für den Fall einer übernehmenden AG die Prüfungspflicht aus § 151 Abs 1 AktG ergeben. Nach dieser Bestimmung haben der Vorstand und der Vorsitzende des Aufsichtsrats oder dessen Stellvertreter den Beschluss über die Erhöhung des Grundkapitals zur Eintragung in das Firmenbuch anzumelden. Zudem ist entsprechend der Verweisvorschrift in § 150 Abs 3 AktG der Anmeldung der Bericht über die Prüfung der Sacheinlagen beizufügen, wobei § 25 Abs 3 bis 5 AktG sowie die §§ 26, 27, 42 und 44 AktG sinngemäß gelten. Fast wortgleich formuliert hat § 17 Z 3 Satz 2 SpaltG die aktienrechtliche Prüfungspflicht. Die Regelung ist

[493] Kalss, Susanne: Handkommentar zur Verschmelzung, Spaltung und Umwandlung, Wien 1997, § 17 SpaltG, 523.

[494] Kalss, Susanne: Handkommentar zur Verschmelzung, Spaltung und Umwandlung, Wien 1997, § 17 SpaltG, 523. Vgl. aber Koppensteiner, Hans-Georg: GmbH-Gesetz - Kommentar, Wien 1999, Anh § 101, Rz 51.

entsprechend für den Fall der Spaltung zur Aufnahme adaptiert. Der Charakter der Sacheinlage ist durch den der Spaltung zur Aufnahme ersetzt.

Aus dem ausdrücklichen gesetzlichen Verweis des § 17 Z 3 Satz 2 SpaltG auf die aktienrechtlichen Gründungsvorschriften ist eine unbedingte Prüfungspflicht für den Fall der Kapitalerhöhung bei der übernehmenden Gesellschaft nach diesen Regelungen zu schließen.[495] Daraus ergeben sich zwei wesentliche Konsequenzen. Zum einen bestünde selbst bei einer Kapitalerhöhung nach den Bestimmungen des KapBG eine Prüfungspflicht. Die Vereinfachung einer Kapitalerhöhung nach dem KapBG, die unter anderem darin liegt, dass eine aktienrechtliche Gründungsprüfung entfällt, wird damit verdrängt. Zum anderen greift die Prüfungspflicht für den Fall einer übernehmenden GmbH stets, unabhängig von der Größe dieser Gesellschaft.

1.3.2.2.2 Fall einer übernehmenden GmbH

Das für den Fall einer übernehmenden AG Gesagte gilt ebenso für den Fall einer Spaltung auf eine übernehmende GmbH. Sollseitig wird die Additionsregel des Summengrundsatzes über die spaltungsgesetzliche Verpflichtung zur Erstellung einer Schlussbilanz der übertragenden Gesellschaft, die Nennkapital und gebundene Rücklagen zum Spaltungsstichtag abbildet, erfüllt. Habenseitig gleicht sich die Addition über die nennbetragsmäßige Kapitalerhöhung der übernehmenden Gesellschaft aus. Die Prüfung der Einhaltung des Summengrundsatzes vollzieht sich insofern in zwei Stufen: Prüfung der Einhaltung der spaltungsgesetzlichen Regelungen und Prüfung der gesellschaftsrechtlichen Regelungen.

1.3.3 Prüfung bei Nichterhöhung des Nennkapitals

Im Fall einer Abspaltung zur Aufnahme ist die Einhaltung des Summengrundsatzes automatisch gegeben, wenn der Vermögensabgang in einem etwaigen Bilanzgewinn und/oder vorhandenen ungebundenen Rücklagen Deckung findet. Kann der Vermögensabgang nicht durch diese Positionen gedeckt werden und/oder können Gesellschafter mit entsprechenden Einschüssen in das Gesellschaftsvermögen den Vermögensabgang nicht decken, gelangen die Vorschriften über die ordentliche Kapitalherabsetzung zur Anwendung. Die Konsequenz ist, dass der Summengrundsatz in diesem Fall nicht mehr verpflichtend der Einhaltung unterliegt.

[495] Kalss, Susanne: Handkommentar zur Verschmelzung, Spaltung und Umwandlung, Wien 1997, § 17 SpaltG, Rz 17.

1.4 Verletzung der Norm und Konsequenzen

1.4.1 Verletzung der Norm

Eine Verletzung der Norm liegt vor, wenn das Deckungskapital von Nennkapital und gebundenen Rücklagen der übertragenden Gesellschaft nicht auf die übernehmenden Gesellschaften in Summe übertragen wird. Dies gilt für den Fall der Aufspaltung. Davon zu unterscheiden ist der Fall der Abspaltung, bei dem eine Verletzung seitens der übertragenden oder der übernehmenden Gesellschaft bewirkt werden kann. Seitens der übertragenden Gesellschaft liegt eine Verletzung der Norm vor, wenn folgende Tatbestände kumulativ erfüllt sind: Der durch die Spaltung bedingte Vermögensabgang muss buchmäßig positiv sein, der Abgang kann nicht durch freie Rücklagen und/oder durch einen vorhandenen Bilanzgewinn gedeckt werden und in Höhe des fehlenden Differenzbetrages gelangen die Vorschriften über die ordentliche Kapitalherabsetzung nicht zur Anwendung. Seitens der übernehmenden Gesellschaft ist eine Normverletzung dann gegeben, wenn eine Nennkapitalerhöhung zur Abgleichung des fehlenden Differenzbetrages unterbleibt und/oder verwendete gebundene Rücklagen nicht übertragen werden.

Es stellt sich die Frage, welche Konsequenzen es hat, wenn die Prüfung der Einhaltung der Regelung des § 3 Abs 1 SpaltG ergibt, dass der Summengrundsatz nicht eingehalten ist. Ob die Spaltung scheitert oder nicht und damit, wie weiter zu verfahren ist, hängt von dem jeweiligen Abwicklungsstand des in Vorbereitung befindlichen oder bereits eingeleiteten Spaltungsverfahrens ab. Diesbezüglich wird für Normverletzungen seitens der übertragenden Gesellschaft auf die Ausführungen der Spaltung zur Neugründung verwiesen. Gegenstand des vorliegenden Interesses sind Normverletzungen seitens der übernehmenden Gesellschaft. Es ist zu klären, welche Konsequenzen es hat, wenn bei der übernehmenden Gesellschaft eine Nennkapitalerhöhung unterbleibt. Selbiges gilt für den Fall, wenn gebundene Rücklagen nicht übertragen werden. Ausgangspunkt der Untersuchung ist die Feststellung des Mangels nach dem Zeitpunkt der Anmeldung.

1.4.2 Konsequenzen

1.4.2.1 Nach Anmeldung der Spaltung

1.4.2.1.1 Erhöhung des Nennkapitals

Nach Anmeldung der Spaltung obliegt es dem Firmenbuchgericht am Sitz der übertragenden Gesellschaft, die Anmeldung der Spaltung inhaltlich und formell auf ihre Richtigkeit hin zu prüfen. Steht der Eintragung die Nichteinhaltung der

Kapitalerhaltungsverpflichtung entgegen, hat das Gericht dem Antragsteller die Behebung des Mangels aufzutragen (§ 17 Abs 1 FBG).

Tritt der Fall ein, dass eine notwendige Kapitalerhöhung der Anmeldung nicht beigeschlossen ist, hat das Firmenbuchgericht die Behebung des festgestellten Mangels zu beauftragen. Dies kann unter Umständen dazu führen, dass das Firmenbuchgericht in Anwendung des § 19 FBG das Verfahren unterbricht.

1.4.2.1.2 Aufrechterhaltung gebundener Rücklagen

Der Summengrundsatz verpflichtet die übertragende Gesellschaft zur Aufrechterhaltung ihrer in der Schlussbilanz ausgewiesenen gebundenen Rücklagen. Werden gebundene Rücklagen zur Deckung des bei der übertragenden Gesellschaft entstehenden Buchverlustes verwendet, sind diese, sofern nicht die Vorschriften über die ordentliche Kapitalherabsetzung zur Anwendung gelangen, in der Eröffnungs- beziehungsweise Übertragungsbilanz der jeweiligen übernehmenden Gesellschaft als solches wieder abzubilden.

Liegt der eingereichten Spaltung eine Verletzung dieses Grundsatzes vor, kann das Firmenbuchgericht eine Berichtigung der eingereichten Eröffnungs- beziehungsweise Übernahmebilanz oder die Einhaltung der Vorschriften über die ordentliche Kapitalherabsetzung verlangen. Im letztgenannten Fall wird das Firmenbuchgericht in Anwendung des § 19 FBG unter Umständen das Verfahren unterbrechen.

1.4.2.2 Nach Eintragung der Spaltung

Maßgeblich ist, dass auch bei Verletzung des Kapitalerhaltungsgrundsatzes für den Fall der übernehmenden Gesellschaft von dem Grundsatz ausgegangen werden kann, dass trotz Bestehens dieses Mangels dies die Eintragung der Spaltung unberührt lässt (§ 14 Abs 3 SpaltG). Nach der Eintragung erschöpft sich eine erfolgreiche Anfechtung der Spaltung aufgrund von Mängeln der Kapitalerhaltung grundsätzlich nur in Schadenersatzansprüchen.

Allerdings wird für den Fall der Spaltung zur Aufnahme die Ansicht vertreten, dass außerhalb des Spaltungsrechts stehende Verstöße gegen gesetzliche Bestimmungen, wie beispielsweise gegen das Kartellrecht oder gegen die Bestimmung des § 879 Abs 1 ABGB, der spaltungsrechtliche Bestandschutz nicht gilt.[496] Ist der Grundsatz der Kapitalerhaltung nicht eingehalten, kann § 879 Abs 1 ABGB ins Treffen geführt werden. In Anlehnung an diese Bestimmung wäre der Spaltungs- und Übernahmsvertrag im Sinne der letztgenannten Vorschrift wegen Verletzung des gesetzlichen Gebotes der Kapitalerhaltungspflicht nichtig. Theoretisch könnte die Feststellung eines solchen Verstoßes auch nach dem Zeitpunkt der Eintragung Argument für die Rückabwicklung einer Spaltung wegen § 879 Abs 1 ABGB sein.

Falls dies der Fall sein sollte, erhebt sich die Frage, ob der Mangel, der im Zeitpunkt der Spaltung bestand, durch eine nachträgliche Kapitalerhöhung und/oder die Dotierung gebundener Rücklagen sanierbar ist. Nach der Intention des Gesetzgebers, der gerade wegen der Kompliziertheit einer Rückabwicklung eine solche nach § 14 Abs 3 SpaltG ausgeschlossen hat, wird dies wohl zu bejahen sein. Bei einer wegen § 224 AktG nicht durchgeführten Nennkapitalerhöhung kann überlegt werden, eine Kapitalerhöhung aus den Gesellschaftsmitteln der Gesellschaft nach den Bestimmungen des KapBG durchzuführen.[497] Nun würde es aus gestaltungstechnischer Sicht nahe liegen, das übergegangene Vermögen der übertragenden Gesellschaft für den Vorgang der Kapitalberichtigung zu nutzen. Wenn dies auch inhaltlich zu befürworten wäre, ist ein solches Vorgehen jedenfalls verwehrt, wenn im Zeitpunkt der Beschlussfassung über die Kapitalberichtigung ein Jahresabschluss nach dem Zeitpunkt der Spaltung noch fehlt. Nach dem Wortlaut des KapBG hat die Beschlussfassung über die Kapitalberichtigung auf Grundlage des letzten Jahresabschlusses zu erfolgen (§ 2 Abs 2 Satz 1 KapBG).[498] Darüber hinaus muss der Abschluss im Zeitpunkt der Beschlussfassung bereits festgestellt sein oder von der Gesellschafterversammlung, die über die Kapitalerhöhung beschließt, festgestellt werden.[499] Liegt zwischen dem Zeitpunkt der Eintragung der Spaltung und dem Zeitpunkt der Beschlussfassung über eine Kapitalberichtigung kein neu erstellter Jahresabschluss der übernehmenden Gesellschaft vor, so können nur die in dem letzten Jahresabschluss der übernehmenden Gesellschaft ausgewiesenen Rücklagen umgewandelt werden.

Ist eine Nennkapitalerhöhung über den Weg einer Kapitalberichtigung nicht möglich, stellt sich die Frage, ob die Dotierung einer gebundenen Rücklage die

---

[496] So zu finden bei Kalss, Susanne: Handkommentar zur Verschmelzung, Spaltung und Umwandlung, Wien 1997, § 17 SpaltG, Rz 32, 523.

[497] Zu den umwandlungsfähigen Bilanzposten im Einzelnen siehe etwa Tichy, Maximilian in Doralt/Nowotny/Kalss (Hrsg.): Kommentar zum Aktiengesetz, Band II, §§ 125-273, Wien 2003, § 2 KapBG, RZ 11ff.

[498] Zur Frage der Bildung eines Rumpfgeschäftsjahres mit der Konsequenz eines neuen Stichtages vgl. Koppensteiner, Hans-Georg: GmbH-Gesetz - Kommentar, Wien 1999, Anh § 53, Rz 2, 521.

[499] Koppensteiner, Hans-Georg: GmbH-Gesetz - Kommentar, Wien 1999, Anh § 53, Rz 5.

materielle Erhöhung[500] des Nennkapitals ersetzen kann. Die in § 3 Abs 1 SpaltG festgelegte Definition spricht dagegen,[501] da hier die Summe der gebundenen Rücklagen und die Summe der Nennkapitalien für sich genommen stets gleich bleiben müssen, damit eine materielle Erhöhung des Nennkapitals durch die Dotierung von gebundenen Rücklagen ausscheidet. Daher bleibt als einzige Alternative nur mehr die nachträgliche Einhaltung der Vorschriften über die ordentliche Kapitalherabsetzung bei der übertragenden Gesellschaft. Wurde diese im Rahmen des Spaltungsverfahrens aufgelöst, kann nur mehr überlegt werden, den fehlenden Kapitalerhöhungsbetrag über sonstige gesellschaftsrechtliche Einschüsse zu finanzieren.

Eine andere Frage ist, ob die nachträgliche Dotierung gebundener Rücklagen die Einhaltung des Summengrundsatzes rückwirkend erreichen kann. Eine solche Konstellation kann sich ergeben, wenn der durch die Spaltung bewirkte buchmäßige Abgang bei der übertragenden Gesellschaft durch Auflösung von gebunden Rücklagen abgedeckt wird, ohne dass die Vorschriften über die Kapitalherabsetzung beachtet werden. Der Wortlaut des § 3 Abs 1 SpaltG spricht nicht gegen eine solche Vorgehensweise, da es sich hier um einen Vermögensvergleich vor und nach dem Zeitpunkt der Spaltung handelt, der im letztgenannten Fall nicht notwendigerweise auf den Eintragungszeitpunkt beschränkt sein muss. Daher kann rückwirkend auf den Zeitpunkt der Spaltung die nachträgliche Korrektur eines fehlenden Differenzbetrages zur Einhaltung des Summengrundsatzes auch die Dotierung gebundener Rücklagen umfassen.

2 Erhöhung des Nennkapitals nach § 17 Z 3 Satz 2 SpaltG

2.1 Inhalt und Zweck der Norm

§ 17 Z 3 Satz 2 SpaltG hält fest, dass wenn die übernehmende Gesellschaft zur Durchführung der Spaltung ihr Nennkapital erhöht, eine Prüfung durch mindestens einen Prüfer stattzufinden hat.[502] Die Bestimmung macht deutlich, dass eine Kapitalerhöhung bei der übernehmenden Gesellschaft kein integraler, mit der Spaltung zur Aufnahme notwendiger verbundener Vorgang ist.[503] Wie die

[500] Soweit ersichtlich als erster Nowotny, Christian: Kapitalerhaltung bei Verschmelzungen und Spaltungen, RWZ 4/2000, 98, zur Frage, ob eine materielle Herabsetzung des Grundkapitals durch eine gebundene Rücklage in entsprechender Höhe substituiert werden kann.

[501] Nowotny, Christian: Kapitalerhaltung bei Verschmelzungen und Spaltungen, RWZ 4/2000, 98.

[502] Nowotny, Christian: Prüfungen im EU-GesRÄG Verschmelzung-Spaltung-Umwandlung, in: Festschrift Egger, 1997, 554; Kalss, Susanne: Handkommentar zur Verschmelzung, Spaltung und Umwandlung, Wien 1997; § 17 SpaltG, Rz 17.

[503] Vgl. Koppensteiner, Hans-Georg: GmbH-Gesetz - Kommentar, Wien 1999, § 101, Rz 46; Kalss, Susanne: Handkommentar zur Verschmelzung, Spaltung und Umwandlung, Wien 1997, Einleitung SpaltG, Rz 5; § 17 SpalG, Rz 29.

AG oder GmbH als übernehmende Gesellschaft die Aktien oder Anteile bereitstellt, die den Anteilsinhabern der übertragenden Gesellschaft zu gewähren sind, gibt das Spaltungsgesetz nicht vor. Deshalb reicht es aus, wenn die übernehmende Gesellschaft genügend eigene Anteile besitzt, dass deren automatischer Übergang auf die Anteilsinhaber der übertragenden Gesellschaft mit der Eintragung der Spaltung gewährleistet ist. Bedarf es demgegenüber einer Kapitalerhöhung, um die Spaltung durchführen zu können, so sind hierfür die aktienrechtlichen Gründungsvorschriften maßgeblich. Das ergibt sich mit Deutlichkeit aus dem Nachfolgeverweis auf § 25 Abs 3 bis 5 und auf die §§ 26, 27, 42 und 44 AktG. Aus Sicht des Gläubigerschutzes ist dies nur folgerichtig, denn der Rechtsverkehr muss darauf vertrauen können, dass der Gesellschaft haftendes Vermögen in einem der Erhöhungsziffer entsprechenden Umfang zugeführt worden ist. Diese Bestimmung ist letztlich auch in Verbindung mit der Verpflichtung zur Durchführung einer Restvermögensprüfung zu sehen, da auf diese Weise sowohl auf Seiten der übertragenden Gesellschaft als auch bei den übrigen beteiligten Gesellschaften die Kapitalaufbringung mittels Prüfungen durch Sachverständige gewährleistet wird.[504]

2.2 Abgrenzung des Anwendungsbereichs der Norm

2.2.1 Zwingende Einhaltung für den Fall der Aufspaltung

Beschließen die Anteilsinhaber der an einer Spaltung beteiligten Gesellschaften über eine Aufspaltung zur Aufnahme, hat mindestens eine übernehmende Gesellschaft ihr Nennkapital zu erhöhen. Die Pflicht der Erhöhung zur Durchführung der Spaltung ist notwendig, sofern man dem Argument der Einhaltung des Summengrundsatzes folgt.

Die Frage, wie die jeweils übernehmende AG oder GmbH das Nennkapital zu erhöhen hat, lässt das Spaltungsgesetz – bewusst - offen. Folgt man den aktien- bzw. GmbH-rechtlichen Vorschriften, stehen allgemein drei Möglichkeiten zur Auswahl: Die Kapitalerhöhung kann entweder im Wege der ordentlichen Kapitalerhöhung, der bedingten Kapitalerhöhung oder mittels genehmigten Kapitals durchgeführt werden.[505]

Zu überlegen kann im Einzelfall aber auch sein, die Kapitalerhöhung aus Gesellschaftsmitteln nach den Bestimmungen des KapBG durchzuführen. Die Beschlussfassung über die Kapitalberichtigung hat auf Grundlage des letzten

---

[504] Aman in Aman, Günther/ Frotz, Stephan/ Mühlehner, Johann/ Wagner, Martin/ Zöchling, Hans: Das EU-Gesellschaftsrechtsänderungsgesetz, Wien 1996, 118.

[505] Kalss, Susanne: Handkommentar zur Verschmelzung, Spaltung und Umwandlung, Wien 1997, § 223 AktG, Rz 3.

Jahresabschlusses der übernehmenden Gesellschaft zu erfolgen (§ 2 Abs 2 Satz 1 KapBG).[506] Der Abschluss muss im Zeitpunkt der Beschlussfassung bereits festgestellt sein oder von der Gesellschafterversammlung, die über die Kapitalerhöhung beschließt, festgestellt werden.[507] Nur die in diesem Jahresabschluss ausgewiesenen Rücklagen einschließlich eines Gewinnvortrages können umgewandelt werden (§ 2 Abs 3 KapBG). Die gebundenen Rücklagen können umgewandelt werden,[508] soweit sie den zehnten oder den in der Satzung bestimmten höheren Teil des Grundkapitals nach der Umwandlung übersteigen (§ 2 Abs 3 Satz 3 KapBG). Nun würde es aus gestaltungstechnischer Sicht nahe liegen, diese aus dem übergehenden Vermögen durchzuführen. Wenn dies auch inhaltlich zu befürworten wäre, ist ein solches Vorgehen verwehrt. Die Eröffnungsbilanz der übernehmenden Gesellschaft ist nicht Jahresabschluss dieser. Die umzuwandelnden Rücklagen müssen in dem letzten Jahresabschluss der übernehmenden Gesellschaft enthalten sein, sodass ein nachträglicher Erwerb entsprechender Vermögenswerte im Zuge der Spaltung nicht ausreicht.[509]

Zu dieser Gestaltungsvariante sei noch kurz auf zwei Punkte hingewiesen: Im Unterschied zur effektiven Kapitalerhöhung ist das Wesen der Kapitalerhöhung aus Gesellschaftsmitteln, dass das Vermögen der Gesellschaft unverändert bleibt.[510] Die mit der Kapitalerhöhung entstehenden neuen Anteilsrechte wachsen den Gesellschaftern zwingend nach Maßgabe ihrer bisherigen Beteiligungsquote zu (§ 3 Abs 4 KapBG). Die Regel entspricht dem Charakter der Kapitalberichtigung als eines reinen Umbuchungsvorgangs. Daraus ergibt sich, dass es sachwidrig wäre, die Änderung der relativen Beteiligungsquoten zuzulassen.[511] Gewendet auf den Fall einer nicht verhältniswahrenden Spaltung (§ 8 Abs 3 SpaltG) heißt dies, dass im Rahmen des laufenden Spaltungsverfahrens eine Kapitalerhöhung aus Gesellschaftsmitteln nicht möglich ist. Findet bei einer verhältniswahrenden Spaltung eine Kapitalerhöhung aus Gesellschaftsmitteln zur Durchführung der Spaltung statt, hat aufgrund der gesetzlichen Bestimmung des § 17 Z 3 Satz 2 SpaltG zwingend eine Prüfung durch einen oder mehrere Prüfer stattzufinden.[512] Von der Frage, wie die übernehmende Gesellschaft ihr Nennkapital erhöht, ist die Frage zu unterscheiden, zu welchem Zeitpunkt die

---

[506] Zur Frage der Bildung eines Rumpfgeschäftsjahres mit der Konsequenz eines neuen Stichtages vgl. Koppensteiner, Hans-Georg: GmbH-Gesetz - Kommentar, Wien 1999, Anh § 53, Rz 2.

[507] Koppensteiner, Hans-Georg: GmbH-Gesetz - Kommentar, Wien 1999, Anh § 53, Rz 5.

[508] Zu der in diesem Zusammenhang bestehenden Gestaltungsmöglichkeit vgl. Nowotny, Christian: Gebundene Rücklagen, GesRZ 1996, 80.

[509] Koppensteiner, Hans-Georg: GmbH-Gesetz - Kommentar, Wien 1999, Anh § 53, Rz 5, 520.

[510] Koppensteiner, Hans-Georg: GmbH-Gesetz - Kommentar, Wien 1999, Anh § 53, Rz 3.

[511] Koppensteiner, Hans-Georg: GmbH-Gesetz - Kommentar, Wien 1999, Anh § 52, Rz 3.

[512] Nowotny, Christian: Prüfungen im EU-GesRÄG Verschmelzung-Spaltung-Umwandlung, in: Festschrift Egger, 1997, 545f; Kalss, Susanne: Handkommentar zur Verschmelzung, Spaltung und Umwandlung, Wien 1997, § 17 SpaltG, Rz 17.

Eintragung der Kapitalerhöhung zu erfolgen hat. Ablauftechnisch müssen der Beschluss und die Durchführung der Kapitalerhöhung gleichzeitig mit dem aufschiebend bedingt abgeschlossenen Spaltungs- und Übernahmsvertrag beim zuständigen Firmenbuchgericht am Sitz der übertragenden Gesellschaft eingereicht werden. Anders ist hingegen der Eintragungsvorgang. Zunächst ist die Kapitalerhöhung bei der übernehmenden Gesellschaft und dann erst die Spaltung bei der übertragenden Gesellschaft einzutragen.[513]

2.2.2 Fakultative Einhaltung für den Fall der Abspaltung

Wie bereits mehrfach erwähnt, ist der Vorgang einer Abspaltung zur Aufnahme mit einer Kapitalherabsetzung bei der übertragenden Gesellschaft nicht notwendigerweise an eine Kapitalerhöhung bei der übernehmenden Gesellschaft geknüpft. Werden keine neuen Anteile gewährt oder besitzt die übernehmende Gesellschaft genügend eigene Anteile zur Abfindung der Gesellschafter der übertragenden Gesellschaft, ist dies auch nicht notwendig. Die Kapitalerhaltung ist in diesem Fall durch das Nennkapital und die gebundenen Rücklagen der übertragenden Gesellschaft nach Eintragung der Spaltung gedeckt; die Werthaltigkeit des Nennkapitals und der gebundenen Rücklagen ist im Rahmen der Restvermögensprüfung nach § 3 Abs 4 SpaltG stets zu bestätigen. Eine Kapitalerhöhung ist im Fall einer Abspaltung zur Aufnahme nur bei Vorliegen eines Mangels der Kapitalerhaltung notwendig.

2.3 Prüfung der Norm

2.3.1 Prüfung der Einhaltung des Summengrundsatzes durch den Gründungsprüfer

Fraglich ist, ob Aufgabe des jeweiligen Gründungsprüfers neben den aktienrechtlichen Bestimmungen die Feststellung der Einhaltung des Summengrundsatzprinzips sein kann. Konkret stellt sich die Frage für den Fall einer Aufspaltung zur Aufnahme, bei dem eine oder mehrere übernehmende Gesellschaften ihr Nennkapital erhöhen. Zunächst ist festzuhalten, dass die gesetzlichen Bestimmungen an keiner Stelle die Prüfung des Summengrundsatzes erwähnen. Ob dieser als eingehalten gilt, obliegt daher der Feststellung mittels einer Prüfung des Firmenbuchgerichtes. Daraus folgt, dass es nicht Aufgabe eines

[513] Vgl. Kalss, Susanne: Handkommentar zur Verschmelzung, Spaltung und Umwandlung, Wien 1997, § 223 AktG, Rz 5 sowie § 17 SpaltG, Rz 32. Vgl. Koppensteiner, Hans-Georg: GmbH-Gesetz - Kommentar, Wien 1999, § 101, Rz 51.

Gründungsprüfers ist, dies festzustellen.[514] Zumal ist denkbar, dass, sofern nicht nur eine Gesellschaft eine Nennkapitalerhöhung vornimmt, jede andere übernehmende Gesellschaft einen anderen Gründungsprüfer haben kann. Freilich kann die Gründungsprüfung die Prüfung des Summengrundsatzes umfassen. Allerdings ist zu bedenken, dass damit gleichzeitig auch der Haftungsumfang des Gründungsprüfers erweitert wird.

2.3.2 Prüfung der Einhaltung der aktienrechtlichen Bestimmungen

Nicht neuerlich begründungsbedürftig ist, dass auch im Falle der Kapitalerhöhung die aktienrechtlichen Bestimmungen über die Gründungsprüfung einzuhalten sind. Die Prüfung obliegt primär dem Firmenbuchgericht des Sitzes der übertragenden Gesellschaft.

2.4 Verletzung der Norm und Konsequenzen

2.4.1 Nach Anmeldung der Spaltung

Stellt das Firmenbuchgericht nach Anmeldung der Spaltung die Notwendigkeit einer Kapitalerhöhung bei einer übernehmenden Gesellschaft fest, hat das Gericht dem Antragsteller die Behebung des festgestellten Mangels durch Kapitalerhöhung aufzutragen (§ 17 Abs 1 FBG). Dies kann unter Umständen dazu führen, dass das Firmenbuchgericht in Anwendung des § 19 FBG das Verfahren unterbricht.

2.4.2 Nach Eintragung der Spaltung

Verletzt die übernehmende Gesellschaft die Pflicht zur Erhöhung ihres Nennkapitals, ist nach dem SpaltG von dem Grundsatz auszugehen, dass trotz Bestehens dieses Mangels dies die Eintragung der Spaltung unberührt lässt (§ 14 Abs 3 SpaltG). Nach § 879 Abs 1 ABGB könnte die Feststellung eines solchen Verstoßes allerdings Argument für die Rückabwicklung einer Spaltung sein. Falls dies der Fall sein sollte, kann der Mangel, der im Zeitpunkt der Spaltung bestand, durch eine nachträgliche Kapitalerhöhung saniert werden, sodass eine Rückabwicklungsmöglichkeit damit jedenfalls auszuschließen wäre.

---

[514] A.A. Kalss, Susanne: Handkommentar zur Verschmelzung, Spaltung und Umwandlung, Wien 1997, § 3 SpaltG, Rz 11, 376.

IV. Teil: Zusammenfassung der Ergebnisse

1 I. Teil

Der erste Teil der Untersuchung gelangt zu dem Ergebnis, dass der in § 3 Abs 1 SpaltG normierte Summengrundsatz auch für den Fall einer Spaltung zur Aufnahme zur Anwendung gelangt. Dieses Ergebnis hat je nach Fallkonstellation der übertragenden Gesellschaft unterschiedliche Konsequenzen.

Für den Fall der Aufspaltung ergibt sich, dass die übertragende Gesellschaft ihr Nennkapital und allfällig bestehende gebundene Rücklagen auf die jeweils übernehmenden Gesellschaften zu übertragen hat. In Summe muss bei den übernehmenden Gesellschaften das zusätzlich übernommene Nennkapital und die zusätzlich erhaltenen gebundenen Rücklagen dem Nennkapital und den gebundenen Rücklagen der übertragenden Gesellschaft vor Durchführung der Spaltung mindestens entsprechen.

Für den Fall der Abspaltung ist die Unterscheidung zu treffen, ob durch diese eine Verletzung des Nennkapitals erfolgt. Kann der spaltungsrechtliche Vermögensabgang nicht durch vorhandene freie Rücklagen und einem allfälligen Bilanzgewinn und/oder gesellschaftsrechtlichen Zuschuss gedeckt werden, ist das Nennkapital der übertragenden Gesellschaft in Höhe des Differenzbetrages nach den Vorschriften über die ordentliche Kapitalherabsetzung herabzusetzen.

Die damit zusammenhängende Frage, ob gebundene Rücklagen über den Weg einer ordentlichen Kapitalherabsetzung aufgelöst werden können, ist zu bejahen. Deren Auflösung kann im Rahmen eines laufenden Spaltungsverfahrens direkt mittels dieser Vorschriften erfolgen. Ein Umweg ist nach derzeitiger Rechtslage für die AG und eine große GmbH zu wählen, bei Freisetzung dieser außerhalb eines Spaltungsverfahrens. So sind gebundene Rücklagen im ersten Schritt nach den Bestimmungen des KapBG zugunsten des Nennkapitals umzuwandeln. Die Umwandlung steht einer Kapitalerhöhung gleich, sodass im zweiten Schritt die als Nennkapital ausgedrückten gebundenen Rücklagen über den Weg einer ordentlichen Kapitalherabsetzung reduziert werden können.

Die Auflösung gebundener Rücklagen im Rahmen eines Spaltungsverfahrens bietet den Vorteil, dass die Pflicht zur Aufrechterhaltung eines 10%igen „Mindestreservefonds“ entfällt. Dies ist sachgerecht, weil im Rahmen eines Spaltungsverfahrens die Verwendung dieser zur Finanzierung einer Sachgewinnausschüttung, oder anders ausgedrückt, zur Durchführung der Spaltung dient. Weil die gesetzliche Pflicht zur Aufrechterhaltung eines 10%igen „Mindestreservefonds“ von gebundenen Rücklagen für kleine und mittelgroße GmbH nicht besteht, bestehen bei einem Wechsel von einer großen in eine kleine

GmbH keine Bedenken gegen einen (gänzlichen) Verzicht von gebundenen Rücklagen, sodass deren Auflösung bei Einhaltung der Vorschriften über die ordentliche Kapitalherabsetzung erfolgen kann. Anders als bei der Kapitalherabsetzung ist damit aber keine unmittelbare Auszahlungsmöglichkeit an die Gesellschafter verbunden.

Kann der Summengrundsatz nicht eingehalten werden, trifft die übertragende Gesellschaft die Pflicht zur Einhaltung der Vorschriften über die ordentliche Kapitalherabsetzung. Dieses Grundprinzip gilt wegen der Einheit des Spaltungsverfahrens auch für den Fall einer Aufspaltung.

Ein wesentlicher Aspekt in der Frage der Kapitalerhaltung ist deren Prüfung. Erfolgt die Feststellung dieses Prinzips anhand der in der Bestimmung des § 2 Z 12 SpaltG angeführten Bilanzen, ist die Ausgangsgröße für die Prüfung des Summengrundsatzes die Schlussbilanz, an deren Stellte auch eine geprüfte Zwischenbilanz, die bis vor dem Zeitpunkt der Anmeldung der Spaltung erstellt wird, treten kann. Wird bei der übertragenden Gesellschaft das Nennkapital verringert, umfasst die Kapitalerhaltungsprüfung auch die Feststellung, ob der Spaltungsplan/Spaltungs- und Übernahmsvertrag die Einzelheiten der Herabsetzung des Nennbetrags bei Nennbetragsaktien oder der Zusammenlegung von Anteilen an der übertragenden Gesellschaft enthält.

Im Rahmen der Restvermögensprüfung kann der tatsächliche Wert des verbliebenen Nettoaktivvermögens in Abhängigkeit von der Art des Restvermögens, neben dem Substanzwert auch einen Ertragswert repräsentieren.

Für den Fall, dass das Kapitalerhaltungsprinzip nicht eingehalten wird, kann überlegt werden, den Fehlbetrag durch entsprechende Zuschüsse aus dem Gesellschafterbereich abzudecken. Werden Mängel nach Eintragung der Spaltung entdeckt, bleiben diese von der Eintragung im Fall einer Spaltung zur Neugründung jedenfalls unberührt. Eine erfolgreiche Anfechtung der Spaltung erschöpft sich nach Eintragung nur in Schadenersatzansprüchen.

2 II. Teil

Kurz zusammenfassen lassen sich die Ergebnisse des zweiten Teils der Untersuchung. Die Notwendigkeit einer Gründungsprüfung gilt im Fall einer Spaltung zur Neugründung ohne Ausnahme, damit auch für den Fall, wenn Ziel einer Spaltung die Neugründung einer mit bloßen Barmitteln ausgestatteten GmbH ist. Soweit eine Spaltung zur Aufnahme von einer Kapitalerhöhung bei der übernehmenden Gesellschaft begleitet wird, liegen darin die Voraussetzungen für eine Gründungsprüfung vor.

Unabhängig davon, ob das Ergebnis der Prüfung in einem einzigen Bericht mündet oder ob die Restvermögensprüfung und die Gründungsprüfungen jeweils mit gesonderten Berichtstestaten schließen, hat das Datum eines endgültigen Berichtstestats nicht vor dem Datum der Beschlussfassung zu liegen. Ein allfälliger Firmenwert ist bei der Bewertung zu berücksichtigen, folgt man dem Zweck der aktienrechtlichen Gründungsprüfung, den wirklichen Wert der Einlagen zu ermitteln. Dieser Grundsatz ist auch in Verbindung mit der Verpflichtung zur Durchführung einer Restvermögensprüfung zu sehen, da auf diese Weise sowohl auf Seiten der übertragenden Gesellschaft als auch bei den neu gegründeten Gesellschaften der Wert gesellschaftsrechtlichen Vermögens mittels Prüfungen durch Sachverständige gewährleistet wird.

Bei materieller Verletzung der Vorschriften stehen nach Eintragung der Spaltung, als Entschädigung der versperrten Möglichkeit einer Rückabwicklung, die Haftungsregelungen des AktG und des SpaltG zur Verfügung.

3 III. Teil

Die im dritten Teil der Arbeit gewonnenen Ergebnisse untersuchen im Kern das Problem der Anwendbarkeit des Summengrundsatzes auf Spaltungsfälle, nach denen eine Anteilsgewährung wegen Beteiligungsidentität oder Besitz eigener Aktien an die Gesellschafter der übertragenden Gesellschaft verwehrt ist. Erwirbt die übernehmende Gesellschaft durch den Spaltungsvorgang eigene Anteile, sind diese zur Abfindung der Gesellschafter der übertragenden Gesellschaft zu verwenden. Eine Kapitalerhöhung kann in diesem Fall bei einer übernehmenden Gesellschaft darüber hinaus nur dann erfolgen, wenn das im Zuge der Spaltung übertragene Vermögen nicht ausschließlich aus eigenen Anteilen besteht. Besitzt die übertragende Gesellschaft vor der Spaltung eigene Anteile oder besitzt die übernehmende Gesellschaft vor der Spaltung Anteile an der übertragenden Gesellschaft, sind die im Rahmen einer Kapitalerhöhung neu geschaffenen Anteile an andere Rechtspersonen als an die Gesellschafter der übertragenden Gesellschaft zu gewähren. Im Sinne des SpaltG erfolgt damit die Anteilsgewährung nicht verhältniswahrend (§ 8 Abs 3 SpaltG).

Bei einer wegen § 224 AktG nicht durchgeführten Nennkapitalerhöhung kann bei Verletzung des Grundsatzes der Kapitalerhaltung anders als im Fall einer Spaltung zur Neugründung die Ansicht vertreten werden, dass wegen § 879 Abs 1 ABGB der spaltungsrechtliche Bestandschutz nicht gilt. Gerade aber wegen der Kompliziertheit einer Rückabwicklung hat der Gesetzgeber eine solche nach § 14 Abs 3 SpaltG ausgeschlossen. Zur Behebung des Mangels kann eine Kapitalerhöhung aus den Gesellschaftsmitteln der Gesellschaft nach den Bestimmungen des KapBG durchgeführt werden. Der als ungebundene Kapitalrücklage bei der übernehmenden Gesellschaft ausgewiesene Betrag kann für den Vorgang einer Kapitalberichtigung nur genutzt werden, wenn zwischen dem Zeitpunkt der Eintragung der Spaltung und dem Zeitpunkt der Beschlussfassung über die Kapitalberichtigung ein neu erstellter Jahresabschluss der übernehmenden Gesellschaft vorliegt. Auch kann bei fehlender Dotierung gebundener Rücklagen, die Einhaltung des Summengrundsatzes durch eine nachträgliche Dotierung rückwirkend bewirkt werden.

Literaturverzeichnis

Aman, Günther/ Frotz, Stephan/ Mühlehner, Johann/ Wagner, Martin/ Zöchling, Hans: Das EU-Gesellschaftsrechtsänderungsgesetz, Wien 1996.

Aman, Günther: Nochmals: Down Stream Fusion - verbotene Einlagenrückgewähr und Gläubigerschutz, RdW 1996, 465-468.

Aman, Günther: "Down Stream Fusion" Verbot der Einlagenrückgewähr, Gläubigerschutz und Minderheitenrechte, RdW 1995, 292-297.

Aman, Günther: Einige Gedanken zum Gesellschaftsrechtsänderungsgesetz 1993 unter besonderer Berücksichtigung des Spaltungsgesetzes, RdW 1993, 138-145.

Angermayer, Birgit: Die Prüfung von Sacheinlagen im neuen Umwandlungsrecht, Die Wirtschaftsprüfung, 1995, 681-691.

Bachner, Thomas: Verluste, Rücklagen und Ausweisvorschriften im Zusammenhang mit der vereinfachten Kapitalherabsetzung nach dem IRÄG 1997, RWZ 2000, 137-142.

Bachner, Thomas: Anmerkungen zur Übernahme der vereinfachten Kapitalherabsetzung in das GmbH-Recht, GesRZ 1998, 2-11.

Bertl, Romuald/Eberhartinger, Eva: Eigene Anteile, in: Handbuch zum Rechnungslegungsgesetz - Rechnungslegung, Prüfung und Offenlegung II, B.III./3.2.d), 1-19.

Bertl, Romuald, Mandl Gerwald (Hrsg): Rechnungswesen und Controlling, Festschrift für Anton Egger zum 65. Geburtstag, Wien 1997.

Bertl, Romuald/Mandl, Dieter (Hrsg): Handbuch zum Rechnungslegungsgesetz, Rechnungslegung, Prüfung und Offenlegung, Wien 2003.

Brix, Rupert: Änderungen des Spaltungs- und Übernahmsvertrags: nach Einreichung beim Firmenbuchgericht und vor Spaltungsbeschluss zulässig?, NZ 2003, 103-106.

Budde, Wolfgang: Sonderbilanzen - Von der Gründungsbilanz bis zur Liquidationsbilanz, München 1994.

Budde, Wolfgang: Sonderbilanzen - Von der Gründungsbilanz bis zur Liquidationsbilanz, 3. Auflage, München 2002.

Bundeskanzleramt (Hrsg): Handbuch der Rechtssetzungstechnik, Teil 1: Legistische Richtlinien 1990.

Bydlinski, Franz: Juristische Methodenlehre und Rechtsbegriff, Wien 1991.

Chalupsky, Ernst in: Bertl, Romuald/Mandl, Dieter (Hrsg): Handbuch zum Rechnungslegungsgesetz, Rechnungslegung, Prüfung und Offenlegung, Wien 2003, B.III.

Damböck, Andreas/Hecht, Michael: OGH: Allgemeine Kapitalerhaltungsgrundsätze gelten bei Verschmelzung!, RdW 2000, 1 – 6.

Doralt, Maria: Management Buyout, Wien 2001.

Doralt, Peter/ Nowotny Christian (Hrsg): Der EG-rechtliche Anpassungsbedarf im österreichischen Gesellschaftsrecht, Wien 1993.

Doralt/Nowotny/Kalss (Hrsg.): Kommentar zum Aktiengesetz, Band II, §§ 125-273, Wien 2003.

Doralt, Peter: Zur Gestaltung handelsrechtlicher Vorschriften über die Spaltung in: Doralt, Peter/ Nowotny, Christian (Hrsg): Kontinuität und Wandel, Beiträge zum Unternehmensrecht, Festschrift für Walther Kastner zum 90. Geburtstag, Wien 1992, 123 – 152.

Dorda, Christian: Squeeze-out durch Spaltung? Eine Replik, RdW 1999, 185 – 186.

Engelmeyer, Cäcilie: Die Spaltung von Aktiengesellschaften nach dem neuen Umwandlungsrecht, Köln 1995.

Enzinger, Michael: Umwandlungsrecht Quo Vadis?, WBl 1997, 1-8.

Enzinger, Michael: Fusion von Personengesellschaften, GesRZ 1996, 85-101.

Ettel, Mathias in Doralt/Nowotny/Kalss (Hrsg.): Kommentar zum Aktiengesetz, Band II, §§ 125-273, Wien 2003.

Fantur, Lukas: Abspaltung zur Aufnahme auf eine Vorgesellschaft, GeS 2003, 55 – 59.

Gassner, Wolfgang: Rechnungslegung, in: Kommentar zum Handelsgesetzbuch, Wien 1992.

Graff, Michael: Legislative, ecolex 1992, 4-5.

Helbich, Franz/ Wiesner, Werner/ Bruckner, Karl (Hrsg): Handbuch der Umgründungen, Wien 2002.

Hirschler, Klaus: Neuerungen im Gesellschafter- und Gläubigerschutz bei Spaltungen nach dem neuen SpaltG, GesRZ 1997, 8-14.

Hirschler, Klaus: Die Spaltung von Kapitalgesellschaften im Handels- und Steuerrecht, Wien 1996.

Hirschler, Klaus/Sulz, Gottfried: Umgründungssteuerrechtliche Fragen zur Liquidationsspaltung einer Holdinggesellschaft, RWZ 1995, 298-304.

Huemer, Daniela: Größenabhängige Erleichterungen bei der Rechnungslegung, Einzel- und Konzernabschluss nach HGB, Wien 2002.

Hügel, Hanns/Mühlehner, Johann/Hirschler, Klaus: Umgründungssteuergesetz, Wien 2000.

Hügel, Hanns F.: Aktuelle Probleme des Spaltungsrechts, Zuordnung und Teilung von Vertragsverhältnissen, Squeeze-out-Spaltung, Konzernspaltung, Summengrundsatz, wbl 2001, 387 - 396.

Hügel, Hanns F: Umgründungsbilanzen Handelsrecht und Steuerrecht, Wien 1997.

Hügel, Hanns F: Das neue Spaltungsgesetz und die Reform des Umgründungsrechts, ecolex 1996, 527-544.

Hügel, Hanns F: Verschmelzung und Einbringung, Unternehmensübertragung auf verbandsrechtlicher Grundlage im österreichischen und deutschen Gesellschafts-, Bilanz- und Ertragsteuerrecht der Kapitalgesellschaften, Wien 1993.

Institut deutscher Wirtschaftsprüfer: Stellungnahme HFA 1/1998.

Ihrig, Hans-Christoph: Gläubigerschutz durch Kapitalaufbringung bei Verschmelzung und Spaltung nach neuem Umwandlungsrecht, GmbHR 1995, 622-643.

Jabornegg, Peter: Kommentar zum Aktiengesetz, Wien 1993.

Jabornegg, Peter (Hrsg): Kommentar zum HGB, Wien 1997.

Kalss, Susanne: Handkommentar zur Verschmelzung, Spaltung und Umwandlung, Wien 1997.

Kalss, Susanne: Fragen zur Spaltung im Konzern, GesRZ 1998, 142 – 151.

Kalss, Susanne: Eigene Anteile in der Spaltung, RdW 2000, 137 – 141.

Kalss, Susanne/ Christina, Burger/ Georg, Eckert: Die Entwicklung des österreichischen Aktienrechts, Geschichte und Materialien, Wien 2003.

Karollus, Martin: OGH: Einlagenrückgewähr bei der Einbringung – Äquivalenzverhältnis, Der Wirtschaftstreuhänder 2000, 14-16.

Karollus, Martin/Lauss, Wolfgang und Kutos, Anna: Kapitalerhaltung und Verbot der Einlagenrückgewähr im Spaltungsgesetz, Grundsätzliche Zulässigkeit der Spaltung up-stream und ihre Grenzen, SWK 2000, 368-370.

Kastner, Walther/Doralt, Peter/Nowotny, Christian: Grundriß des österreichischen Gesellschaftsrechts, 5. Auflage, Wien 1990.

Kastner, Walther: Gesellschafts- und Unternehmensrecht, Gesammelte Aufsätze 1946-1981, Wien 1982.

Kofler, Herbert; Nadvornik, Wolfgang; Pernsteiner, Helmut, Vordrazka (Hrsg): Handbuch Bilanz und Abschlussprüfung, Wien 2001.

Koppensteiner, Hans-Georg: Verschmelzung und Vermögensbindung, wbl 1999, 333-341.

Koppensteiner, Hans-Georg: GmbH-Gesetz - Kommentar, Wien 1999.

Küting, Karlheinz: Handbuch der Rechnungslegung, Bd. 1a, Stuttgart 1995.

Ludwig, Christian/Walter, Thomas: Down-stream-Abspaltung der Beteiligung an der Tochtergesellschaft in die Tochtergesellschaft, RdW 2002, 380-384.

Lang, Michael: Der Bedarf nach gesetzlichen Regelungen, in: Umgründungssteuergesetz - Kommentare und Texte, Wien 1992

Lutter, Marcus (Hrsg.): Umwandlungsgesetz, Köln 2000.

Lutter, Marcus (Hrsg.): Umwandlungsgesetz, Köln 1996.

Mandl, Gerwald/Rabel, Klaus: Unternehmensbewertung, eine praxisorientierte Einführung, Wien 1997.

Nowotny, Christian/ Doralt, Peter (Hrsg.): Kontinuität und Wandel, Beiträge zum Unternehmensrecht, Festschrift für Walther Kastner zum 90. Geburtstag, Wien 1992.

Nowotny, Christian: Umgründungen (Fusion-Spaltung) auf den Alleingesellschafter, RdW 1998, 445 - 446.

Nowotny, Christian: Kapitalerhaltung bei Umwandlung einer Kapitalgesellschaft in eine Personengesellschaft, RdW 1998, 384-385.

Nowotny, Christian: Prüfungen im EU-GesRÄG Verschmelzung-Spaltung-Umwandlung, in: Bertl, Romuald, Mandl Gerwald (Hrsg): Rechnungswesen und Controlling, Festschrift für Anton Egger zum 65. Geburtstag, Wien 1997.

Nowotny, Christian: Die Spaltung zur Aufnahme - ein neues handelsrechtliches Allzweckinstrument, RdW 1996, 298-300.

Nowotny, Christian: Funktion der Rechnungslegung im Handels- und Gesellschaftsrecht, Bd 6, Wien 1987.

Nowotny, Christian: Gebundene Rücklagen, GesRZ 1996, 68 - 80.

Nowotny, Christian: Kapitalerhaltung bei Verschmelzungen und Spaltungen, Lehren aus OGH 11.11.1999, RWZ 2000, 97-100.

Nowotny, Christian: Praktische Fragen des neuen Spaltungsrechts, RdW 1993, 301-302.

Nowotny, Georg: Verschmelzungen nach der Down-Stream-Merger-E (I), ecolex 2000, 722-725.

Nowotny, Georg: Verschmelzungen nach der Down-Stream-Merger-E (II), ecolex 2000, 800-803.

Nowotny, Georg: Umgründungsrecht wohin? Oder Der Hilferuf eines Firmenbuchrichters, ecolex 2000, 116-123.

Ortner, Bernt: Sachliche Rechtfertigung und Gläubigerschutz bei Umwandlung, ecolex 1998, 557-561.

o.V: Kapitalerhaltung bei Umwandlung einer Kapitalgesellschaft in eine Personengesellschaft – zu einer Grundsatzentscheidung des OGH, RdW 1998, 384-385.

o. V: Squeeze-out durch Spaltung?, RdW 1998, 654.

Pieroth, Johannes: Schutz von Minderheitsgesellschaftern bei nicht-verhältniswahrenden Spaltungen von Kapitalgesellschaften, Berlin 1994.

Reich-Rohrwig, Johannes: Verschmelzung nach der RV zum EU-GesRÄG, ecolex 1996, 258 - 264.

Reich-Rohrwig, Johannes: Spaltung von Kapitalgesellschaften, ecolex 1992, 700-702.

Rüffler, Friedrich: Lücken im Umgründungsrecht, Beherrschungs- und Gewinnabführungsverträge, Vermögensübertragungen, Ausgliederungen, Wien 2002.

Sagasser, Bernd/ Bula, Thomas/ Brünger, Thomas: Umwandlungen: Verschmelzung – Spaltung – Formwechsel – Vermögensübertragung; Zivil-, Handels- und Steuerrecht, München 2002.

Schiemer, Karl/Jabornegg, Peter/Strasser, Rudolf: Kommentar zum Aktiengesetz, Wien 1993.

Stellungnahme des Fachsenats für Handelsrecht und Revision: Zum Ausweis der Veränderungen der Rücklagen in der GuV, zur Begrenzung der Zuweisungen an Gewinnrücklagen und zur Auflösung von gebundenen Rücklagen, RWZ 1995, 208-210.

Schwarzinger, Walter/Wiesner, Werner: Umgründungssteuer-Leitfaden, Bd I, Wien 1997.

Schwarzinger, Walter/Wiesner, Werner: Umgründungssteuer-Leitfaden, Bd IV, Wien 2003.

Schwarzinger, Walter/Wiesner, Werner: Umgründungssteuer-Leitfaden, Bd II, Wien 1997.

Stockenhuber, Peter: Das österreichische Spaltungsgesetz, RIW 1994, 278-286.

Straube, Manfred: Kommentar zum Handelsgesetzbuch, Bd 2, Rechnungslegung, Wien 2000.

Strimitzer, Eugen: Abspaltung zur Aufnahme und Kapitalherabsetzung, RdW 2001, 514-517.

Terlitza, Bernd: Teilfusionen und Anteilseignerinteressen, Grundlagen, Beschlussfassung, Austrittsrechte und Squeeze-out, Wien 2002.

Tichy, Maximilian: Verschmelzungsdifferenzen, Entstehung, Systematisierung, Bilanzierung, 1994.

Tichy, Maximilian in Doralt/Nowotny/Kalss (Hrsg.): Kommentar zum Aktiengesetz, Band II, §§ 125-273, Wien 2003.

Ton, Manfred: Verbotene Einlagenrückgewähr bei der Abspaltung zur Aufnahme im Konzern, ecolex 1999, 172 - 176.

Weilinger, Arthur: Die Aufstellung und Feststellung des Jahresabschlusses im Handels- und Gesellschaftsrecht, Wien 1997.

Westermann, Harm Peter: Erhaltung des Stammkapitals, in: Kommentar zum GmbH-Gesetz, Köln 1993.

Wünsch, Horst: Zur Rechnungslegung "großer Gesellschaften mbH", GesRZ 1991, 173-180.

Entscheidungsverzeichnis

Entscheidung		**Stichwörter**
OGH 23.01.2003	6 Ob 111/02w	Sanierung einer fehlerhaft beschlossenen Umwandlung einer GmbH in eine KG
OGH 23.01.2003	6 Ob 81/02	Einbringung, Art III § 12 UmgrStG
OGH 10.10.2002	6 Ob 164/02i	Formwechselnde Umwandlung einer Kapitalgesellschaft in Liquidation
OGH 20.01.2000	6 Ob 288/99t	Einbringung, FBG, GmbHG, UmgrStG
OGH 11.11.1999	6 Ob 4/99b	down-stream-Verschmelzung AktG, GmbHG
OGH 11.03.1999	6 Ob 6/99x	Steuerspaltung, FBG, UmgrStG
OGH 11.03.1999	6 Ob 5/99z	Steuerspaltung, FBG, UmgrStG
OGH 26.02.1998	6 Ob 335/97a	Mitbestimmung von Minderheitsgesellschafter bei der Umwandlung, GmbHG, UmwG
OGH 25.09.1997	6 Ob 229/97p	Firmenbucheintragung von Spaltungsbeschlüssen SpaltG, FBG
OGH 25.09.1997	6 Ob 228 / 97s	Firmenbucheintragung von Spaltungsbeschlüssen SpaltG, FBG
OGH 25.09.1997	6 Ob 227/97v	Firmenbucheintragung von Spaltungsbeschlüssen SpaltG, FBG
OGH 13.02.1997	6 Ob 2110/96d	Einbringung, UmgrStG § 12

FSC
www.fsc.org
MIX
Papier | Fördert
gute Waldnutzung
FSC® C083411

Kolibri 360 GmbH
Ferdinand-Jühlke-Straße 7
99095 Erfurt, Deutschland
produktsicherheit@kolibri360.de

Druck:
CPI Druckdienstleistungen GmbH
im Auftrag der
Kolibri 360 GmbH
Ferdinand-Jühlke-Str. 7
99095 Erfurt